大歷史觀拓展之作

放寬歷史的視界

BROADENING THE HORIZONS OF
CHINESE HISTORY

黃仁宇 著

新世紀版序

黃仁宇

本書初刊於一九八八年，可是內中有幾篇文字已見於其他報刊，所以粗率的說，全書經歷至今已有十五年。

十五年前我初次倡說中國長期革命業已成功，有人批評我的立場偏激。即在十年前仍有人預言，鄧小平去世後中國又將沉淪於民國初年軍閥割據的局面。這種種悲觀，緣於忽略史上長期的合理性。

我們所說中國的長期革命業已成功，並不是說所有問題都已解決，而是前後比較，已面臨歷史上一大突破。這種突破史無前例，在本國史裡只有公元七世紀隋唐之出現，差可比擬。在西洋史裡也只有英國在十七、十八世紀之交的打開局面，可以相互比較，因之兩方的過程，可以看得更爲明顯。

其中最重要的癥結也可以說是資本主義的登場。但是資本主義是一個被濫用的名詞。我們因其無可替代，雖引用而必強調在二十世紀末年，其最顯著之特色不在階級鬥爭，也不是新教倫理，而是負債經營。

一個國家希望資金廣泛的流通，經理人員與所有權分離，技術上的支持因素如交通通訊全般活用，務必先在法制上創造一個可以在數目上管理的局面。中國過去以文士管制億萬農民用刑法作張本，於今引用商業習慣，以律師、會計師、工程師作前導，著重民法。這是兩種完全不同的體系。二十世紀的革命，即顯示著整個社會重新構造過程中的艱辛。

這本書是我的歷史寫作之中提出引用參考資料較頻繁的一種。《明實錄》內《太宗實錄》年終統計一文又整個重寫，加入英國之參考資料多種。(其中明代數字的了解則初作於一九七〇年的夏天，時在哈佛東亞研究所作研究工作，距今將近三十年矣。)〈上海，Shanghai，シャンハイ〉係應在瀋陽及上海發行的《萬象》雙月刊所作，載該刊今年三月號及《聯合報》副刊三月七、八、九日。雖係小品文字，但是顯示著新舊體制之不能融洽，仍側面闡釋一段天翻地覆的改造無可避免。

作者的主旨仍是拋磚引玉。我深覺得中國歷史需要整個重寫(包括西洋史在內)，我提供自己在摸索時的線索，希望高明人士將眼光更看寬看大，將歷史讀物更向前修訂。對一般讀者則著重不要忽略自己當前的立足點。

一九九九年四月十四日

目次

第一章

從《三言》看晚明商人

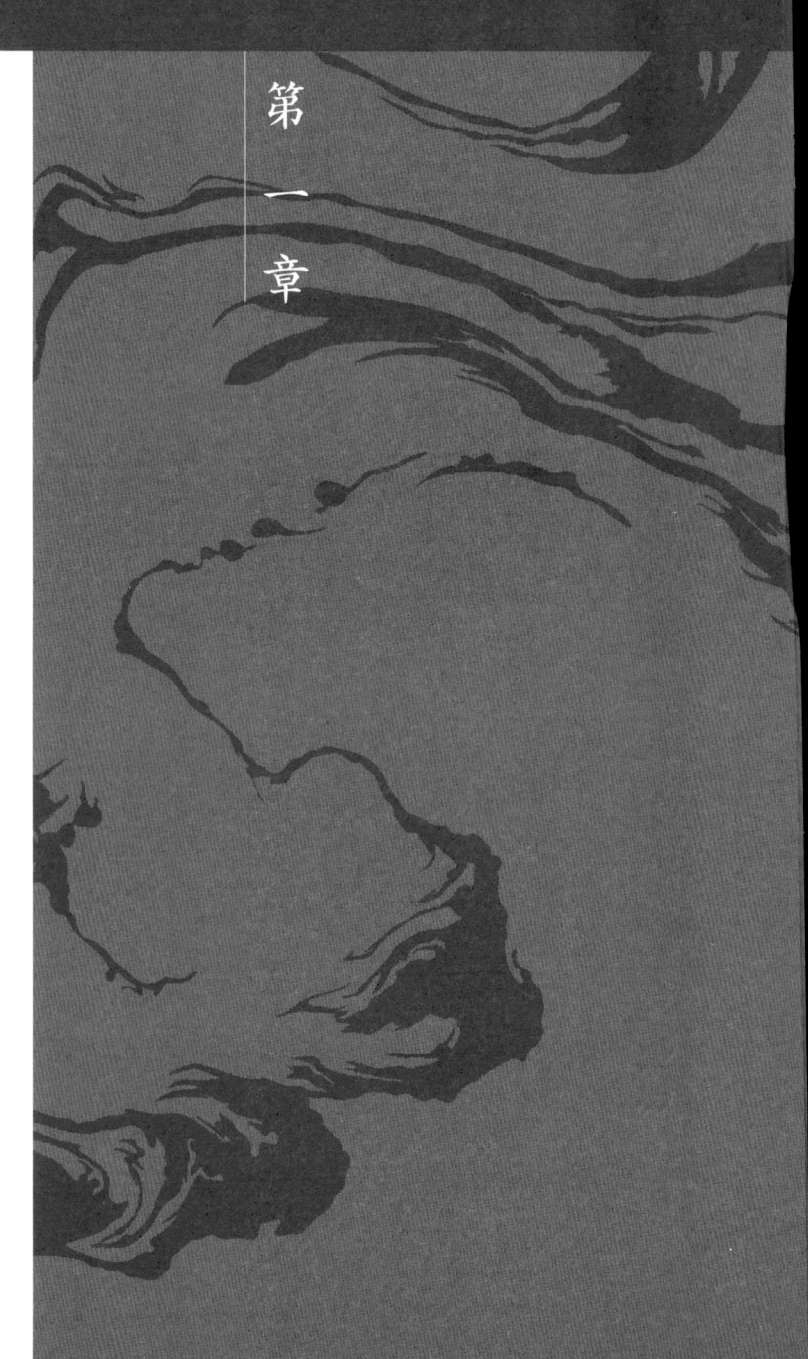

中國傳統社會，因採取中央集權制，事無大小，悉聽朝廷號令。所有法律辭章，必須畫一。此在工業革命之前，交通通訊諸技術未曾發達之際，實有多數不合實際之處。因此皇室威權，雖廣泛無涯，但其行政技術低劣。政治之安定，並非經常在法律及經濟上求改革；而有賴於支持儒家思想，由家族社會之安定性所促成。此種措施，實與西洋諸國近世紀保障人權、支持私人財產、允許市民自治種種措施大相逕庭。因此「重農抑商」縱非中國朝廷能經常維持之政策，亦必爲社會發展之必然趨勢。西洋諸國資本主義之發展，有賴於尊重私人財產之絕對性，並認爲此絕對性高於皇權，甚至高於傳統之道德觀念。其司法權之獨立，卽由法庭保障此絕對性。凡此措施，只能在西歐諸小國經始。中國之地方政府，始終未由私人結會之形式構成；而係由中央政府規劃；其行政精神又偏重於中央政府之便宜。其間差異之處，無待詳述。

明代統治中國凡二百七十六年，跨十四世紀至十七世紀，此爲西歐諸國近代國家社會形成及資本主義發展之際。中國政府則在此時期鞏固其中央集權。[1]因中央集權之結果，政府之經濟政策，不能以經濟高度發展地區之情形爲基礎，而係以經濟低度發展地區之情形爲基礎。[2]例如洪武之稅收政策，全以穀物爲基幹，各衙門所用人役，在宋代王安石變法時，卽收代役錢，在明初又全部改爲現身服役。永樂雖派遣鄭和下西洋，但對民間海船，則極力取締。一四〇四年則令民間海船，悉改爲平頭船，以防止泛海。[3]〈明律例〉亦定民間私造二桅以上大船，私自泛海者處斬。[4]凡此多端，其重點在保持全國經濟之平衡，以維持政治之統一。大凡地區間經濟發展差異過大時，其政治必受影響。例如美國在十九世紀即因其經濟發展不平衡，乃有南北戰爭。此在傳統中國社會，自當竭力防避。

防制地區間經濟超度發展，以與低度及落後之經濟基礎看齊，爲適應中國傳統政治之需要。此在長期經濟發展過程中，自爲不利。此可以在中國實行者，因爲中國經濟，在十九世紀之前，爲「非競爭性」者，未有如西歐諸國，甚至有如日本之「大名」政權，其經濟爲「競爭性」者。亦即其國家或諸侯間經濟之差異，立即影響其武備之盛衰，而可能決定其存亡。中國傳統政權，以廣泛動員農村經濟爲其實力之基礎。兵員爲農民，軍費無大異於食糧，兩者均重量不重質。經濟雖落後，但全國情形均一，徵發仍輕而易舉。反之，其工商業及經濟方面前進之部門，則恰爲政府統治徵發不及之處。中國歷史上，凡朝代以落後之農村經濟爲骨幹，其經濟基礎爲「單元」者，通常能號召大量兵員，戰勝以「多元」經濟，甚至較前進經濟爲基礎之政權。是以明代經濟政策，符合當日政治需要，在歷史上則爲背道而馳。

中國金融經濟，在歷史上最低限度有三次突然猛進。此即西周至兩漢，唐宋之間，及明清之際。但曾無一次其突出使中國經濟史改觀，有如近世西歐之資本主義。有時傑出之商人能以其私人財力影響權要，但此純係私人非法活動，在歷史上未曾改變法制，既不能全部提高商人之社會地位，尤不能促使商業爲超官僚歧視之獨立經濟部門。然今日仍有不少學者，過度誇張各時期比較高度之金融活動，如若干日本學者稱宋代「商業革命」，其社會影響有如歐洲「文藝復興」。若干中國學者則稱明末清初爲中國資本主義「萌芽」時期。此在中國經濟史上言，闡述其比較性則可，盛稱其爲質量上之改變則不符合事實。

金融經濟超越時期之發展，可能使社會變質，而強迫政府修正其經濟觀點，但迄至十九世紀外強勢力侵入中國之前，此種趨勢並不存在。凡盛稱明清之際金融經濟發展者，常以明代在正統後，稅收開始用白銀，至嘉靖萬曆間，行「一條鞭法」，因此官民用現銀極爲普遍。此種論點，非無事實根據，但其觀察僅爲一般印象，而無數量上之準據。吾人研究金融經濟，必先考察其金融之實質，而著手於貨幣。明代之貨幣金融情形，雖因資料缺乏，未可窺其全貌，其大概情形，仍可略述於次。

明初爲行使「寶鈔」時期。此種紙幣全無準備金，不得兌現，卽通常亦不能以之付稅。其濫發情形，肇始於洪武。根據《明實錄》卽一三九〇年一年之內，洪武頒發寶鈔爲恩賞賑災購物共六十九次。[5]其間載註數量或述及應賞人數及每人得鈔因之金額可以計算無誤者五十三次，其總額爲寶鈔八千八百六十萬七千三百一十五貫。其他十六次其鈔額不詳，但比較前述已知數可估計其總量近於七百萬貫。是以此一年內，支出額近於九千五百萬貫。當年寶鈔收入額爲二千零三十八萬二千九百九十貫。[6]收支相抵，實多付發約七千五百萬貫。根據官定價格，每鈔一貫值米一石，此數爲全國二年半田賦之總值。即以當日市價鈔四貫值米一石，亦近於半年田賦。其不能經常繼續，可以預斷。

政府因亟行寶鈔，不願鼓鑄銅幣，因寶鈔不行，政府仍有時禁止金銀及銅幣交易。據估計明代全季鑄錢當不出千萬貫（每貫一千文）。[7]此數與北宋兩年所鑄數相等。銅錢又經常流至海外，銅價較錢高時，民間則熔錢爲銅，故此以銅錢爲貨幣，亦告失敗。一五四四年因「錢法不通」人民倒斃於北京。[8]原文未敍及其間曲折，吾人可以推想因無適當貨幣，交易停頓，人民失業。

嘉靖期間實行全面用銀，並無政策上之準備，實爲無可如何時之趨勢。估計明代全國銀數，當然爲冒險性猜測。但彭信威稱，中國銀貨至元代大量流入中亞，至明代用銀時，其銀貨即不足。根據明亡時戶部司務蔣臣言，其時全國銀貨估計約爲二億五千萬兩，且包括銀首飾及銀器皿。[9]中國之銀，國內所產有限，大部由日本及菲律賓輸入。其數量仍不敷全國廣泛應用。[10]一六〇〇年前後，中國人口可至一億五千萬人，[11]故雖有銀十萬萬兩，悉仍有周轉不足之虞。而現在可供參考之數字，略示其所有額遠低於此數，是以銀根極緊，利息高，賒欠不易，信用借款無法發達，全國最發達之金融機關則爲典當業。[12] 其所放款爲消費而非生產，無潤澤工商業之可能性。

因中國幅員廣，人口多，江南諸地內河航行便利，一遇承平之際，其商業表面呈發達現象。但此發達程度，必須與全國人口幅員成比例，尤須突破傳統習慣，改進商業組織，始能與西歐現代商業機構並論。以上所述，可見政治、法制、社會、金融各方面均阻礙此種突破之趨勢。研究商人人身成分、商業資本、商業習慣，可以補助吾人之觀點，證實其觀測。

直接提供以上各點之歷史資料，不易覯見。卽明代作家偶一提及商人及商業，亦不過此等作家之印象。彼等既未能與現代商業接觸，自無法估計法制自由、借貸發達、金融活躍條件下工商業可以繼續發展之程度。是以此等作家字面上所稱之盛衰，與吾人今日歷史觀點所稱之盛衰大有出入。

在此情形下，小說資料可能爲歷史之助。因小說家敍述時事，必須牽涉其背景。此種鋪敍，多近於事實，而非預爲吾人製造結論。

馮夢龍（一五七四－一六四六）生於明末，爲崇禎中貢生，曾任知縣。[13] 其所輯明末短篇小說，於一六二一年及一六二七年之間刊行爲《喻世明言》（一九六五年香港中華版）、《警世通言》及《醒世恆言》（均一九五六年北京作家出版社版）。每書有短篇小說四十篇，合共一百二十篇，通稱《三言》。其中敍有前代人物者，亦有承襲宋元話本者，但其觀點代表明末社會情形。其間若干資料，不能全部置信，如有涉及神鬼傳奇者，有將歷代官名前後改竄者，有敍述唐宋，而其物價全用明末爲準據者。《喻世明言》中〈楊八老越國奇逢〉將嘉靖間倭寇事跡，諱稱元代，顯係避免評議當日政府。《醒世恆言》中〈施潤澤灘闕遇友〉，稱蘇州吳江縣盛澤鎮，「那市上兩岸紬絲牙行約有千百餘家」。但乾隆《吳江縣志》卷四稱盛澤鎮明初居民只五六十家，「嘉靖間倍之」。[14]此等未能置信之處，顯而易見。除此之外，《三言》資料，涉及商人及商業者，前後重疊，可以彼此對證，尤可以與其他資料對證。如讀者避免盡信其一時一事，或一篇一句，將其所敍作較有系統的蒐集編排，其結果當不至於全部脫離事實。

以下爲自《三言》中窺見晚明商人之姿態。

一、商人之成員

明代商人多係繼承祖業。〈李秀卿義結黃貞女〉（《明》，即《喻世明言》，下同）云：「那客人答道：小生姓李名英，字秀卿，從幼跟她父親出外經紀，因父親年老，受不得風霜辛苦，因此把本錢與小生，在此行販。」又黃老實將女兒假充男子，自思：「我如今只說是張家外甥，帶出來學做生理，使人不疑。」可見父子舅甥相繼，是爲常態。幼輩在十餘歲時，即伴行學習經商。

〈楊八老越國奇逢〉稱楊「祖上原在閩廣爲商」，所以楊往漳州商販，是爲繼承祖業。〈閒雲庵阮三償冤債〉（《明》）敘宋朝事，但仍稱「他哥哥阮大，與父親專在兩京商販」。亦係父子同行。〈蔣興哥重會珍珠衫〉（《明》）稱：「原來羅家也是走廣東的，蔣家只走得一代，羅家倒走過三代了。那邊客店牙行，都與羅家世代相識。」

但商人子孫並非必須經商。〈范巨卿雞黍死生交〉（《明》）以東漢爲背景，但稱范式「世本商賈，幼亡父母，有妻小，近棄商賈，來洛陽應舉」。棄商而以舉業入仕，實爲明代富商子孫之常情。[15]即前述楊八老重理祖業時，亦係因功名不利，所以才廢學從商。他曾對妻李氏云：「我年近三旬，讀書不就，家道消乏。」可見如讀書科舉事業成功，將必拋棄商業。在相似情形下，〈旌陽宮鐵樹鎮妖〉（《通》，即《警世通言》，下同）篇中，愼郎自稱：「金陵人氏，自幼頗通經典，不意名途淹滯，莫能上達，今作南北經商之客耳。」

從此觀之，小地主及自耕農之改業爲商者，必所在多有。〈桂員外途窮懺悔〉（《通》）敘元朝事。其中桂富五稱：「某祖遺有屋一所，田百畝，自耕自食，盡可糊口。不幸惑於人言，謂農夫利薄，商販利厚，將薄產抵借李平章府中本銀三百兩，販紗赴燕京。豈料運蹇時乖，連走幾遍，本利俱耗。」

反之，如經商成功，或由其他機緣獲致資金，其人通常將一部資金購置田產，而成為商人兼地主。經營典當業者，尤多採取此兼業。〈宋小官團圓破氈笠〉（《通》），宋金致富之後，「就在南京儀鳳門內買了一個大宅……門前開張典鋪，又置買田莊數處，家僮數十房，包管事者數千人」。其辭似嫌誇大，但其經營當鋪，又兼為地主，則甚合實情。〈徐老僕義憤成家〉（《恆》，即《醒世恆言》，下同）敍述一忠僕，因主人孤幼，遂決心為主人重振家業。但其資金積至二千兩時，卽計算道：「我一個孤身老兒，帶著許多財物，不是耍處。倘有差跌，前功盡棄，況年近歲逼，家中必然懸望，不如回去商議，買些田產做了根本，將餘下的再出來運弄。」也是農商兼業。其重點是商人獲利速而資金不安全，農業則反是。司馬遷在西漢時卽稱：「以末致財，用本守之。」[16]其間一千七百年，基本觀點不變，因商人始終缺乏民法及公司法之保障，其社會地位低，旅行時又不安全，而貿易時又多帶冒險性，此當在下文詳述。在商人成員之觀點言之，則成功之商人，常有改業之趨勢，中國之資本主義不能發達，此實為重要因素，因商業資本，常轉變為田產，而脫離商業。[17]

官僚地主以其剩餘資金放債，實仕農商不分。明代習俗，仍尊重其官僚地位。〈滕大尹鬼斷家私〉（《明》）一篇中，稱有倪太守者，退休之後，「凡收租放債之事，件件關心」。但此人衣飾，仍是「紗帽皂靴，紅袍金帶」，保持其官僚身分。其實明朝朝貴，利用官員聲望，漁獵商利者，所在多有。十六世紀末葉，宣大山西總督王崇古之弟，及翰林學士張四維之父，在私人生活爲姻兄弟，均爲大鹽商，專利河東，[18]爲藉仕宦權勢自肥之顯例，《三言》尚未提及此類顯官巨商。又倪太守之流，其活動範圍爲高利貸，亦非純粹商人資本。因高利貸有如典當業，通常盤剝窮蹙之借貸者，借款用於窘迫間之消耗，利潤又多爲放款者輾轉購置田產，對促進商業，絕鮮功效。

二、客商及其生活

客商爲經常旅行之商人，以別於坐商。此種商人爲明代商業之中堅分子，雖其資本可大可小，而其小者與走販無甚差別。前述之李秀卿、黃老實、楊八老、蔣興哥、愼郎、桂富五均爲客商。

一般客商，均有其經商路線，又多祖孫相傳，因各地方言、風俗、物產情形不同，客商又多與當地牙商熟識。

客商之不可或缺者，因明代商業，無通郵便利，又無大規模貸借之習慣，往各地採購物產之商人，須親攜現款，下榻於牙商之客舍中，臨時由牙商向出產者徵購其商貨。〈徐老僕義憤成家〉稱：「元來採漆之處，原有個牙行，阿寄就行家住下。那販漆的客人，卻也甚多，都是挨次兒打發。阿寄想道：若慢慢的挨去，可不擔閣了日子，又費去盤纏。」阿寄只有本銀十二兩，他向牙商央求後，那牙商「一口應承。當晚就往各村戶，湊足其數」。亦可見當地無批發商囤備生漆應市，牙商亦須隨時隨地零星向產漆之戶收買，顯然其通常習慣爲一手出銀一手收貨。

此種情形與其他文件記載相合，如陳繼儒之〈布稅議〉稱明末蘇州松江棉布發賣情形有如：「凡數千里外，裝重貲而來販布者，曰標商，領各商之貲收布者曰庄戶。鄉人轉售於庄，庄轉售於標。」[19]其重點爲「裝重貲」及「領各商之貲收布」，仍係銀貨當時交訖。

卽使紬疋，在十六世紀使盛澤鎮享盛名，其交易情形，仍不離上述之規範。〈施潤澤灘闕遇友〉雖極端渲染，稱云：「遠近村坊織成紬疋俱到此上市，四方商賈來收買的蜂攢蟻集，挨擠不開。」其唯一不同之處，爲生產者，卽俗稱「機戶」自投牙行，而牙商毋須下鄉收購。因爲「這鎮上都是溫飽之家，織下紬疋，必積至十來疋，最少也有五六疋方才上市。……施復是個小戶兒，本錢少，織得三四疋，便去上市出脫」。下文則稱：「施復到個相熟行家來賣，見門首擁著許多賣紬的，屋裡坐下三四個客商，主人家跕（站）在櫃身裡展看紬疋，估喝價錢。」在此情形下，生產者和遠來客商狹道相逢，銀兩當可在行家櫃台上立卽換手，五六疋或十來疋紬亦非大規模生產，其癥結在信用制度未展開，機戶之外，無人投資於製造，生產零星，所謂行家或牙行，亦無資本墊借，因此客商必須單零每疋紬估價，無法以批發方式交易，無法預定貨品，尤無法避免親身旅行自攜現款。

客商旅行每次都在半年以上。〈喬彥傑一妾破家〉（《通》）敍宋朝事，稱杭州喬俊「有三五萬貫資本，專一在長安崇德收絲，往東京發賣，販棗子、胡桃、雜貨回家來賣，一年有半年不在家」。〈蔣興哥重會珍珠衫〉內另一客商陳大郎，徽州人氏，「湊了二三千金本錢，來走襄陽販糴些米豆之類，每年常走一遍」。徽州水道通襄陽毋須數月往返，其所敍每年僅走一遍，當係因每次坐候收購物品，在牙商客店中遲滯之所致。

客商貨品出售時，經常亦無批發商承購。〈陳御史巧勘金釵鈿〉（《明》）故事中，敍「一個賣布的客人……口內打江西鄉談，說是南昌府人，在此販布買賣，聞得家中老子身故，星夜要趕回。存下幾百疋布，不曾發脫，急切要投個主兒，情願讓些價錢。衆人中有要買一疋的，有要兩疋三疋的，客人都不肯，道：『恁地零星賣時，再幾時還不得動身。那個財主家一總脫去，便多讓他些也罷。』」。其所敍地方比江西贛州府石城縣，甚通水路，客商所存布四百餘疋，裝置船中，値銀二百兩，急時雖減價低於本錢，亦難覓得買主。如此城內有批發商承購，則故事不合情理。

買賣時賒欠，通常非客商之預籌，大概多因臨時貨物不能全部賣爲現金。前述老僕阿寄所販漆，値銀僅十二兩，「遂雇船至蘇州，正遇缺漆之時，見他的貨到，猶如寶貝一般，不勾三日，賣個乾淨，一色都是現銀，並無一毫賒帳」。阿寄來自浙江淳安，蘇州乃其新到之處，文中暗示，雖在此情形之下，通常賒欠爲無可避免。又蘇州在十六世紀爲中國重要商業中心，油漆又爲工業重要原料，其供應仍有賴此小販式之客商不時湊應，殊堪注重。此故事敍明代事，其地點乃《三言》作者馮夢龍之故鄉，如有大資本漆商經常囤集此物料，市場供應無缺，則作者無法自解。尤有甚者，此故事往下更稱：「元來販漆的都道杭州路近價賤，俱往遠處去了，杭州到（倒）時常短缺。常言道貨無大小，缺者便貴，故此比別處反勝。」則杭州油漆之供應，情形亦不亞於蘇州。

客商所賒欠之帳，稱爲「客帳」。因非預有籌劃之信用貸借，而係臨時付款人資金缺乏所致，是以其帳目亦須挨戶索討，尤不能轉劃於信用貸款之店商，有如現代之銀行。索討欠帳，則經常曠日持久，有父子相承者。〈蔣興哥重會珍珠衫〉解釋蔣赴廣東遠行之動機爲：「想起父親存日廣東生理，如今擔閣三年有餘了，那邊還放下許多客帳，不曾取得。」〈呂大郎還金完骨肉〉（《通》）主角呂玉為一大本錢布商往山西發貨，「遇著連歲荒歉，討賒帳不起，不得脫身」。以後呂玉因嫖妓而患風流瘡。下文稱：「捱到三年，瘡才痊好，討清了帳目，那布商因為稽遲了呂玉的歸期，加倍酬謝。」其文中未及直敘者，則雖大本錢布商，其發貨亦係零售為主。其所賒欠之購貨者，必非僅只一家，亦甚難可能只三家五家，而大概為十家或數十家。此又可與前述江西贛州府石城縣情形相印證。

《三言》中所述客商，通常搭雇內河船隻載貨，自備船隻者不可多覩。〈蔡瑞虹忍辱報仇〉（《恆》）敘明代事。內有卞福者，「漢陽府人氏。專在江湖經商，掙起一個老大家業，打造這隻大船。眾水手俱是家人」。此情形似為例外。通常一般客商均需雇船。船主則以撐駕船隻維生，並不上岸貿易。〈宋小官團圓破氈笠〉描寫有一劉順泉者「雙名有才，積祖駕一隻大船，攬載客貨。往各省交卸，趁得好些水腳銀兩，一個十全的家業，團團都做在船上，就是這隻船本，也值幾百金，渾身是香楠木打造的。江南一水之地，多有這行生理」。另一船戶，則租得仕宦之家船隻，載貨牟利。此為〈蘇知縣羅衫再合〉（《通》）所敘「儀真縣有個做慣私商的人，姓徐名能，在五壩上街居住，久攬山東王尚書府中一隻大客船，裝載客人，南來北往，每年納還船租銀兩……」。

客商有專包一船載運其貨物者，例如〈陳御史巧勘金釵鈿〉中御史所化裝之客商。亦有多數客商積資合雇一船者，例如〈楊謙之客舫遇俠僧〉（《明》）之三四十人共搭一船。後者在明代似爲常態。明末戶部尚書倪元璐呈崇禎帝之奏疏稱，客商之一稅單，常包括應稅貨物二、三千餘件，爲客商數十人所共有。[20] 亦卽內河商船一船搭載之狀態，此與各稅關報告之情形亦吻合。[21]

明清時代之商業書籍，亦著重於行旅，內中若干款目，爲客商雇船搭船之箴言，如《士商要覽》稱：「搭船行李瀟然，定是不良之輩。」[22] 卽係警告客商，注意同船搭船之人。《三言》又稱：「原來坐船有個規矩，但是順便回家，不論客貨私貨，都裝載得滿滿的，卻去攬一位官人乘坐，借其名號，免他一路稅課，不要那官人船錢，反出幾十兩銀子，送他爲孝順之禮，謂之坐艙錢。」此段出於〈蘇知縣羅衫再合〉。其敍述亦與晚明情形相符。十七世紀御史祁彪佳由漕河南行，有商船三艘，載棗貨與之並行，管理臨清商稅之主事何任白，卽令其所有同行者一切商稅均免。祁雖未稱其接收坐艙錢與否，但因仕宦名勢免稅一節，似屬司空見慣。祁不但不加隱諱，並將其詳情，於其日記中敍述。[23]

旅途遇盜，爲明代客商常有之事。〈蔣興哥重會珍珠衫〉內陳大郎所雇民船，在棗陽遇盜。本錢被劫一空，陳「走向船梢舵上伏著，幸免殘生。」有時民船船主亦可能在航行中劫殺客商，以取得其財貨。〈蘇知縣羅衫再合〉中之船戶卽爲一例。所以明清商業書，均勸告客商，顧及旅途安全，所有財物，盡力掩飾。如「逢人不可露帛，處室亦要深藏，乘船登岸，宿店野行，所佩財帛，均宜謹密收藏，應用盤纏，少留在外。若不仔細，顯露被人瞧見，致起歹心，喪命傾財，殆由於此」，又「天未大明休起早，日才西墜便灣船」。[24]前後文字如出一轍。

商人在外，通常無法與家人通訊，亦不知目的市場及情形。蔣興哥去廣東一年有半，未曾有書郵到家，其妻室須請算命人問卦以卜其行止。陳大郎既被盜，又旅途害病，其致家書於其妻室，乃托傳遞公文之吏員代投。故事原文稱：「陳大郎心上不安，打熬起精神，寫成家書一封，請主人商議，要覓個便人捎信往家中，取些盤纏，就要個親人來看覷同回。這幾句正中了主人之意，恰好有個相識的承差，奉上司公文要往徽寧一路，水陸驛遞，極是快的。呂公接了陳大郎書札，又替他應去五錢銀子，送與承差，央他乘便寄去。」

此一封書信，付費銀五錢，始能轉遞，而仍非普通一般人可經常央便者，因文內稱，此傳遞公文之承差，係牙商呂公舊識，又湖廣襄陽去徽州寧國，正當漢水及長江孔道，才有此種便利。不過明朝傳遞公文之差使爲私人帶信，則亦爲司空見慣。如復社之彼此通知，均利用公家驛傳，「名爲公文，實私牘也」。《復社紀略》亦稱：「比年而後，秦、晉、閩、廣，多以文郵置者。」[25]亦係私信公傳。其弊在政府郵遞，不能任私人公開大規模使用。

如缺乏此種機緣時，客商只有托其他客商帶信。陳大郎對蔣興哥云：「兄長此去，小弟有封書信，奉煩一寄，明日侵早送至貴寓。」客籍商人有在他鄉開典當鋪者，仍與原籍鄉里時有往返，有時其差使亦替私人轉信。陳大郎在棗陽縣，時去大市街汪朝奉典當鋪打聽，其目的在「問個家信」。不過音訊往返，極不經常。如經常不斷時，則前述托承差轉信為不必要。

商業通訊不正規，為各地物價不正規之一大主因。前述阿寄販漆於蘇州，正遇蘇州缺漆之日，因此其利潤，「除去盤纏使用，足足賺對合有餘」。其販籼米時，則「興化米三石一兩，杭州石一兩二錢」。相去為三倍半以上。此段當然有誇大作用，但客商除往來於生產地區及消耗地區之間預期其物價高低足供牟利外，無法探知其一時之需要及供應詳情，則為事實。阿寄之數次獲利一倍以上，實為意外之幸運。其反面則為供給超過需要，尚可致客商賠本。亦即經商於明代，多少均帶有投機性質。十六世紀末年其他文件有時亦論及此情形，如廣東之鐵，行銷於長江以南各省。「每歲浙、直、湖、湘客人腰纏過梅嶺者數十萬，皆置鐵貨而北。近年惠、潮鐵罄，告開龍門鐵山，迄未准行，客商艱於得鐵，多懷空銀回家。」[26] 即可見生產地區無法供應，客商仍未悉其詳，必至耗費川資，徒勞往返。

然《三言》故事中，除〈桂員外途窮懺悔〉外，無直接記載營業虧本者。一般所敘，除描寫旅途不安，客帳難收，生活不定外，商人之經濟報酬，仍常豐裕。此甚可能爲當日常態。明代末年，一般利息均在月利百分之二以上。[27]客商之經營，當必以超過此額或至低保持此收入爲目的。如本利之間距離有限，則無人經營。又客商非親身往返不能成交，旅途又常遲滯逾月經年，則如近代資本主義商業之每次獲利微，但其規模漸次擴大，運銷漸次集中，而其轉載亦漸次經常之方式必難於中國實施。互相比較，明代商業以小規模高利潤，不定期運貨，而各客商間無直接競爭爲原則。前述戶部尚書倪元璐呈崇禎帝奏疏，亦稱當日商人至北京崇文門所提供之貨單，尚列至「一裙一紗」。[28]惟其如此，商人方能獲得高度利潤。萬曆時耿橘之〈平洋策〉稱：「商賈獲利三而勞輕……販鹽獲利五而無勞。」[29]原文籠統欠確切，其前文則稱：「農事之獲利倍而勞最」，則似稱商人獲利爲其本金三倍。其係一年或一次旅行往返之成果，或多次經營之所致，則未闡述。惟其印象爲商賈獲利多，則無可置疑。又多數日本學者，引證《史記》，亦稱傳統中國商人，縱忠實不苟且，每次資本轉運之餘，亦必獲利爲其本金五分之一，稍急進者，則爲其本金三分之一。[30]亦即三次周轉，本利相埒。若此爲經常情形，則可知商業發展，不能與現代社會情形比擬。其背景爲商業資本有限，信用未展開，安全無保障，非利潤高商人無法從事。商人雖在此情形下通有無，各地物價仍相差至鉅，運輸腳力囤站盤剝稅金等，尚在前述利潤之外。是以物資流通有限度，各地生產亦受商業利潤之拘束，農村過剩之物資及勞動力，亦不能有利使用。

客商既在本籍及經商之地均有接觸，則其經商多以兩端物資互相周轉。如阿寄之以銀換漆，以漆換米，又以米換銀。〈呂大郎還金完骨肉〉中之呂玉，原籍常州，仍往附近嘉定太倉收買棉花、布匹，販運山西，回時又「收些粗細羢褐，轉來發賣」。因其旅途操勞，既有其一，不如併爲其二也。

然物資周轉，不能隨時遍地皆然。長江三角洲地區，物產富饒，常爲通商時銀貨入超之區。卽該地區，稅收較各處爲多，民間白銀既以付稅方式繳政府而轉運於華北，則必賴以當地土產吸收華北之白銀，方可在長期中保持平衡。[31]是以商人經常攜帶現銀往該地區採購物資。清初葉夢珠云：「吾邑（上海）地產木棉，所織標布，「富商巨賈操重貲而來者，多或數十萬兩」。[32]又前述「浙、直、湖、湘客人腰纏過梅嶺者數十萬」，均似稱一年之內，商人攜現銀入境，可積累達數十萬兩。《三言》非研究商業之專著，無計算其總數之處，但各章節間，均有各地客商親攜現款之記載。〈施潤澤灘闕遇友〉稱施途拾包銀六兩，自忖：「若是客商的，他拋棄妻子，宿水餐風，辛勤掙來之物。」足見客商身攜白銀，是爲常態。〈呂大郎還金完骨肉〉稱客商有銀二百兩，亦藏在「搭膊」之中。二百兩爲重十二斤有半，其贅疣情形可見。〈陸五漢硬留合色鞋〉（《恆》）亦稱：「兜肚有兩錠銀子，每錠十兩重。」卽〈盧太學詩酒傲王侯〉所稱盧柟，雖係地主而非商人，「顧工的也有整百，每年十二月中，預發來歲工銀子，銀藏在兜肚中」。

即使資金超過「腰纏」之可能性，明代商人仍自身攜帶，此可在《三言》資料之外窺見。如《客商規鑒論》云：「身攜萬金，必以安頓爲主。」所述「萬金」實際爲白銀萬兩，爲重六百餘斤，雖則文字爲概敘，不必完全符合事實，但所攜之本銀，諒非小量。同書又云：「囊沉篋重，亦要留心，下跳上鞍，必須自挈，豈宜相托舟子車家。」[33]其行李中所藏珍物，亦顯係白銀。

明代剩餘資金，因無信用存款之機構，除經商及高利貸之外，只有埋藏地下。施潤澤兩次掘地得銀，每次均在一千兩以上。〈杜子春三入長安〉（《恆》）敘隋代事，但其中所說「他祖上埋下的銀子，想被他掘著了」，可視爲明朝社會常態。〈滕大尹鬼斷家私〉內，倪太守竟埋金一千兩，銀一萬兩。雖其數量可能爲小說作家之渲染，然藏銀地下，則爲富家習慣，其他資料，亦稱如是，[34]情節確鑿，爲中國商業資本不能發達之又一因。

《三言》中所敘之客商，無一人攜眷經商。生活裕如之客商，則在客處娶妾。〈蔣興哥重會珍珠衫〉中之薛婆稱：「大凡走江湖的人，把客當家，把家當客」，即指此種趨向。〈楊八老越國奇逢〉中有詩一首，開句云：「人生最苦爲行商，拋妻棄子離家鄉，餐風宿水多勞役，披星戴月時奔忙。」因此楊亦在漳州另娶。

三、坐商

坐商多由客商起家。〈錢秀才錯占鳳凰儔〉（《恆》）中之高贊，卽爲一例。此人「少年慣走湖廣，販賣糧食，後來家道殷實了，開起兩個解庫，托著四個夥計掌管，自己只在家中受用。」

經常坐商不兼作客商，因兩者經營，均須親身預聞，坐商卽不領瑣務，亦須密切監視。〈劉小官雌雄兄弟〉（《恆》）中之劉方、劉奇在河西務開有布店。河西務爲運河北段商業重鎭，此布店當代表一般情形。但業主因店務忙迫，竟不結婚成家，以便專心照管。劉奇云：「我與兄方在壯年，正好經營生理，何暇去謀他事？」又〈新橋市韓五賣春情〉（《明》）託稱爲宋朝事。新橋巨富吳防禦開了個絲綿店，又在五里外灰橋設有分店，勢必令子吳山照管。「吳山每日早晨到鋪中賣貨，天晚回家。」他曾對金奴云：「父母止生得我一身，家中收絲放債，新橋上出名的財主，此間門前鋪子，是我自家開的。」此鋪店雖有主管一人專理買賣出入，吳山仍須「逐日將賣絲銀子帳來算」。

明代商人除鹽商及木商外，罕有批發商。因坐商既不往出產處收購物資，對收購物資之客商又無所統治，則其經營必仍以零星收購零星販賣爲原則。前述盛澤鎮綢店，客商則「蜂攢蟻集，挨擠不開」，機戶則「織得三四疋，便去上市出脫」。則經營綢店者勢無批發之可能。上段所敍吳山爲當地巨富，但其對主管云：「我入城收拾機戶賒帳，回來算你日逐賣帳。」則其所收絲，仍係零星賣與生產者，或以賒帳方式而附行高利貸。此與其他文件記載之情形吻合。如松江之紡紗者，「里媼晨抱紗入市，易木棉以歸，明日復抱紗以出」。[35]又張瀚爲一五三五年進士，後任吏部尚書，其敍述彼祖先在十五世紀及十六世紀之交以織絲致富，常被若干學者摘錄爲資本主義萌芽之例證。其實其原文云：「購機一張，備極精工。每一下機，人爭鬻之，計獲利五之一。積兩月，復增一機，後增至二十餘，商賈所貨者，常滿戶外……」[36]張瀚既以家境富裕而入仕途，其所敍商人，則又與小生產者機戶直接接觸，商業經營仍不出傳統方式，卽織卽賣，全部重點爲現金交易，無資本主義象徵。

《三言》故事中，罕有提及客商所購物資出售於消費地坐商之詳情。但其略有提示者，如前稱之阿寄販漆於蘇州及杭州，南昌布商之販布於贛州石城縣，及呂玉之販布於山西，均以零星出賣爲主，暗示當地坐商，亦以極爲緊縮之資本，逐日經營，無力大規模收購囤集，以掌握市場。茲項情形，與吾人所知之明代商業習慣相符。因消費地之坐商，逐漸成爲批發商，則必管制客商之攜貨入境者，或放債於後者，或投資而互爲契約。若眞如此，則商業組織及商業資本必爲改觀，結果爲資金集中，一方面坐商之數目減小而其經營範圍擴大，一方面客商失去其獨立性而成爲坐商之雇員。此情形繼續發展，商業資本終必投資於生產。但此諸條件始終未能在中國傳統社會成熟，亦即坐商未能蛻變爲批發商，以促進資本主義之形成。

明代坐商之資金欠集中，亦可於商稅規制中窺及，如北新關在杭州城市內外課稅於各行商，至十七世紀之初，其所課者爲「區船一千二百餘只，行戶三千五百餘名，每名季鈔少者僅二三十貫」。[37] 如批發貿易發達，則其稅收無待於針對零售商行，有如前述。又戶部尚書趙世卿於一六〇二年呈萬曆帝之奏疏，稱稅使四出，商人避稅歇業。文內稱河西務先年布店計一百六十餘名，今止三十餘家矣。臨清關往年夥商三十八人，今獨存兩人。臨清緞店三十二座，今閉門二十一家。布店七十三座，今閉門四十五家。雜貨店今閉門四十一家。[38] 文中稱布店、緞店及雜貨店，當係零售商無疑。其店數之多，亦顯係其業務非批發。如尙有批發商在此縷述店數之外，則增進商稅當應從批發商著眼，零售商數目之多寡與稅收數量無關宏旨，戶部尙書之呈奏仍計算後者爲文不對題。

又前述陳繼儒之〈布稅議〉，在敍述「鄉人轉售於庄，庄轉售於標」之餘，續稱：「其近淮而北走齊魯之郊，仰給京師，達於九邊，以淸源爲綰轂。出長江之口，徑楚蜀，而散於閩、粵、秦、晉、滇、黔諸郡國，以蕪關爲綰轂。是皆孔道要津，布商麇集，舟車負載，晝夜馳騖而不息，此天下之大命脈也。」除提供清源及蕪湖爲南北交通孔道外，亦未指稱二處有批發商。

坐商之資本擴大時，多轉業典當，因其獲利多而冒險性小。〈金令史美婢酬秀童〉（《通》）中之張皮雀斥典當鋪主：「你自開解庫，爲富不仁，輕兌出，重兌入，水絲出，足紋入，兼將解下的珠寶，但揀好的都換了自用，又凡質物值錢者才足了年數，就假托變賣過了，不准贖取，如此刻剝貧戶，以致肥饒。」其實全文爲典當業一般經營之常態，非一人一店之貪酷情形。

《三言》中稱典當業業務發達之情形，前後不絕。如〈鄭節使立功神臂弓〉（《恆》）中之張俊卿爲宋代開封府「萬萬貫財主」，此人「門首一壁開個金銀鋪，一壁開質庫」。一般人士向典當鋪質典及購買已絕贖之物品，亦爲常態。〈杜十娘怒沉百寶箱〉（《通》）中之李公子，「在院中嫖得衣衫藍縷，銀子到手，未免在解庫中取贖幾件穿著」。〈張廷秀逃生救父〉（《恆》）敍一木匠，因荒年失去主顧，「將平日積些小本錢，看看用盡，連衣服都解當來吃在肚裡」。〈賣油郎獨占花魁〉（《恆》）中之秦郎嫖妓前，「到典鋪裡買了一件現成半新半舊的紬衣」。則典當鋪除將坐商資本吸收於非正常商業及不生產之高利貸外，亦束縛生產。因其爲半新半舊之物資開設銷路，卽減少新紬新衣之市場也。

牙商爲明代商業中不可或缺之成分，已在文中提及，其業務亦在前節敘客商時闡明。根據明代法令，牙行埠頭，爲官廳所承派，不僅爲買賣之仲介，並因其住址固定，足以負責客商及船戶之行止。〈明戶律〉云：「凡城市鄉村，諸色牙行，及船埠頭，並選有抵業人戶充應，官給印信文簿，附寫客商船戶，住貫姓名，路引字號，物貨數目，每月赴官查照。」[39]此顯爲明初法令，在明末未能全部實行，除政府之管制鹽商及進出口商，尙採用此原則[40]外，一般商業，似未能如此管制。十六世紀管理北新關商稅之一主事云：「行戶四散，或居山僻之鄉」，是以促其納稅不易，其建議爲：「市鎭在百里內，許牙行不時告認，其餘隔屬地方，一切停罷。」所稱牙行散居鄉間，亦與《三言》所敘符合。傅衣凌認爲中國農業和手工業直接結合，如明清松江之布，均係農村女工所產，限制手工業脫離農業副業而獨立。[41]其實商業亦被此農業副業所吸引，而進出於鄉村間，其結果爲遲滯銀行業務信用貸款之發展，因鄉間交易，其往來均爲單元，毋須撥兌劃帳也。

《三言》中之牙商，對客商言爲「主人」。兩者間之關係除商業外，尙有超經濟之情誼。如客商患病，牙商之爲主人，通常加以照顧。蔣興哥之能在廣東重理祖業者，亦因當地牙商顧全其父祖之交誼。是以蔣一到當地，「舊時相識都來會面，興哥送了些人事，排家的治酒接風，一連半月二十日，不得空閒。」明律又定牙商不得操縱市場，尤須平定價格。[42]《三言》中無資料證實此規定已全部遵守，但亦未顯示其已違犯。

四、商業組織及商業資本

商人之互相合作，共同經營之情形已屢見不鮮，但始終無發展爲股份公司取得財團法人地位之趨向。客商之合作，始自二人合同經營。〈李秀卿義結黃貞女〉中所稱，「輪流一人往南京販貨，一人在廬州發貨討帳，一來一去，不致擔誤了生理，甚爲兩便」，卽爲此形態。惟其成功，全賴彼此信用，公誠無欺。張勝與李英之能相處九年，端在「兩邊買價，毫厘不欺」。但亦因此之故，其結構不易擴大，其結果亦難持久。

二人共同經營，一人爲業主一人爲從屬之方式亦有之。如〈呂大郎還金完骨肉〉云：「第五年又去做經紀，何期中途遇了個大本錢的布商，談論之間，知道呂玉買賣中通透，拉他同往山西脫貨，就帶羢貨轉來發賣，於中有些用錢相謝。」雖其全文不詳，但此呂玉實係大本錢布商之所雇，惟其可能尚在雇員身分外，保持其小本經營之活動，因呂玉單獨爲客商，亦有四年，其資本亦未虧折，於理不致完全放棄其本身事業也。故事之所未提及者，則呂玉與此布商係共同旅行，沿途襄助，或係分處兩地，有如張勝、李英之合作。揣測當日貿易，無固定法度，非親歷考察，無法管制，其業主既爲大商，則呂玉恐爲同道共行襄理之機會爲多。《三言》未提及兩人以上之商業組織，且仍以客商單獨經營之事蹟爲多。住商雖可雇有經理，亦須逐日查考帳目，有如前敍。其爲經理者，身分極低，依隨主人，有如家人，僅略勝於奴僕。〈小夫人金錢贈年少〉（《通》）敍一個開線鋪的員外張士廉，家有十萬家財，用兩個主管經營。其中一人李慶任事已三十餘年，一人張勝（與上段之張勝爲兩人）本身已任事十餘年，其父亦爲員外主管二十餘年。兩人「一飲一啄皆出員外，舉家衣食皆出員外所賜」。兩人不僅每日晚間將帳目送員外核算，又輪流在店值宿，因此亦負責店內物貨之安全。

〈白娘子永鎮雷峰塔〉（《通》）所述李克用藥鋪，亦有兩個主管。白娘子曾云：「做人家主管，也是下賤之事，不如自開一個生藥鋪。」其所以認爲下賤者，必係以基本書算，機械的爲人服役，銀錢出入，稽考又嚴，無從在營業上決斷。因其依人成事，其待遇亦菲薄，否則爲主管者三十餘年，甚至父子相繼，應當獲得其獨立營業之機緣。

以上各點，與小說外之資料符合。萬曆時出版之《算法統宗》，爲當日書算之教科書，其〈卷二，差分〉章有云：

假如今有元、亨、利、貞四人，合本經營，元出本銀二十兩，亨出本銀三十兩，利出本銀四十兩，貞出本銀五十兩，共本一百四十兩，至年終共得到銀七十兩，問各該利銀若干？

其合資經營，人數甚少，本金亦係小規模，年終得利，勢必瓜分，爲當日營業之常態。

同書又出習題：

假如今有趙、錢、孫、李四人合商，前後付出本銀，趙一于甲子年正月初九日，付銀三十兩，錢二于乙丑年四月十五日付出本銀五十兩，孫三于丙寅年八月十八日付出本銀七十兩，李四于丁卯年十月二十七日，付出本銀九十兩，四本共銀二百四十兩，至戊辰年終，共得利銀一百二十兩，問各該利銀若干？[43]

題中所述商業組織，已略具現代股份公司之雛形，但其商業關係不能脫離人身成分，因之其範圍有限制，共同投資者全賴彼此熟識，互相信賴，而無法將事業盈虧，託第三者代管，使所有權與事業之經理相分離，因之既得相當豐厚之利潤，必致分析其所得，有如上題所示。

《三言》中有敘商人資產已相當可觀，而其經理仍不出戶外者。如〈喬彥傑一妾破家〉稱爲宋代故事，其主角喬俊，本身爲客商，但令僕人賽兒「開張酒店，雇一個酒大工，叫做洪三，在家造酒，其妻高氏，掌管日逐出進錢鈔一應事務，不在話下」。又爲他人作主管者，尚多因親戚關係而獲得其職位。〈白娘子永鎭雷峰塔〉中許宣，「他爹曾開生藥店，自幼父母雙亡，卻在表叔李將仕家生藥鋪做主管，……夜間在姐夫家安歇」。此亦爲當日實情。藤井宏論新安商人，稱其以「血族鄉黨的結合關係爲基礎」，參事經營者爲「豎子、蒼頭、家丁、世僕」之輩。[44]其類似情形，亦見於山西商人。如山西蒲州商人王某，「其閭里子弟，受錢本持緡券以化居於郡國者，肩相摩，趾相接也」。又陝西商人高陵縣王克倫，「其族能任買者，與之本錢，不問子錢，凡數十人，皆以貲雄於楚、蜀間」。[45]休寧歙縣之商人（卽新安商人）「以業賈故，挈其親戚知交而與其事，以故一家得業，不獨一家得食焉而已。其大者能活千家百家，下者亦至數十家焉」。[46]此卽 Weber 所謂「父族社會之官僚組織」（Patriarchal bureaucracy），[47]其所以有此組織者，則因其無純經濟利益，非人身關係之組織，其資本增大時，不得已而借力於血緣關係維持。但此種習慣在長期中阻礙商業之發展，因血緣關係不能經常與純經濟利益相始終，其任事者爲「親戚知交」，則雖無效能亦不便辭退，其商業利益，必須「能活千家百家」，則投資者道德義務，可能超過其經濟利益，此亦甚有可能爲其放棄商業，改變爲官僚地主之一大主因。

明末之巨商，多爲鹽商，但因食鹽由官廳專賣，其能在此間牟利者，多爲官僚資本，亦卽家庭身分中，官商不分，或以資金轉送權要，獲得特殊機緣，卒獲巨利。[48]此種特權商人，不能代表一般商人，因其活動，純賴政治背景，而無關於經濟組織。又當日縱有少數商人，握有雄貲，有意革新業務，提高商人地位，此宏願亦甚難達到。因商業機構及商業習慣，必須通過社會背景，爲舉國一致之趨勢。數人或數十人之規劃，與一般習慣相違，又無下層商人及店販之支持，必鮮成功之望。何炳棣研究淸代鹽商，發現其積資最高者達百萬兩，其趨向仍爲利用其資金捐官，令子弟讀書入仕，延攬學者，購置古玩書籍，其下者恣意揮霍。[49]亦卽過大之資本，無商業之出路。無限制之資本擴充，在傳統中國爲不可能。

《三言》中稱商人資本雄厚者，爲張士廉，「家有十萬貲財」；爲周將仕，其一夜典當庫金珠細軟物件失蹤者，值「四五千貫」；爲喬俊，有「三五萬資本」；爲張俊卿，爲「萬萬貫財主」。其他所敍均係小本商人，本銀數十兩或二百三百兩。此甚有可能爲當日一般情形，亦卽極少數之巨富外，中級商人不可多覯，而商人之中堅分子，仍爲小商。其原因爲大小商人之間，其資金無聯繫。大商人多依賴政治勢力，小商人之業務，則限於本人親身之所經營。且所謂大商人者，仍有化整爲零之勢，前述蒲州王某，高陵王克倫，均係以其資金分割，任用多數之客商，使其各盡其力牟利，而非結構爲一龐大之商業組合。此亦因當日法律上及社會習慣上，未具備此分工合作，釐定其各人義務，保障其各人權利之客觀條件。縱使有近代股份公司式之商業組織出現，亦必因無相似之機構爲之訂貨發貨墊借賒欠而失敗。

明代商人間商業機構最發達者，爲徽州商人，在明末「彼此間發展了匯兌業務的匯票制度」[50]爲山西商人，其經營情形，見於沈思孝之《晉錄》，爲研究中國近代商業者所必窺。其原文如下：

平陽、澤、潞豪商大賈甲天下，非數十萬不稱富，其居室之法善也。其人以行止相高。其合夥而商者，多曰夥計。一人出本，眾夥共而商之，雖不誓，無私藏。祖父或以子母息匄貸於人而道亡，貸者業捨之數十年矣，子孫生而有知，更焦勞強作，以還其貸。則他大有居積者，爭欲得斯人以為夥計，謂其不忘死肯背生也。則斯人輸少息於前，而獲大利於後。故有本無本者，咸得以為生。且富者蓄藏不於家，而盡散之為夥計。估人產者，但數其夥計若干，則數十百萬產可屈指矣。所以富者不能遽貧，貧者可以立富，其居室善而行止勝也。[51]

以上兩處商人，因其資金較流通，故持各處商業之牛耳。但其進步之處，仍係相對的，即較各處資金全不流動之情況爲活躍。其與現代化商業組織相比，其甚瞠乎其後。徽商之匯兌，仍賴現銀出入，而非彼方存款，此方轉借，尤未增加資金之數額。其得匯兌便利者爲徽商，亦即一極小之鄉里圈。山西商人確可將通常儲存不動之資金活用。前述沈思孝之觀察，恐仍有溢譽之處。然即使其所稱全部確實，其能樹立信用，利用富者款項以經商者，全賴個人操守及道德觀念，此不能有普遍效力，亦不能與現代資本主義國家以民法及公司法之作保障者相提並論。沈文之更可注意者，則放債者爲巨富，借款營利者爲小規模之客商。其資本仍爲化整爲零，不能聚集高度發揮其運用。因其缺乏龐大商業之組織，業務不能專門化，亦不能以巨額之商業資本爲擔保，引誘其他有居積者繼續投資，並遂行大規模之信用借貸，亦即無法擴充銀行業務。(山西錢莊，實爲票行，偏重於中國傳統之匯兌業務，而不能發展爲現代性之銀行。)各小規模之客商，則既無力亦無意於其營業之現代化。諸如貸款予生產者以促進其製造，設立通信機構，組織定期船舶之經常航行，保障旅途安全，均非此等小規模客商之所能計及。巨商大賈則在此落後之商業組織中，愈能利用其政治特權，在短期內獲大利。兩者均與資本主義「萌芽」之趨向相反。

五、結論

《三言》非歷史著作，但其所包括中國十六、十七世紀間社會史及經濟史之資料豐碩。吾人以其所敍與其他資料暨歷史背景對照，發覺其所提供商人生活及商業組織之情況大都確切，且其敍述綿密，可以補助較正式堂皇歷史資料之不足。

此三集短篇小說所描寫明末商業情形，無數量之準據。證之當日歐人筆記，中國內河城市之繁華，尚可能爲西歐諸國之所未及。[52]但《三言》所提出商人生活及商業習慣，以今日眼光觀察之，實在質量上墨守舊規。其癥結又不在商業本身，而係中國傳統政治制度及社會風氣所拘束。其最大障礙爲否定私人財產之絕對性。次之則發行貨幣全部爲政府職權。政府之力不能及，則付之闕如。政府所創設之交通通信機構，又不公開爲民間服務。此外，官僚地主之聲勢喧赫，家族關係之堅不可破，無一不妨礙純粹經濟力量之開展。有此種種客觀環境，資本主義自無法在中國成長。

資本主義爲歷史上經濟發展之階段，其本身無意於對社會生活求改革。英國資本主義形成時，其農業上之因素爲「圈地」(enclosure)。此一方面促成土地集中，一方面產生大量之無產階級。此等無產之農民，終至遷居於城市，爲新興工業廉價勞工之來源。又資本主義發達之方式爲兼併。此在美國本世紀初年，仍爲勢甚熾。規模大之企業，利用各種手段，消滅其競爭者，以獨霸市場。中國傳統政府，固不願提倡個人主義及自由主義，以與資本主義同流，但亦不容農業及工商業之兼併，有如歐美之資本主義社會。尤不許可大批流民爲朝代統治之慮。資本主義最大之貢獻，則爲促進生產。（現代社會主義有同一目的，惟不在本文範圍之內。）因其在政治、法律、社會諸方面，首則容忍繼則扶助私人財產無限制之發展，其極端競爭之餘，純經濟利益，常發揮其最高效率。在商業上言，則一般游資，用於生產及扶助生產之部門，如交通、通信、銀行、保險諸事業。生產增進之餘，資金愈積愈多，勞動力亦供不應求，因之進而工業機械化，促成產業革命。

傳統中國社會始終未參與前述運動，故稱明末清初中國資本主義萌芽，實無理論上之根據。[53]而《三言》諸故事，亦證實十六、十七世紀，中國商業缺乏資本主義之性格。今日之言中國哲學史者，必稱中國哲學家與西洋哲學家構思不同之處。言中國社會史者，亦著重於中國社會之特質。獨研究中國經濟史者，仍不能脫離歐洲經濟史之範疇，襲用其名詞，殊不可解。

中國之經濟未能高度發達，則有多種不良結果。一方面因工商業未能積極展開，資本有限。其相反一方面則現有資本出路狹窄，通常用於購買田產，或在農村放爲高利貸。此逐鹿於田畝，固然間接促進農業在數量上發展，增加全國耕地，但其資金零星使用，經濟效率至低。因之中國經濟質量不變，一般民衆之生活尚在近世紀降低。此種情形，亦可稍稍在《三言》故事中窺見。如〈桂員外途窮懺悔〉中所述牛公子，其父牛萬戶，「久在李平章門下用事……公子倚勢欺人，無所不至，他門下又有個用事的叫做郭刁兒，專一替他察訪孤兒寡婦便宜田產，半價收買」。〈盧太學詩酒傲王侯〉中之正直官僚則云：「我有示在先，家人不許擅放私債，盤算小民，如有此等，定行追還原券，重責逐出。」惟作者僅在一時一事爲窮困農民鳴不平，而實際此現象與商業之不能突破傳統習慣，全國財富不能高度展開相始終。換言之，此爲全面經濟問題，而非單純之倫理問題。

注釋

1 明代集權，見於顧炎武之《日知錄》及黃宗羲之《明夷待訪錄》。亦見於F. W. Mote, "The Growth of Chinese Despotism," Oriens Extremus, 8(1961)；Lien-sheng Yang, "Ming Local Administration," in Charles O. Hucker (ed.) *Chinese Government in Ming Times* (New York,1969).

2 本人所著 *Taxation and Governmental Finance in 16th Century Ming China* (Cambridge,1974) 對此點敘述甚詳。

3 《太宗實錄》（中央研究院版，下同），頁四九八。

4 見《大明會典》卷一六七，但此律未能施行。

5 見於《太祖實錄》，頁二九八一－三〇七八，頁次不及備載。

6 《太祖實錄》，頁三〇七九。

7 全漢昇估計至十六世紀末為止，鑄錢總數「一共不過千把萬貫」，見〈自宋至明政府歲出入中銀錢比例的變動〉，《中國經濟史論叢》（香港，一九七二），頁三六四。本人估計略低，全明約鑄八百萬貫，*Taxation and Governmental Finance*, p.317。

8 《明史》卷八一，《世宗實錄》，頁七一一九。

9 彭信威《中國貨幣史》（上海，一九五四），頁四六一－四七一。蔣臣事載於《春明夢餘錄》，卷三五。

10 全漢昇估計自一五七一至一八二一年共二百五十年間，美洲白銀輸入中國二萬萬peso。見〈明季中國與菲律賓間的貿易〉及〈明清間美洲白銀的輸入中國〉，載《中國經濟史論叢》，頁四一七－四三四、四四六、四四九。梁方仲估計一三九〇年至一四八六年，中國共產銀三千萬兩。又明末七十二年，外銀流入一萬萬元。見〈明代國際貿易與銀的輸出入〉，載《中國社會經濟史集刊》六（一九三九）。

11 Ping-ti Ho, *Studies on the Population of China* (Cambridge, Mass., 1959), pp.23,277.

12 十六世紀中國有當鋪二萬家，至十九世紀仍有七千家，見彭信威《中國貨幣史》，頁六〇三。

13 見容肇祖〈馮夢龍生平及其著述〉，《嶺南學報》，二/二-三。

14 見全漢昇《中國經濟史論叢》，頁四五七。

15 Ping-ti Ho, *The Ladder of Success in Imperial China* (New York, 1962). HO, "The Salt Merchants of Yangchou," *Harvard Journal of Asiatic Studies*, 17(1954).

16 《史記・貨殖列傳》第六九。當日稱工商為末業，農耕為本業。

17 十六世紀無錫巨商鄒望身故之後，二子鬩牆招衅，親朋分黨，斷送衙門，「想貽未讀書之故」；另一商人華麟祥，則「捆載而歸，訓二子讀書」，亦為商人改業之例證。詳傅衣凌《明清時代商人及商業資本》（北京，一九五六），頁二五。

18 《明史》卷二一九及二二一；又寺田隆信《山西商人の研究》（京都，一九七二），頁二七八-二七九。寺田並提及兩家並與大學士馬自強家聯姻，而馬弟自修，亦為商人。

19 《山西商人の研究》，頁一九二。

20 此奏疏載《倪文貞公全集》，亦載於《續文獻通考》（《萬有文庫》本），頁二九三八。本人節譯英文載於William Theodore de Bary (ed.), *Self and Society in Ming Thought* (New York, 1970), pp.428–429.

21 可見《北新關志》，節載於顧炎武之《天下郡國利病書》及清代之《淮安三關統志》。

22 《山西商人の研究》，頁三〇九。「瀟」字似誤筆。

23 《祁忠愍公日記》（紹興，一九三六年版），又周之龍《漕河一覕》，亦有類似之記載。

24 見《山西商人の研究》，頁三〇八-三〇九。

25 見謝國禎《明清之際黨社運動考》（上海，一九三五），頁一六四、一六六。參見宮崎市定〈張溥とその時代〉，載《東洋史研究》三三之三號（一九七四），頁三三八-三三九。

26 霍與瑕〈上吳自湖翁大司馬書〉，見《皇明經世文編》卷三六八。

27 《中國貨幣史》，頁四七四。寺田隆信之估計為年利百分之三十，詳《山西商人の研究》，頁三二三。

28 見注(20)。

29 此〈平洋策〉載《天下郡國利病書》(四庫善本)冊五，節錄於《山西商人の研究》，頁三二七。

30 《山西商人の研究》，頁二九〇。

31 *Taxation and Governmental Finance*, p.80.

32 《閱世篇》卷七。節錄於《明清社會經濟形態的研究》(上海，一九五七)，頁二一一。

33 見於《山西商人の研究》，頁三〇〇。

34 《中國貨幣史》，頁四八〇；周玄暐《涇林續紀》(涵芬樓本)，頁五。

35 原載《圖書集成．職方典》松江部。《明清社會經濟形態的研究》，頁二一四。

36 原載《松窗夢語》卷六。《明清社會經濟形態的研究》，頁三六。

37 《北新關志》，摘錄於《天下郡國利病書》冊三一。

38 《神宗實錄》，頁七〇七三。

39 《大明會典》卷一六四。

40 如廣州在十六世紀通商時，海道副使汪栢設立客綱客紀，「以廣人及徽、泉等商為之。」見《天下郡國利病書》冊四四。關於鹽商，詳藤井宏〈明代鹽商の一考察〉，《史學雜誌》，五四之五、六、七號(一九四三)及 *Taxation and Governmental Finance*, pp.200–202, 220–221。

41 《明清時代商人及商業資本》(北京，一九五六)，頁三一。

42 《大明會典》卷一六四。

43 摘錄於《山西商人の研究》，頁三二一。

44 〈新安商人の研究〉，《東洋學報》三六之一至四號(一九五四)。

45 均摘錄於《山西商人の研究》，頁二六九。

46 《明清時代商人及商業資本》，頁七五。

47 Max Weber, *The Religion of China* (New York, 1964, paperback ed.), pp.90 ff.

48 有如藤井宏〈占窩の意義及起源〉，載《清水博士追悼紀念明代史論叢》（東京，一九六二），頁五五一－五七六。

49 詳注（15）。

50 《明清時代商人及商業資本》，頁六六－六八。

51 摘錄於多數著作，如《明清時代商人及商業資本》，頁二七；《山西商人の研究》，頁二六六－二六七。

52 略舉一例，如 Louis J. Gallagher, China in the Sixteenth Century: The Journals of Matthew Ricci (New York, 1953)所述。

53 關於資本主義萌芽一節，已被批判，例如 Albert Feuerwerker, "From Feudalism to Capitalism," Journal of Asian Studies, 18(1958).

第二章

明《太宗實錄》中的年終統計

李約瑟博士所稱中國官僚主義的一個例證

李約瑟博士（Dr. Joseph Needham）對中國人民的熱情，數十年如一日。他將中國文化幾千年來特長及精采的地方，作有系統的報導，著書盈棟。其提出思想史及科技史的例證時，引列詳盡，下筆豪邁，久經中外人士推崇，毋待本人贅述。

可是李老博士治學與處世，還有他偉大的地方，乃是不恥下問，不持成見，眞理所在，不怕得罪權門，不作人云亦云。他在一九四九年後，認爲中國之所以採取社會主義的途徑，乃是避免西方諸國工業革命後所產生貧富懸殊，多種社會病態的覆轍，因之首先表示同情。朝鮮戰爭期間，又竭力主持公道，以致爲當日西方各國政府當局所不容，他多少年後，旅行講學，還被限制，爲筆者耳聞目覩。而李老博士對人民共和國幾十年的策施，也並不是「一邊倒」。例如一九七四年，國內所謂「批孔」運動，正在方興未艾，他到香港大學講學，就偏要提出孔子仁民愛物的偉大。用英文演講還不算，他又用中文誦述明儒顧炎武的〈論學〉一段，以「士而不先言恥，則爲無本之人」作結論。[1]可見他對學術眞實性的重視。這種觀點不會因一時政治的風氣左右動搖的。

同樣情形下李老博士也不會對中國事物盲目崇拜。中國文化的優點固然值得讚揚；但是它的缺點也應當提出批判。譬如傳統的方法治史，認爲作史者筆下一行「褒貶」，則天下之至善與極惡，毫髮畢見，涇渭分明，千古一律，實在是故步自封的看法。亦即是認爲盈天地之道（這「道」有自然法規 Natural Law 的意思）統統在史籍的字裡行間，羅列無餘，也再用不著開闢途徑；也再用不著推陳出新。李老博士曾以此與歐洲中世紀的思想相比，彼此都離不開「原始的假說」（Hypotheses of their autochthonous development），是以束縛自然科學的發展。[2]

李老博士自己治學，可以淵博二字概括之。因之他的歷史觀，不是容易概述的。大凡有創造能力的思想家，在大刀闊斧的姿態下開懷立論的時候，常有自相矛盾的現象，馬克思如此，盧騷（Rousseau）如此，李公也有此趨向。但是這種矛盾並不是構思者在邏輯上舉棋不定，而是眼光開闊時，邏輯的範圍過小，已不適用。也等於康德（Immanuel Kant）所謂「了解」（德文 verstand）與「理解」（德文 vernunft）不同。前者得自我們的視聽與經驗；後者則在人類經驗範圍之外，應屬於神學的領域。我們卽作假定（presupposition），雖稱客觀，仍不離主觀的色彩。李老博士自幼在基督教的影響之下長大，他當然不會放棄至美至善卽屬於神的立場。因之我們只能模仿造物，而不能因人力而自稱已巧奪天工。卽使是絕代才華的人物，在造物主前仍爲凡夫俗子。可是李老博士也受中國道家思想的影響，又覺得盈天地之至美至善，亦可以在一草一木之間，甚至在凡夫俗子一事一物之間發洩無餘。所以他一方面認爲眞理爲一切事物抽象的總和，帶有合理性；一方面又認爲眞理不外日常生活中各種機緣間的一種美感。這矛盾的趨向，讀者可以偶爾從李老博士的著述中窺之，而我們有機會和他接近時則更容易看出。

以上所述，已涉獵於人生哲學，超過本文預定的範圍遠甚。然則不提出，則本文寫作的目的，無所交代。在作者的眼光中，前述矛盾，在大範圍內則不成其爲矛盾。亦可以說因其矛盾，更能與眞理接近。因其淵博，故能容物。李老博士爲科學家，可是沒有放棄他思想的體系。他又皈依宗教，卻不受硬性教條的束縛。今日中國企求實現科學技術現代化的過程中，當應覺得效法李公之處至多。

筆者在大學攻讀時，已讀及李公著述。初與此公以書牘接觸，事在一九六七年。當時前任哥倫比亞大學富路德教授（Prof. L. Carrington Goodrich）緘薦，李老博士囑於五、六年間，往英倫一行，襄助其研究中國社會經濟條件中束縛科學發展之處。這對筆者言之，實爲天外良機。其唯一令人躊躇之處，乃是《中國科學技術史》卷二和老博士其他著作提及「封建官僚主義」（feudal bureaucratism）一名詞，和筆者所習所讀不無逕庭之處。因之與李公多次書面磋商。李公不僅不以此種問題爲節外生枝，反而指出他對這名詞並無一成不變的看法，如果新研究能提供不同的說法時，他還願意修改以前的觀點。[3]像他這樣一個世界聞名的科學家與著作家，又爲皇家學會會員，竟在筆者一個無名小卒面前如此謙虛下懷，眞令人嘆賞無已。很多人學術上的成就不如李公至遠，已經知過不改，一錯就錯到底，而且拒絕批評，還要拖其他人一同去錯，眞是不可同日而語。

李老博士願意修改自己以前的觀點，也與以上所述各節相關。因爲他寫歷史，不是一字褒貶。我們人類的經驗愈豐富，則對自然法規的了解愈深切。修改 verstand，亦即是增進 vernunft。《中國科學技術史》寫至卷七，覺得以前卷二所用名詞有修正的必要，乃是此書自創意至寫作出版，至今將半個世紀，我們對世界的了解，業已前後不同也。所以與其指責其爲矛盾，則不如嘆賞其爲淵博，《中國科學技術史》是亙二十世紀中外學者對中國傳統文物的看法，不是永遠傳之子孫，一成不變的看法。惟其保持因時修正的作風，則下一代及下一世紀的讀書人更可因此書而推陳出新，因之而更能表彰此書與作者的偉大。我們之慶賀李公良辰，從此觀點出發，則更能闡揚其意義之長遠。

中國之封建制度，被譯爲 feudal system，啓始於日本學者，迄今已將近百年。當日譯者對中國封建的設施已經含糊不明，而對歐洲之 feudal system 不可能更有深切的了解。因爲歐洲 feudal system 之被稱爲 feudal system 起源於法國大革命之後。當日學者以此名詞綜合敘述中世紀一般政治及社會組織的特徵，並未賦予歷史上的定義。[4] 而縷列這些特徵，也要待許多專家如 Carl Stephenson 及 Marc Bloch 的多方考證，他們的著作也僅在第二次世界大戰前後問世。所以以前稱中國社會爲封建，或爲 feudal，都只有概括籠統的意思，未可作爲定論。

本文作者於一九七二年於劍橋與李老博士面談之後，才知道他以前提及「封建官僚主義」乃是於一九四〇年間留華時期，根據中國一般學者常用的名詞襲用；有時也將此名詞倒置稱爲「官僚封建主義」(bureaucratic feudalism)。所稱封建，也只涉及當日君主專制的背景，帶有守舊及落後的意思。在《中國科學技術史》先提出此一體系的存在，以待日後的研究蒐索。並未附和若干學者所謂人類歷史無可避免的階梯，尤未認爲中國歷史一定要和歐洲歷史相提並論，也未曾預測封建這一名詞，會在中國如此濫用。

一九七三年，筆者尚在劍橋，前任賓西凡尼亞大學現已退休之卜德教授(Prof. Derk Bodde)來訪李老博士。(茲後卜德教授也擇居於劍橋兩年餘，對《中國科學技術史》作有實質上的貢獻。)他也曾對此封建及 feudal 一問題，下過一番功夫。[5]他們商談之後，李老博士已決定卷七不稱「封建官僚主義」，而另將創造新詞。但是李老博士對筆者稱，其爲「官僚主義」，則爲確鑿，已無可置疑。

《中國科學技術史》卷七問世有期，而筆者覺得如在此時闡揚李老博士的立場，在學術界及出版界必能引起領導作用。本文作者在一九七二至一九七三居劍橋一年，和李公日夕磋商之外，也於一九七四、一九七五、一九七七、一九七八及一九八〇年間多次聚首。而尤以一九七四年聯名發表 The Nature of Chinese Society: A Technical Interpretation 一文[6]，在研究全文結構及措辭用字的時候，親臨謦欬，得益至多。可以說對李公的了解，較一般人爲周密。可是這篇文字的寫作，並未經李老博士同意，雖稱洞悉李老旨意，仍是筆者窺測。所用資料也是筆者自己蒐索，從明代史著手，只能代表筆者專注的興趣，不足以網羅李老的淵博。可是也惟其如此，更能「借花獻佛」。作壽辰文集的主旨，一方面在表揚受賀者的成就，一方面則由作者加以局部的創作，以代酒饌。這篇文章的旨趣如是，讀者鑒之。

嚴格言之，歐洲之 feudal system 是西歐歷史上的特殊創物，當時羅馬帝國的遺澤猶存，若干中央集體制的機構，仍被後人襲用。但是日耳曼民族，以武力征服西歐，他們也有他們部落間的習慣制度，這兩者在地域間折衷重疊，遂成 feudal system。[7]其譯爲「封建制度」，已屬勉強。（愚意早應譯爲日文之「譜代」，發音爲 fudai，與法文之 feodal 更爲接近。）

如卽以 feudal system 爲中國之封建，則其間共通的特點，更不容忽視。這些共通的特點經過多數專家的集體研究，大約可以綜攬於以下三點[8]：（一）威權粉碎（fragmentation of authority）。卽封建制度行時，雖仍有中央王室的殘型，其實稅收之徵集與支付，民法與刑法之裁判，以及兵役的區處，全由以下地方首腦就地作主。也可以說是集「地方分權之大成」。（二）公衆事宜成爲私人產業（Public affairs becoming private domains）。裂土分茅，必經過遺傳，才能固定。所以中國傳統，以「桐葉封弟」。西歐則由爲君者以泥土一塊，執於爲臣者之手中。兩方都象徵方域內的土木，全部成爲受封者的家產，通過遺傳，永爲恆業。這樣一來，所謂政府，必爲私人政府。皇帝的寶座以家傳的不算，而是要下至各鄉邑，全部出諸遺傳，全部成爲私人家業，而且這樣以私爲公，以公爲私的辦法，並非短時間的違法，而是長期間的合法才算是封建制度。也就是要做到《左傳》裡所說「君子小人，物有服章，貴有常尊，賤有等威，禮不逆矣」，才算發揚了封建精神，以致全民都處於不平等的地位，都有尊卑上下的序次。所以封建（feudalism）必有「次層封建」（subinfeudation）。（三）武士傳統（warrior tradition）。根據以上所述，全民都在一個金字塔的型式下保持其固定的身分，則其社會組織，已近於軍事機構。武士的活躍，是爲必然趨勢。這種武士身分，有其社會價值，並非普通的職業軍人，也無平時與戰時的區別。[9]

基於以上三個條件，中國歷史之可以稱爲封建社會的階段，至爲短暫。卜德教授認爲古代商周之間爲一個封建階段，魏晉南北朝間又爲一個封建階段。[10]還有人認爲他引用這名詞過於廣泛。因爲漢末統一的帝國已不存在，只有天下分裂，動盪期間，不成其爲制度也。

所以將漢、隋、唐等統一的大帝國，與歐洲中世紀的 feudal system 相比，已屬不倫不類。而中國固有的名詞，「封建」亦與「郡縣」對峙。前者出諸遺傳，著重地方分權；後者則凡人事派遣任免，全不受遺傳之限制，完全出於中央集權。稱郡縣制為封建，更是濫用名詞。

至於明朝，中央集權已登峰造極，重文輕武，也史無儔匹，而且除皇位之外，凡遺傳之官職則無實際之權責，有權責之官職則不遺傳，可謂與以上三個條件，完全相反。即明儒顧炎武之〈郡縣論〉也稱當日政治制度，放棄封建精神過多，矯枉過正，不合實際。[11]而今人三百多年後，仍稱朱明王朝為封建，是即以皇位繼承為封建。如此則今日英國，尚未脫離 feudal system 矣。濫用名詞，容易改變觀感，發生錯覺。筆者所專攻者為明代史，最近十餘年來，發覺中外著作，濫指朱明為封建，以致引用史籍，不加思考，以訛傳訛之處，重見疊出。姑舉二、三例如次。

萬曆帝朱翊鈞中年之後荒惰成性，最為現代學者指斥為封建威權的代表。一五九九年，他因為三個皇子的婚禮，手令戶部進銀二千四百萬兩，作為大禮及採辦珠寶的費用，與以上所述公衆事宜成為私人產業的條件符合，被研究明史的專家、研究貨幣金融的專家，以及為專題論文的作者引用，不止一端。[12]其實當時戶部每年的收入，以白銀在北京收受者，不過四百萬兩左右。這二千四百萬兩數目之龐大，即有蹊蹺。如果讀者細閱《明史．沈一貫傳》，即可見：「時國本未定，廷臣爭十餘年不決。皇長子年十八，諸請冊立冠禮者益迫。帝責戶部進銀二千四百萬為冊立分封諸典禮費以困之。」[13]其故事重點在「以困之」三個字。當時戶部無此龐大之款項，萬曆亦無意動用此龐大之款項。只是廷臣一定要他立皇長子朱常洛爲太子（萬曆自己屬意皇三子朱常洵），他就要廷臣進銀二千四百萬兩作爲要挾。站在廷臣這一方面的，還有戶部尚書楊俊民，接到皇帝手令日內，死於任所。廷臣報告皇帝，卽稱「本官亦因之而斃」。[14]可見問題在於君臣不和，而非罄國庫數年收入爲皇室一朝花費。此白銀亦未繳撥。

後來萬曆屈於衆議，立常洛爲太子，常洵被封爲「福王」，建藩府於洛陽。皇帝手令湖廣山東河南三省，撥田四萬頃，作爲福王莊田。四萬頃爲田四百萬畝，爲數千萬人民衣食的來源，其撥爲一人家業，確有封建制度的趨向。如果此事屬實，則若干歷史家稱明代爲封建，不容置辯。

可是福王如領有此龐大的產業，勢必按照封建制度的辦法，將其領域實行「次層封建」，裂土分茅的給予親信掌握，並以遺傳的方式，使巡視莊園者卽爲武士，才能永保無虞。事既如此，則私人財產以私人軍隊巡衛。李自成造反時，福王麾下必有組織的抵抗，絕不會無聲無響，束手就擒。至此事已可疑。

因此研究明史者，又必追索原始資料，訪查眞跡。其實萬曆指派四萬頃，是和群臣討價還價的辦法。萬曆自己就減爲二萬頃，爲原索之半。而福王也再三「推辭」。而眞正的問題，又不在田土，而是佃金。緣河南在明初，地廣人稀，以後數世紀後，開墾之地稱爲「白地」，其主權常有問題。地方官勘察之後抽稅若干，既未併於一般田賦，也難說是官田的租金。山東亦因黃河改道，淹沒後又變爲乾地而開墾的田土，情形亦復類是。湖廣地形變化，開墾更多。昔日湖沼成爲「圩田」；以前河岸瘠土，僅徵「蘆課」者，至此也有增進爲良田的形勢。[15]根據不完全史料，可以看出這些土地的稅收，縱未全部飽地方官之私囊，也未完全公開交代。皇帝也不直說，而總是漫天要價，責成這三省官員，在他們出進之間，每年以銀四萬六千兩交福王，以作王府用度。各官員口稱無田時，福王派人在河南偵查與地方衝突，事誠有之。但是將十多個縣分的田土，劃爲一人的產業接管，則技術上亦不可能。遲至一六一七年湖廣官員只承認每年繳銀三千六百五十九兩。因之筆者估計，福王掌握極少數田土之外，所謂莊田，實爲現金津貼，年入不過二萬兩。[16]雖說數目浩大，和四百萬畝的田地比較，則不可同日而語矣。

又崇禎時堵允錫奏疏稱：湖廣之「長（沙）善（化）兩邑，舊額百萬畝，今入藩封者，且七八十萬畝」。今日仍有人摘此作爲明代爲封建社會的例證。[17]其實堵允錫所稱畝數，全無實據。日本學者淸水泰次終身研究明代土地制度。他在一九二八年卽作文指出事不可能，堵信口開河，「無數字觀念」。[18]又如兩縣百分之七十至八十割占爲莊田，又有王府旗校巡邏徵稅，則滿淸入主，勢必有極大的衝突，此亦與實際情形不符。

以上三數事，卽可以看出不顧客觀條件，只從原始資料斷章取義的摘錄若干文句，無學術價值。因其只能對當日的事實眞相，作無實際貢獻的摻和，以表白作文者本人說有根據。而其實將十六世紀白銀流通狀態，土地占有情形，地方官之行政效率，皇帝與廷臣的關係全部混淆，使以後治史者，不知如何下手。其所褒貶，倒與今人無關。只是舊社會的弱點，今日亟需避免及改革之處，則因此名詞錯用，以訛傳訛，反被掩飾。

李老博士所稱「官僚主義」，非僅官僚作風。既稱主義則必有思想上及信仰上的憑藉。筆者根據李老舊作及談吐，綜錄這些思想上的因素，約有下列數端：（一）官僚主義自視自然法規，業已被其網羅無餘。如以「褒貶」寫歷史，作爲千古定論，墨守「原始的假說」，卽出於這種自滿的成分。和古希臘思想家認爲自然法規，須不斷的研究，不斷的發現，才能不斷的展開，迥然不同。（二）與中國君主制度不能分離。中國君主制度帶有宗教色彩，和歐美的「政教分離」的宗旨不同。如群臣稱皇帝的文書爲「聖旨」，皇帝的面目爲「天顏」，發言則爲「玉音」。也就是假借自然法規的至美至善，作人間組織的主宰。因之君臣務必合作，融和爲一體。強有力的君主，以官僚爲其工具；柔弱的君主，則成爲群臣的工具而不能自拔。因其如此，文官組織的權威，才有道德的陪襯，官僚的措施，也不容辯駁，相當於自然法規。（以上萬曆與群臣不協，才成爲朝代的危機，以致兩敗俱傷。）（三）此種制度施行時，必借力於思想上假設的成分。例如十歲兒童的皇帝，被耆老重臣稱爲「君父」，在明朝亦不設攝政。皇帝爲愚頑，群臣仍稱之爲睿智，皇帝爲暴虐，群臣仍稱之爲慈愛。這也就是說：理想的至美至善，盡力使之可能，如眞不可能時，則假設其爲可能。有時寧可在實質上打折扣，而不放棄其形式。甚至以禮儀代替行政，以表面文章代替實質。（四）這制度總以上級的理想爲準則，不以下級實際情形爲準則。如實施困難，則由上級向下級施加壓力。因之其整個制度上不盡不實之處，通常經年累月，積滯於下端。其最需要發生作用的地方，反成爲頂不實際的地方。有時整個制度因之崩壞。傳統歷史家，慣稱這局勢爲「腐化」。其實所列舉證據，多無關大局。有時所列者實爲結果，而非原因。其主因則係本身機構設計欠周全，環境變化，上層無法繼續以壓力強迫其下級，掩飾其組織上不合理之處。（五）基於以上條件，中國官僚主義有其獨占性。因在思想上這種制度聲稱「天無二日」，亦卽是自然法規的至美至善，不容第二者爲表率。而其行政效率，也無力與較爲合理的機構競爭。因其要保持其「非競爭性」（non-competitive）的立場，總是希望能閉關自守，如禁止人民出國，對外接觸則以外夷進貢的方式管制都是。[19] 甚至永樂帝朱棣，以遣派鄭和下西洋聞名，早在一四〇四年已經通令民間之海船，全部改造爲平頭船，以防止其泛海，[20] 都不出這種閉關自守的姿態。也卽是其心理上爲內向（introvert）。

中國官僚主義在對付此際問題時，起先已產生兩種弱點。其一是思想上帶有宗教色彩，先有唯心趨向。其二則其理想行不通，不能在立法上針對下層實況改革。而自稱「體」與「用」不同，承認不合體制爲當然；亦卽是姑息違法。今日中國仍有此現象的遺型，是爲傳統習慣作祟，與社會主義無關。

以上所述，抽象的詞句爲多。必須舉出例證，以實際情形闡述，才能得其眞髓。筆者在閱讀《明實錄》時，發現《太宗實錄》內年終統計數字，可以解釋前說官僚主義的眞相，並可以揭露統計數字在明代史料中的實際意義。和以上理論陪襯，尤足將李老博士的見解，廣泛介紹於一般讀者。

《明實錄》爲朱明王朝根據原始資料撰集。明朝十六個皇帝，除建文帝朱允炆，景泰帝朱祁鈺，被後來繼位的皇帝視爲非法，無廟號地無實錄外（他們朝中的事蹟則附錄於繼任的實錄中），最後的皇帝崇禎朱由檢，身死國亡，也無實錄。其他十三個皇帝，共產生了十三部實錄，合稱《明實錄》。現在通行的臺北版，共一三三冊。如稍微留心的閱看，卽需要兩年半以上的時間。

實錄的撰修人雖想保持前後一貫的作風，這事實上無法辦到。除以上所綜敍的官僚主義思想在這一一三三冊文獻中表示無餘外，各部實錄敍事有詳簡，著眼也有差異。有如初期以極嚴峻的態度，組織其帝國，中期以後，行政多顯捉襟見肘的狀態，作史者概須自圓其說，卽不能貫徹始終。

實錄內引用行政上統計數字，也因官僚主義的關係，前後不一貫，取捨無定則。例如《太祖實錄》列有一三八一年及一三九一年全國耕地的面積，當係造《黃冊》時的統計數目。此後各朝實錄，卽未繼續。又例如全國軍屯在一四八七年至一五〇四年間，所記載的屯糧，每年都不出二百七十萬石左右。而一五〇五至一五一八前後十四年，則每年都是一百零四萬一百五十八石。七位數字，毫無增減。自一五一九年後卽或記或不記；至一五七一年後卽不再記。而自一五二二年至一五七一年間前後五十年，每年數目都在三百七十萬石上下；而一五六七年一年，則只有一百八十萬石。[21] 其所記載含糊不明之處也很多。例如明代所鑄銅錢，較各朝爲少，較北宋爲遠甚。全漢昇先生估計，全明鑄錢「一共不過千把萬貫」。本文作者估計只有八百萬貫左右。[22] 而《世宗實錄》則稱一五三三年皇帝「諭工部鑄洪武至正德紀元九號錢，每號一百萬錠，嘉靖紀元號一千萬錠」。[23] 而《明史》及《大明會典》，又針對上文注釋：「每錠五千文。」[24] 按一千文爲一貫，則上述共九千五百萬貫。亦卽嘉靖帝朱厚熜一年一次之內，發令鑄錢數量，超過以上估計朱明王朝二百七十六年前後所鑄十倍以上。其不可能已經貨幣史專家彭信威先生指出。[25]筆者更可加注，如此浩大的鑄錢，其成本則爲當時北京現款收入二十年的數量。而當日鑄錢的廠局，也必擴充到一百倍以上，成年工作，才能達到所述的數量。[26]

然筆者作此文的目的，也不是勸說讀者，將所有數字，全部視爲具文。而是指出統計數字間表現其官僚作風之處，官僚作風追根到柢則起源於官僚主義。因此證實李老博士所稱有根據；而不是對前人所措施令人不如意之處，濫稱其爲「主義」了事。

朱棣於一四〇二年取其侄朱允炆之帝位而代之。自一四〇三年稱永樂元年，至一四二四年去世，是爲永樂二十二年。除最後一年之紀錄列於《仁宗實錄》外，其他二十一年的年終數字統計見於《太宗實錄》。[27]是《明實錄》中形式上最爲詳盡，而形式上最爲前後連貫的一套統計。茲將其中最重要的七項數字列表檢討如下，以追溯其來源與出典。

(A)**賦稅糧**：《太宗實錄》中最重要的數字，爲「賦稅糧」。其單位爲「石」，米麥不分。永樂朝內，其紀錄通常保持在三千一百萬石至三千三百萬石之間。特別的例外爲一四〇七年，爲數不及三千萬石，一四一二年超過三千四百萬石，一四一九年的數目則在《太宗實錄》的原始抄本有兩種不同的記載。一本作二千二百二十四萬八千六百七十三石；另一本作二千二百四十二萬八千六百七十三石。雖其第三位與第四位數字次序排列不同，兩者都較前後各年之三千萬以上的數字相差極大。

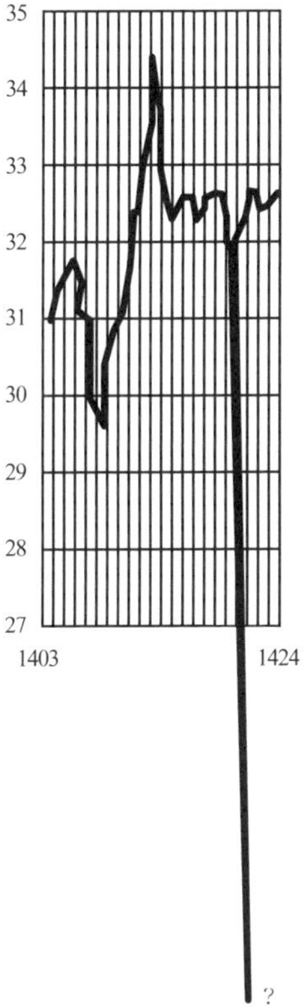

圖表一：永樂年間賦稅糧數額（單位：百萬石）

按其實「賦稅糧」係中央政府向各省府州縣攤派之數額，理不應如此驟增驟減。學者考究之餘，認爲一四一九年之低額，應係抄寫錯誤。其原始抄本卽有兩種不同的說法，可能由於檔案上字跡模糊，而抄本的校對未精，更無話說。所以多數日本學者，在和田清博士領導下集體作《明史食貨志譯註》，需要引證一四一九年數字時，卽逕改前數爲三千二百二十四萬八千六百七十三石，[28]大刀闊斧的爲之添入千萬。

至於一四〇七年的突然降低，則有事實上的根據。因爲一四〇五及一四〇六兩年，永樂曾三次下令開豁地主戶絕的賦稅，據計算影響的田地達七百三十四萬五千零九十七畝。[29]而所在地區全在長江以南，以富庶的府縣占多，全國賦稅因之降低百分之五，至爲可能。一四〇七年下降之後，又逐漸上升。至一四一二年乃突破三千四百萬石的紀錄，以後才稍稍下降。據考證乃由於明帝國此時征服安南，併交阯為中國行省之一。永樂並於一四〇八年派黃福前往定賦。[30]以後或覺得所定太高，才修正於圖表一所列。

可是上面的解釋，仍不能闡明賦稅實情。永樂年間數字，必須與明代全期數字一併研究，才得其眞相。

永樂之賦稅糧，繼承於洪武數額。洪武開國未久，即於一三八一年酌定全國稅糧為二千六百餘萬石。至一三九三年增至三千二百餘萬石，[31]永樂間曾有數次調整諸如上述。其調整率仍不算過劇。在明代賦稅糧額有最大的減削者，則為宣德帝朱瞻基。宣德年間明帝國內外交逼，征安南既騎虎難下，而南直隸各府縣亦逋賦。蘇州一府，賦額二百七十餘萬石，積逋至七百九十萬石，近於三年額數。[32]宣德既放棄交阯，又派周忱巡撫江南，作大量的減稅，於是全國賦稅由以前之三千二百餘萬石，減至二千七百萬石左右。自茲之後，全朝代二百餘年再未有劇烈的增減。如《大明會典》所列一五〇二年為二千六百七十八萬二千二百五十九石，一五七八年為二千六百六十三萬八千四百一十二石[33]是也。

然則此二千六百萬石或二千七百萬石數字，仍只有相對的價值，而無絕對的價值。因其既不能代表賦米入倉，為國家收入之數量；也不能代表稅糧之繳納，為人民擔負之數量，明代稅制，賦稅糧應由付稅人繳納於指定之倉庫。此倉庫或爲附近之倉庫，或爲幾千里以外的倉庫，因之計及運費及加耗「米一石」，實質上因時不同，因地不同，其價值千差萬別。有時也可以折布折銀，其折換率不因時價而高低，而係由政府憑己意而增減，如原定稅率過高，地方政府無力徵收，則以低於時價的折換率折銀。反面言之，如果政府擬局部增稅，亦不必宣揚增稅，只是將其折換率提高。中國官僚政府，行政上及經理上缺乏體系，此爲一最大原因。如在司法獨立之國家，絕不容官僚上下其手。據筆者估計，十六世紀末葉，江南蘇州、松江一帶，其賦稅糧「米一石」，最輕者，值銀〇．二六兩，最重者值銀一．九一兩，亦即最重者爲最輕者七．三倍以上。[34]

而任意增高或降低折換率，亦不始自明朝，如《宋史》內所稱：「既以絹折錢，又以錢折麥。以絹較錢，錢倍於絹，以錢較麥，麥倍於錢。輾轉增加，民無所訴。」[35]可見這辦法已行於宋代。因之行政及經理的統計，也多名不副實。

此種現象可以認爲官僚主義之作風者，則因爲文官集團，有皇帝支持，自視其代表天意民心。只要行政設計爲大局打算，對於納稅者個人，不負法律上的責任。而歐洲中世紀雖稱「封建」，其座主及附庸之間，有合同關係（contractual relationship），這種物質條件，既有歷史成例，不容一方片面更動；更不容以仁義道德的名目，作爲更變的張本。兩方如有爭執，勢必請法官及律師裁判，如此才能培養司法獨立的傳統，中國長期受官僚主義的壟斷，可謂未曾經過這種階段。

永樂之徵收田賦，表面上照此三千餘萬石的數目作準則，其實徵數量則必較此數目遠甚。因爲永樂派兵入安南，征漠北，又大興土木，全面創建北京爲帝都，令鄭和率艨艟巨艦下西洋，更開鑿徐州至臨清間的大運河，不可能以洪武年間的用度作標準，亦不可能較宣德年間的用費，只有少量逾額也。即如其使用民夫，可爲證鑒。洪武所定「均工夫」，農民應於農隙時應政府徵召，做工三十天，工匠則於三年之內服役三個月。[36]永樂於一四〇六年將所有匠役全部延長爲六個月，而一四一〇年政府報告內亦即承認應召的匠役「逾年未歸」。[37]《天下郡國利病書》稱「自永樂北都，輓輸道遠，加耗滋多」[38]，均可見其額外加徵之耗巨。本文之旨趣，不在稱敍其向民間勒索之多寡，[39]而係表明其稅收施政，全由上級作主，對下級之權力，可以完全漠視。永樂一生經歷，雖可以「君主專政」概述之，但其專政必須透過文官集團長久的習慣，有其思想及信仰上的根據。此種習慣及根據，則爲李老博士所稱官僚主義。因其存在，自宋至明以至現代，國家之統計數字，因未經過獨立的司法機關的「照磨」（這係明代名詞，其字義不言而解）與留難，無確切的價值。

（B）**饋運北京糧**：饋運北京糧，亦稱「漕米」，即係田賦徵實內的米糧，經過海運或由大運河內漕運到達北京的數目。其紀入《太宗實錄》始於一四〇九年。自此至一四一四年，其上下有限，每年在二百萬石至二百五十萬石之間。一四一五年之後，則波動較大。如一四一五年超過六百萬石，一四一七年超過五百萬石，而一四二〇年則不及一百萬石是也。

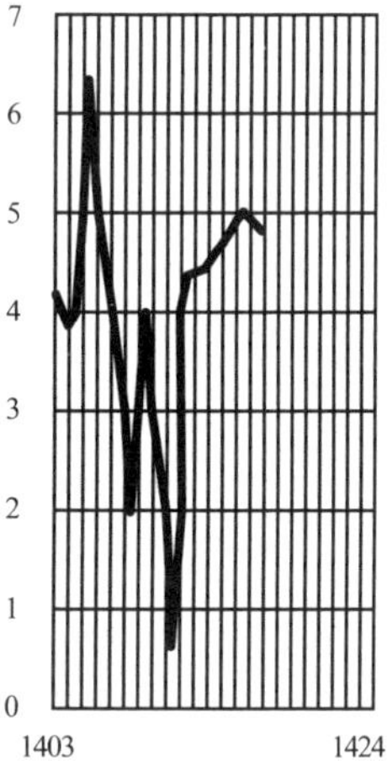

圖表二：永樂年間饋運北京糧數額（單位：百萬石）

此紀錄雖有數目上的上下，其正確性反而可靠。明代的糧運在一四一五年以前爲海運，因之運數經過統籌，極易固定。一四一五年後經過新開鑿的大運河行「支運」，也就是「接力運送」，以淮安、徐州、濟寧及臨清爲接力站，各設米倉，以便囤集。於是「支者不必出當年之民納，納者不必供當年之軍」。[40]也就是供給與分配，不必在一年內兩造對銷，而可以在次年內交替。所以一年在途中囤集者多，則入北京者少，與其總運數無關。一四二〇年饋運數少，顯係以前多年京倉囤集有餘，而一四二一年元旦，永樂正式遷都於北京，其籌備需要大量的人力和船舶，以前一年饋運糧少，也是必然趨勢。

今將一四一五年至一四二四年共十年的饋運數平均，則每年運數爲三百二十餘萬石，此數亦與漕運歷史符合。明代以田賦徵實的米糧運北京，供給官員軍匠，從二百萬石左右逐漸增加，至一四七二年後固定爲每年四百萬石。[41]上述平均每年三百餘萬石，是爲逐漸增加中的一個階段。

以上數字之比較可靠，因其會計制度有法律的監視，漕糧北運，由運軍爲之。自江南水次由納稅的縣分交兌，至北京倉庫繳納銷差，運軍的總旗小旗（等於排長、班長）責無旁貸，如有差失，此輩須賣兒鬻女籌款賠償。[42]這種立法，不近人情，令人髮指。但是財政責任，反比一般官僚做事者分明，所以凡上級能確切加壓力於下級時，其會計則可置信。

（C）**屯田子粒**：屯田子粒在《太宗實錄》中有一直下降的趨勢。自一四〇三年之二千三百餘石降至一四二四年之五百餘石。在永樂之二十二年之內，只有三次次年之數超過前年之數；而只有一年，此超過之數目，數量上爲可觀。而前後三次，每增之後又降，且降至以前更低之數額。

實錄原文未敍明所稱數目出自「軍屯」或包括「民屯」。但是明代軍屯，全是「一筆糊塗帳」，則無可置疑。王毓銓先生作《明代的軍屯》，還只輕描淡寫的說出數目上有誇大之處。[43]而實際上其誇大到難於置信的地步。圖表三的每下愈況，即無法解釋。何以永樂初年，子粒幾與田賦等量齊觀？何以後來會退縮數倍？如果以前有剩餘，此剩餘作何區處？以後如有減縮，又曾作何法補救？明代文獻中不能尋出適當的解答。

此間應注意者，明代之軍屯與民屯，始終無中樞之行政機構負責掌管。工部之屯田清吏司掌理柴炭名不副實。在國防邊境之衛所，奉命利用所在可以耕種的田土是否可行，上級毫不聞問。在內地之衛所，所撥爲軍屯的田地，也不是集中於一處，而是此處數畝，彼處數畝，與民間田土，互相錯綜。《明史》所稱每軍受田五十畝，交納子粒二十四石，[44]只能代表中央

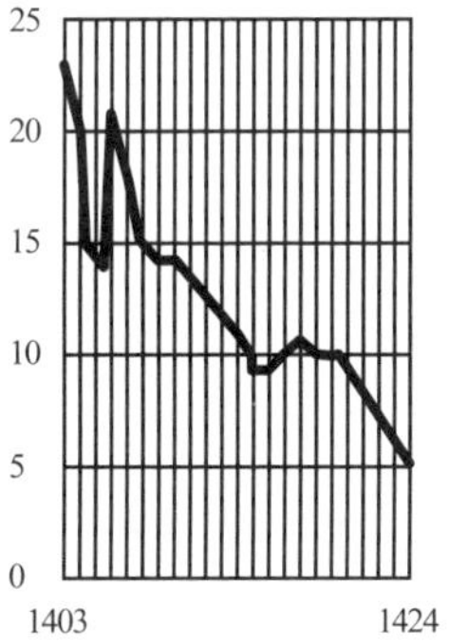

圖表三：永樂年間屯田子粒數額（單位：百萬石）

設計者理想中的原則，與事實完全不符。《春明夢餘錄》指出四川省在明代初年稱有屯田六千五百九十五萬四千五百畝，而當時軍則只有一萬四千八百二十二人，如全數屯田，則每軍應耕田四千五百畝矣。[45]其不足信可知。而這種謊報，迄明代未止。如嘉靖年間各邊區仍有屯田子粒數，而戶部尚書潘璜卽奏稱「十數年並無一處通關奏繳」。[46]龐尙鵬奉命淸查軍屯，其報告遼東情形，則稱「兵荒相尋，尺藉消耗，耕作之業，率歸舍餘，屯軍已盡廢矣」。及其至大同，則稱「或據冊有數，而納糧無人」。及其至甘肅，則稱其經理爲「操縱收縮，莫知端倪」。[47]而官方統計，仍稱屯糧收入每年三百七十萬石，其虛冒情形可知矣。

何以《太宗實錄》內屯田子粒幾成直線下降，只好猜測係當時上級冠冕堂皇的責成各部隊屯田，自五軍都督府至各衛所，不得不盡量報告，全部赴事，於是按照人數計屯田子粒。永樂既好大喜功，經常徵集衛所員兵遠征。每一差派，負責官員才有所藉口，將子粒數剔除。這是我們暫時的結論。（除非更有新發現之資料提供新說法，並指出這猜測謬誤外，目前情況不明，更無其他方法，足以解釋此中奧妙。）

（D）**徵收鹽引**：鹽引數目，在永樂年間之初期，每年一百二十萬引增至中期之一百五十萬引，茲後卽逐漸下降，至低於一百一十萬引。（一四一一年數目不見於實錄。）但其伸縮，事實上尙爲可能。當時除有少數「小引」外，標準大引，每引四百斤，粗率計算可供成人四十人一年之所需。如年產鹽一百二十萬引至一百五十萬引，即可供六千萬人口一年之所需。此與當時官方報告之人口數，亦算相符。

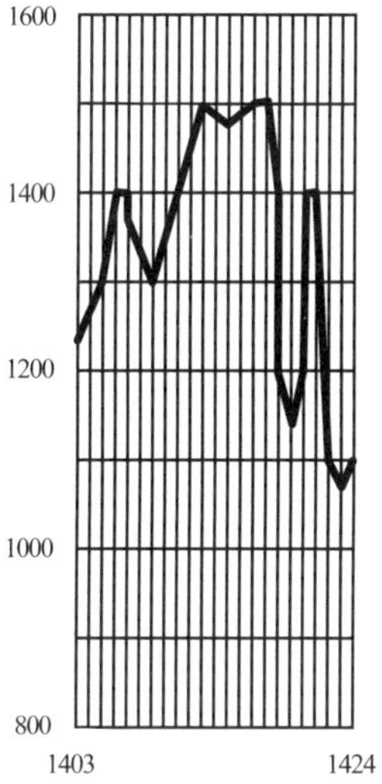

圖表四：永樂年間徵收鹽引額數（單位：千引）

永樂初期所得食鹽，用於「開中」，亦即商人納糧草於邊軍，邊軍的經理者給予「倉鈔」，商人憑倉鈔赴鹽場請領鹽，但鹽場又須經過南京戶部給發「鹽引」。鹽引即為路票，無引食鹽不得通行，亦不得售賣。雖其管制多端妨礙輸運，明代中期之後食鹽官賣之積弊叢生；[48] 但是在會計制度上言，其帳目經過多方核對，尚不易產生無中生有，本末顛倒的現象。

永樂年間，一部食鹽，亦由政府直接賣並分配於民間。當時因紙幣之稱「寶鈔」者，發行過多，希望「回籠」，亦以食鹽兌換民間之寶鈔。浙鹽則用之支持征安南之軍費。一四一八年後統計顯示鹽引數額下降，想係由於以上諸項支出；而非製造之減少。[49]

（E）**收入銀兩**：銀兩收入數在《太宗實錄》中表示初年逐漸上升，至一四二一年後則下降。但整個數字對國庫收入，無重大影響。因其最高額只三十餘萬兩。

永樂期間民間仍不得以金銀交易。政府所得銀，一部向雲南邊境土司徵集，稱爲「差發銀」，一部由政府開礦所得，謂之「閘辦」。即根據礦工人數，責成管理者，應按預定之產額交銀也。圖表五所列或高或低，想係實情。政府銀兩收入後，用於製造首飾，鑄作銀櫃嵌裝重要文獻，塑爲銀印，並攜出海外採購珍寶，賞賜於外國貢使。宣德登極時，曾以白銀一百萬兩，作爲賞賜。[50]總而言之，白銀之用途，以儀禮爲主，其經濟意義至微。

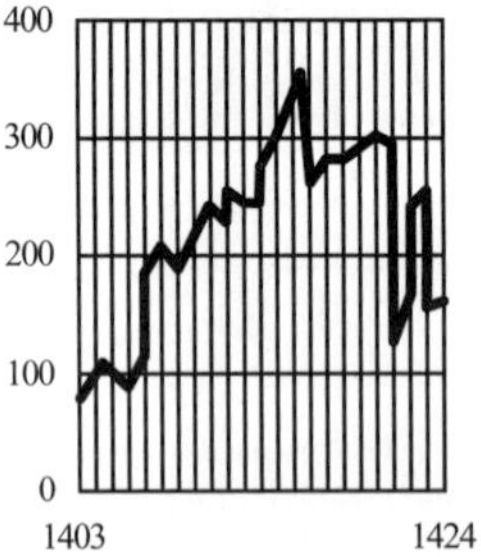

圖表五：永樂年間收入銀兩數額（單位：千兩）

（F）**課鈔**：《太宗實錄》顯示寶鈔收入數在一四一二年有重大變化。前此各年，每年之收入罕有超過五千萬貫者。從茲之後，則每年均近於一億。而一四一二年之收入亦爲全紀錄中最低數額。

迄今此一四一二年之突變，尚無法解釋。但明初濫發紙幣，爲數令人駭然。筆者根據《太祖實錄》中所列六十九項記載計算，一三九〇年內洪武帝朱元璋曾以賞賜、賑災、購買米麥名義發出使用寶鈔達九千五百萬貫，而同年寶鈔收入則僅二千零三十八萬二千九百九十貫。[51]收支相抵，多發七千五百萬貫。當日官定價格，鈔一貫值米一石，多發之數相當於兩年半之田賦。其實此時市價米一石已售鈔四貫，而上數亦等於半年田賦。一年如此，數十年情形可想而知。

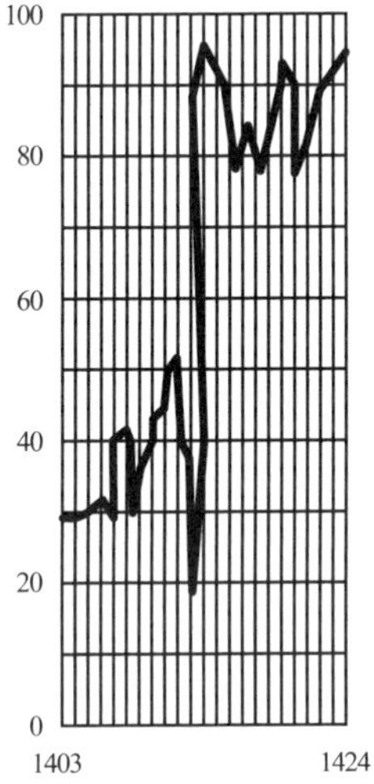

圖表六：永樂年間課鈔數額（單位：百萬貫）

永樂年間之通貨膨脹，仍變本加厲。雖政府亦盡量使寶鈔回籠，一四〇四年廣東之食鹽官賣以寶鈔為代價。一四〇七年全年田賦之「夏稅」（與「秋糧」分別）收寶鈔。一四一三年後刑贖得付寶鈔。而最重要者，則為一四〇四年所訂之「戶口食鹽鈔」條例，希望以食鹽分配於全國人口，而收鈔作鹽價。[52]但是以上多方措施，均無顯著效驗。食鹽名為按口分配，而實際又撥作他用（見以上D），以致民間雖繳納戶口食鹽鈔，而政府無鹽周轉，鈉鈔徒成一種人頭稅（head tax or poll tax）。

一四二五年米一石實售寶鈔四十貫至七十貫，依地區情形而定。[53]是以永樂末年政府雖年收鈔近一億，亦只值米二百萬石左右。與國家支出比較，仍為數至小。

（G）**納馬**：《太宗實錄》內納馬數缺一四〇七年數字，一四一九年數字記載錯誤，應照《校勘記》改正。圖表七所載，其中除一次例外不計，所有數字近於直線式之上升。一四〇三年只有馬三萬七千九百三十三匹，至一四二九年達一百七十三萬六千六百一十八匹。

筆者推測，此項數字，並非出於實際的統計，而係官方根據預定之繁殖率計算。實錄所載一四二一年較一四二〇年增百分之二十一，一四二二年又增百分之十，一四二三年又增百分之三十三，一四二四年又增百分之十。如此循環不絕，事實上不可能，因當日官方民間均無法供應如此大量之繁殖也。（以上百分率均近整數，亦屬可疑。）又即可能時，政府調查審核機構，亦不能將一百萬以上的馬匹登記無誤也。

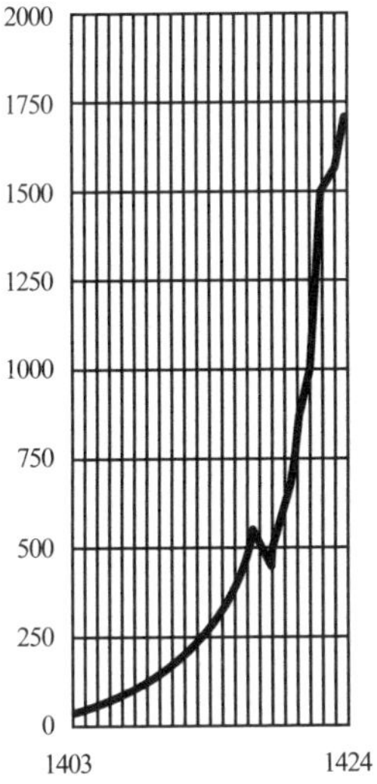

圖表七：永樂年間納馬數額（單位：馬千匹）

按明初馬匹由進貢及購買之方式，取自朝鮮、遼東、雲貴各地，永樂又向撒馬爾罕(Samarkand)等處收購。所得馬除官方使用外，即「寄養」於民間。北直隸、河南、山東若干府縣列爲「養馬地」。「五丁養馬一匹，免其糧草之半」。即係減輕田賦，以作養馬代價。凡種馬倒死，「孳生不及數」，民間均須貼補。[54]十五世紀末葉事例：種馬三年須生二駒。陸容作《菽園雜記》，自稱於一四七七年奉命「印馬」，所見馬均孳生不如額，由養馬民間，出資賠補。[55]永樂年間之馬匹數量大概出自紙面計算，更可由繼任洪熙帝朱高熾登極詔書之詞語揣得之。洪熙之與民更始，繼位時宣稱：「各處軍民有因追賠孳生馬匹，爲官府所逼，不得已將男女妻妾典賣與人者，詔書到日，官府悉爲贖還。」[56]其詞句以仁慈爲懷，可以保全官僚主義之道德立場。但所謂悉爲贖還，恐難於事實上辦到。而且逼後則贖，贖後則逼，則在陸容書中見之。

在研究官僚主義的立場言，則此項統計數字，純依上級之理想，強令下級照辦。其逼迫過度之餘，所記載數目恐難成爲事實。朱棣爲暴君，但謚爲「啓天弘道高明肇運聖武神功純仁至孝文皇帝」。仍以宇宙間之至善至美，作其威權之背景。因文官集團除自稱奉行仁義道德掌握自然法規外，不能自圓其說；是以引用思想上假設的成分，作爲其行政工具。只是時日愈久，其不盡不實的程度愈積愈深。有如十六世紀，各處衛所，名存實亡，有些單位的兵力，低於原額百分之五以下。[57]有此諸種弱點，朱明王朝只能在「非競爭性」的情況下存在。至十七世紀此條件不能維持時，則人口一億以上的帝國，竟無法抗拒人口一百萬而不及的滿清。其遠因具在，亦不可以後人不肖，一朝腐化論之也。

以上《太宗實錄》年終統計所列數字並非全部虛構，而更非全部屬實。官僚主義施政之設計，端在「閉戶造車」。實行之程度，視其向下級施用壓力是否有效。雖其標榜之道德不足信，吾人亦不能指斥其用心設計，旨在背叛道德。[58]筆者與李老博士商討之餘，認爲中國之產生官僚主義，實因地理需要。中國因須治理黃河，大規模的賑濟經常發生的水旱諸災，防衛北方游牧民族的內犯，在公元前三世紀卽革除封建制度，構成政治上的統一。其去青銅器末期未遠，以後相次須要維持統一，中央集權的程度，超過當日技術能力足可資支持的程度。於是卽索性不顧技術，而以道德名義，強迫執行。才發生以上名實不符，體用背離的現象。[59]

事實俱在，中國歷史的發展，與歐洲近代史的展開迥異。中央集權既非封建特徵，而中國之官僚主義，更不可能作爲發育資本主義的背景。[60]因之李老博士及筆者均信今日中國之現代化，卽不可墨守成規，也不能模仿西方。採取歷史上的長處，僅可在局部；其重要關頭，則在創造。

中國之具有創造能力，無可置疑。官僚主義雖爲中國歷史上及文化上的缺點，卻也不能因之而抹殺中國歷史上及文化上的長處。況且我們批判一種制度，也要著重其時間性。中國官僚制度，在明末之後和西歐社會的治理與設計比較，才顯得相形見絀。但是在唐宋之前，於一個廣大地區之下，造成統一的局面，首先做到「文治」的地步，也不是在歷史上無一是處。我們今日批判官僚主義，針對其「空妄」(make-believe)的成分。因爲這種想法在「了解」(亦卽康德所謂 verstand)上無中生有，淆亂黑白，是非不明，妄稱技術上的缺陷爲精神偉大。指責之餘，卻無意非論道德，或否認意志力(will power)之重要。(後者已與康德所謂「理解」

vernunft 接近。）如此才不會與李老的旨趣相違。

前已言之，李老博士是科學家，故能小處精細；但是他也是哲學家，所以覺得宇宙的淵博，足以包涵塵世的矛盾。筆者研究明史多年，一切從小處著手，也帶唯物觀，平日作文以客觀爲主。在寫完這篇帶有技術性的文章後，破例效法李公風度，一方面遙祝其「壽比南山」，一方面膽敢作個人性、主觀性、感激性的結論：

中國實行現代化時，必能擺脫官僚主義的遺風，不再以道德的名義掩飾科學技術之不及，因之順利成功，足以促進全人類的富強康樂！

注釋

1 李老博士講稿發表於 *University of Hongkong Gazette*, vol. 21, no. 5, part 1. 上述結論見於 p.73。

2 Joseph Needham, *The Grand Titration* (London, 1969), pp.241–242.

3 李老博士致筆者緘，17 February, 1970, p.2. 李老博士著重於官僚主義，而不著重封建，則見於 *Science and Civilization in China*, vol.2 (Cambridge, 1956), p.212.

4 Carl Stephenson, *Medieval Feudalism* (Ithaca, N.Y. 1956), p.1.

5 卜德教授的論文為 Derk Bodde, "Feudalism in China," in *Feudalism in History*, ed. Rushton Coulborn (Princeton, N.J. 1956), pp. 49–92. 並參見卷內編者介紹。

6 Joseph Needham and Ray Huang, "The Nature of Chinese Society: A Technical Interpretation," *Journal of Oriental Studies* (Hongkong), 12: 1–2 (1974), pp.1–16; *East and West* (Rome), New Series, 24:3–4 (1974), pp.381–401.

7 Marc Bloch, *Feudal Society*，英譯本，譯者 L. A. Manyon (London, 1961), p.443 此書為研究歐洲史者必讀，特請王毓銓先生回國之便帶回一部，希望早日譯為中文出版。

8 詳以上注（5）內 *Feudalism in History*.

9 中國在先秦，毫無重文輕武現象。「軍事部分不僅在政治機構中被尊重，而且認為有高度價值。」見於 Frank A. Jr. Kierman, "Phases and Modes of Combat in Early China", *Chinese Ways in Warfare*. eds. Kierman and John K. Fairbank (Cambridge, Massachusetts, 1974), p.63.

10 同注（5），p.50.

11 顧炎武曰：「封建之廢，自周衰之日，而不自於秦也。」又曰：「今之君人者盡四海之內為我郡縣，猶不足也。」

以上見《亭林文集》（中華書局《四部備要》本）卷一，頁六。顧之反對矯枉過正，由楊聯陞簡單的介紹於英文讀者。見 Yang, Liensheng, "Ming Local Administration," in *Chinese Government in Ming Times: Seven Studies*, ed. Charles O. Hucker (N. Y.,1969), p.10.

12 認為此二千四百萬兩白銀業經萬曆使用者，有李光璧，《明朝史略》（武漢，一九五七），頁一三五；彭信威，《中國貨幣史》（上海，一九五四），頁四六三；龔化龍，〈明代採礦的發達和流毒〉，（《明代經濟》，包遵彭編，臺北，一九六八），頁一二七。類似者尚多，也有記入西文資料中者。

13 《明史》（中華書局一九七四標點本）卷二一八，頁五七五六。

14 《神宗實錄》（臺北，一九六六影印本），頁六二〇七。

15 筆者所著 *Taxation and Governmental Finance in 16th Century Ming China* (Cambridge, 1974), pp. 107–108; 254.

16 《神宗實錄》，頁九七七一、九七七三、九八二五、九八八一、九九〇一、九九二〇、九九二四、九九四二、九九四六、九九五七、一〇〇八九、一〇三三九、一〇五二六、一〇六一一，此實情亦摘錄於筆者所著 1587: *A Year of No Significance* (New Haven, Conn. 1981), p.77. 中文版為《萬曆十五年》（臺北，食貨，一九八五）。

17 一九七九年冬，筆者見傅衣凌先生的《明清土地所有制論綱》排版，頁二五、三八，仍有這段記載。特與友人 James Geiss 君造訪傅先生於旅舍，告知以下注（18）情事，但不知《論綱》出版時曾修正否。

18 清水泰次，〈投獻考〉，載在《明代土地制度史研究》（東京，一九六八），頁四〇四。原文登載於一九二八年七月，《東亞經濟研究》一二卷三號。亦見 *Taxation and Governmental Finance*, p.326.

19 見費正清 John K. Fairbank, *Trade and Diplomacy on the China Coast* (Cambridge, Massachusetts, 1953).

20 《太宗實錄》（臺北，一九六三影印本），頁〇四九八，參見《太宗實錄》，頁〇一四九。

21 全部數字表列於王毓銓《明代的軍屯》（北京，一九六五），頁二一五－二一六。摘錄自 *Taxation and Governmental Finance*, p.286。

22 全漢昇《中國經濟史論叢》（香港，一九七二），頁三六四。筆者〈從《三言》看晚明商人〉，《香港中文大學中國文化研究學報》卷七，期一（一九七四），頁一三五。現收入本書，見頁一－三一。

23 《世宗實錄》（臺北，一九六五影印本），頁七〇六三。

24 《大明會典》（臺北影印，一九五七年司禮監本）卷一九四，頁九；《明史》卷八一，頁一九六五。

25 《中國貨幣史》，頁四二六、四四四。

26 *Taxation and Governmental Finance*, p.77.

27 年終統計見《太宗實錄》頁〇四八八、〇六三七、〇七四三、〇八九八、一〇二七、一一四九、一三〇一、一四二六、一五五四、一六五一、一七二三、一八一二、一九〇七、一九七四、二〇五一、二一一七、二一八二、二二四四、二三〇〇、二三六三、二四二一，及《仁宗實錄》（臺北，一九六三影印本），頁〇一九三。

28 和田清等《明史食貨志譯註》（東京，一九五七），頁一四五。

29 《太宗實錄》，頁〇六三六、〇六八九、〇八九五－〇八九六。

30 《太宗實錄》，頁一〇四三。

31 《太祖實錄》，（臺北，一九六二影印本），提出賦稅米數於次：

一三八一：二六、一〇五、二五一石

一三八五：二〇、八八九、六一七石

一三九〇：三一、六〇七、六〇〇石

一三九一：三二、二七八、九八三石

一三九三：三二、七八九、八〇〇石

以上見《太祖實錄》，頁二二一八、二六七三－二六七四、三〇七八－三〇七九、三一六六－三一六七、三三七〇。何以數字有上開的變化，尚未獲得確切的解釋。

32 顧炎武《天下郡國利病書》（四庫善本叢書）卷六，頁一一；《明史．周忱傳》作八百萬石。見《明史》卷一五三，頁四二一二。

33 《大明會典》卷二四，頁一四、卷二五，頁一二。

34 *Taxation and Governmental Finance*, p.101.

35 《宋史》（中華書局一九七六標點本）卷一七四，頁四二一三。參見李劍農《宋元明經濟史稿》（北京，一九五七），頁二三一。

36 《太祖實錄》，頁一〇六〇、一六七一；《大明會典》卷一八九，頁一。

37 《太宗實錄》頁〇八三六、一四三五。

38 《天下郡國利病書》卷六，頁一一。

39 明代田賦收入見於官方帳目者，一般均低。*Taxation and Governmental Finance* 已詳言之。一般所以稱賦重者，乃赤貧者不得免稅，無法推行累進稅制。貧農無從借貸。經手人額外多徵，則更在稅率問題之外矣。

40 《明史》卷七九，頁一九一六。

41 《明史》卷七九，頁一九一八。

42 *Taxation and Governmental Finance*, p.55.

43 《明代的軍屯》，頁二一七。

44 《明史》卷七七，頁一八八四。

45 孫承澤《春明夢餘錄》（香港影印古香齋袖珍本）卷三六，頁三。

46 徐孚遠等編《皇明經世文編》（臺北，一九六四影印本）卷一九八，頁一九。

47 《皇明經世文編》卷三五八，頁二一、二四；卷三五九，頁三；卷三六〇，頁一〇。

48 *Taxation and Governmental Finance* 有詳細的記載。食鹽公賣在頁一八九－二三四。

49 永樂期間食鹽收入作為政府其他各項費用之事例甚多。見《太宗實錄》，頁〇一七六－〇一七七、〇二四九－〇二五〇、〇二八〇、〇五八九、〇五九〇、〇六二一－〇六二三。

50 《宣宗實錄》（臺北，一九六四影印本），頁〇〇九五。

51 此六十九項記載見於《太祖實錄》，頁二九八一－三〇七八。亦有一項記載跨越兩頁者，亦有兩項記載見於一頁者。頁次過多不及縷舉。收鈔數見於《太祖實錄》，頁三〇七九。

52 《太宗實錄》，頁〇五〇九、〇五八九－〇五九〇；和田清等《明史食貨志譯註》，頁六〇八。

53 《宣宗實錄》，頁〇一七五。

54 《太宗實錄》，頁一六六七；《大明會典》卷一五一，頁六；*Taxation and Governmental Finance*, pp.104–105.

55 《菽園雜記摘鈔》（紀錄彙編本）卷一八一，頁二五－二六。

56 《仁宗實錄》，頁〇〇一五。

57 筆者，"Military Expenditures in 16th Century Ming China," *Oriens Extremus* (Hamburg, Germany), 17: 1/2 (Dec. 1970), p.40.

58 李老博士受英國歷史學家Herbert Butterfield影響，覺得歷史上重大的衝突，很難認為是一方的道德戰勝對方。很可能的，其結果是綜合兩方之所長。見*Grand Titration*, p.131. 筆者已摘要記入1587 "Acknowledgments"。這篇文章李老博士於一九四四年作於滇緬公路途中。

59 此理論見於李老博士與筆者合作之"The Nature of Chinese Society," 見上列注(6)。

60 資本主義之成為一種主義，亦有其思想上的根據。譬如Adam Smith，就覺得如讓所有私人憑他們的經濟利益打算，社會秩序反有條理，社會風氣，也會臻榮向上。馬克思雖不同意這種想法，卻也承認資本主義的思想家有這種觀念。這顯然不能為中國官僚主義容納。

過去二十多年來「資本主義」這一名詞，也在中國濫用。甚至明代吏部尚書張瀚在《松窗夢語》內以寓言的姿態，敘其祖先由「神人」授銀一錠，因之買機織布致富。王世懋在《二酉委譚摘鈔》裡埋怨景德鎮製窰，「鑿穿地脈」，都被寫歷史者蒐集，作為「資本主義萌芽」的例證。

一九七八年，筆者與李老博士商談，覺得資本主義必須有以下三個條件才能展開：(1)私人關係的信用借款，廣泛的通行，於是資金流通。(2)產業所有人以聘請方式雇用經理，因之企業組織擴大，超過本人耳目足能監視的程度。(3)技能上的支持因素，如交通通訊等共同使用，才是企業之經濟力量超過本身活動範圍。以上以英文簡述之，即Wide extension of credit, impersonal management, and pooling of service facilities. 而三個條件，都需要有法律上的保障，因為其重點為「信用」。如果沒這信用的功效，則其成為資本家，也是「小販資本家」。我們如承認資本主義的展開是一種社會現象，則不能否認法制支持信用的功效。

馬克思在《資本論》卷二，「資本主義的推銷方式」用C-M-C公式，講述資本家必以C（即商品commodity）換為M（即貨幣money）。如是川流不息中，公眾制度授權於私人，讓他無限制的發展。

所以講來講去，資本主義必須有法律上的保障（因為貨幣也須支持），而立法能替資本家著想，則是整個國家政府已接受前述Adam Smith的思想。歐洲資本主義初行時，即是政府承認私人財產的絕對性。這絕對性超過皇權，也超過傳統的道德觀念。

給資本主義作以上的定義，有兩種意義：一即是顯示以上與中國傳統思想相去過遠，中國傳統社會無產生資本主義的可能；一即是認識資本主義的特徵，避免對這名詞作過於泛義的解釋，以致因害怕資本主義之故，視一切經濟的發展均為畏途。

第三章

明《太宗實錄》年終統計的再檢討（上篇）

《明實錄》是一套相當完整的文獻。現行中央研究院的影印本，全書一百三十三冊，又有《校勘記》及《附錄》合共五十冊，其篇幅已近於新刊《二十四史》之三分之一。在西方僅有英國都鐸王朝及斯圖亞特王朝所遺下的《國事文件編年》（*Calendar of State Papers*）篇幅類似，所處時代相同，差可與之比擬。然則《實錄》將詔令呈奏按輕重或全文謄抄或扼要節錄之外，其記述亦及於宮庭儀節，帝王起居、君臣召對，有時尚且提及前方戰況、天候異徵等，爲西方資料所無。至於全國財政數字，則一般無規則的出入於各種文字之間，其記載無體系。唯一的例外，是爲《太宗實錄》內的「年終統計」。

明太宗永樂帝朱棣在位二十二年。自永樂元年（一四〇三）至二十二年（一四二四）茲項數字全部俱在。統計首列全國戶數口數，次及稅糧之石，下接布帛、絲綿、綿花絨，繼之以課鈔之貫，再及於金、銀、銅、鐵、鉛、硃砂、海肥（或海肥，一種瑪瑙型貝殼，雲南用作貨幣），更及於茶與鹽。屯田之收入不稱稅糧，而謂「子粒」，其石數另列，而以養馬之匹數終。自一四〇九年後統計添入「饋運北京糧」之石數。自一四一五年又添入銅錢貫數。永樂征安南，併之爲中國之一省稱「交阯」。自一四一六年後，交阯所「貢」或「上供」之絹、漆、蘇木、翠羽、紙扇亦列入年終統計。以上各項目時間偶有遺漏，但大體至爲完整。永樂之前，不見如此整幅數字。《太宗實錄》之後，「年終統計」亦未再被提出。

原來一個朝代或國家的稅收情形，甚可能視作當時社會之剖面，因爲敍述時不期而然的觸及上層政府功能方略，向下俯視又必影響到民間一般生活狀態。況且財政稅收之本身則又爲溝通上下階層且有制度性的聯繫。在傳統中國史中，如上編排完整之財政稅收數字，至爲罕見。如果我們將之仔細觀摩，並引證側面資料，不僅可以了解明代初期一般情形，並且可以藉之窺探中國傳統社會經濟之若干特徵，直到我們今日落腳地不遠。

以下即是這樣的一種嘗試。在檢討時，我們特別提出七個項目，其序次爲稅糧、饋運北京糧，屯田子粒，徵收鹽引、銀、課鈔及馬匹。

一、稅糧

明代稅糧由中樞以各地耕地畝數及傳統之「夏稅」、「秋糧」各地不同稅率帶永久性的分派於各省、府、州、縣。一經派定除朝代初期稍有增減之外，以後即至難更變。徵收時以實物繳納爲一般原則。米麥均以石爲單位，統計數字內兩種穀物不分。一石約一〇七・四公升。永樂朝在明代各種法制尚未完全固定時，稅糧總數經過數度調整，可見於下列圖表。

一般看來，永樂朝每年稅糧出入於三千萬石及三千二百萬石之間。最令人驚訝的爲一四一九年之突然低於二千三百萬石。而且《實錄》原抄本兩種。一稱其總額爲二千二百二十四萬八千六百七十三石，一稱爲二千二百四十二萬八千六百七十三石。只有第三位及第四位數字互相更換，其總數仍在二千三百萬石下。

全國稅糧數爲朝代財政資源之巨擘，甚難能突然降至原數三分之二之範圍內，又於翌年恢復原狀，而其緣由始終不見於其他文件者。所以研究明史之專家認爲原始抄件錯誤，可能爲公文字跡模糊，謄寫時書手將第一位數字之「三」誤認爲「二」，相差只有一筆。日本和田清博士及其助手編訂《明史·食貨志譯註》一書時，即大刀闊斧的將此數改正爲三千二百

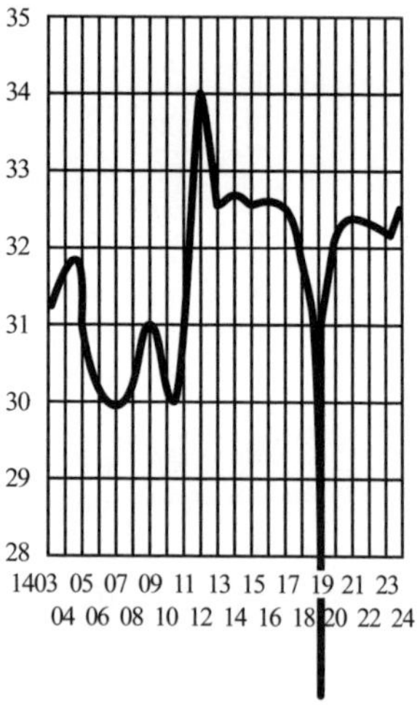

圖表一：全國稅糧數
(單位：百萬石)

二十四萬八千六百七十三石，亦未加解釋。[1]此項修訂，至今學者認爲合理。

除此之外，曲線上幅度較小之增減則應已實際發生。永樂一朝局部的修訂稅糧數額，有其他文件爲證。例如一四〇五至一四〇六年間原有戶口逃亡及死絕之稅糧經奉旨在總數內開豁，及於應付稅糧之耕地達七百三十四萬五千〇九十七畝[2]（每畝約近於六分之一英畝）。類是修訂及以後偶爾增補可能在曲線上產生百分之三的損益。

至於一四一二年總數達於三千四百萬石之最高數額，則必因兼併交阯之故。《實錄》載稱，一四〇八年永樂曾令掌交阯布政司事黃福釐定各郡縣徵斂。[3]如是才有一四一二年之最高額。但明人徵斂之重爲交阯繼續反抗之一大主因。一四一三年，永樂又遣使齎敕諭交阯布政司及府州縣官：「交阯新附之民，舊業多廢爾等宜輕徭薄賦。」[4]至是才有當年的大量降低。

永樂帝朱棣是一個好大喜功而又剛愎自用的君主。以後明代帝王無人能與他的威力較衡。他利用新朝代創業之威，征安南，御駕親征數往漠北，重建北京宮闕城池，修築運河，製邊牆，派遣鄭和六下西洋。這多項經營，曾耗費大量錢糧。他最後一次出師漠北時，戶部尚書夏原吉因爲耗費過多諫勸，朱棣一怒之下將夏投獄，直到永樂逝世後，此戶部尚書才於一四二四年重見天日。[5]

永樂年間，皇帝尚有不顧本身所頒布法令之情事，例如根據明代法律，工匠每年應服役一個月，在修建北京時工匠有期年未歸的情節。[6]

朱棣之暴政，末年引起安南之全面反抗，南直隸長江三角洲之稅戶則普遍的不納糧。皇孫宣德帝朱瞻基（在位於一四二五至一四三五年）登極時，被迫採取懷柔政策。交阯被放棄。長江三角洲全面減稅。所以永樂年間之稅糧總額每年三千二百餘萬石至宣德年間驟降至二千七百餘萬石。從此至朝代之終，變動至少。《大明會典》載：一五〇二年全國稅糧數為二千六百七十八萬二千二百五十九石；一五七八年為二千六百六十三萬八千四百一十二石。[7]此二千六百餘萬石之數維持至明代之終。

但是全國稅糧數既非全民繳納總數，亦非官方收納總數。在執行時，各布政使司（省）及府州縣將各經管之總額分作十餘種不同之名目。其中一批名目，納稅人應按數向遠處倉庫交納，中途運費損耗由本身承擔。內中又有若干名目已改折繳納白銀，折價最低時可能低過於當地之米麥價格。我的計算：十六世紀在南直隸應納糧「米一石」，其值低者只值白銀〇．二六兩；值高者高至值銀一．九一兩。[8]兩者相差七倍餘。這樣各行政官手頭有收縮性，可用以對付特殊情形及不同的稅民。不過概而言之，朝代中期之後全國稅糧被固定於一個既定的水準，只有極少量的增減。

中國皇帝在現代交通通信尚未展開之際，向全民直接抽稅、納稅，又絕大多數爲目不識丁的小自耕農，事實上產生無數技術上的困難。累進稅制至難提出。貧民免稅更根本不行（如有此辦法則大多數納稅人均會析產而爲赤貧），所以朝代中期之後無從增稅。一般情形新開墾之土地及舊業增產只用作支持一個繼續滋長的人口，維持現今低生活水準。[9]少數富裕人戶則以進學中舉捐資納貢之方式免役、免稅。[10]及至十七世紀已至朝代之末，爲著應付清太祖努爾哈赤發難，明廷被迫動員國內資源應付，但是只能以極纖小之增稅率，數度派及全國田土。結果未見功效，整個稅收體制先已被摧損。全國拖欠稅糧之數額激增。及至一六三二年欠稅百分之五十以上之地區達三百四十縣，超過全國縣數四分之一；其中一百三十四縣未解分文。[11]

所以以上永樂朝之稅糧數是明代賦稅史中一個重要的環節。不僅表示朱棣在位時的情形，尚且可以參伴著其他資料用以研究中國君主體系下朝代之興亡，和有明一朝的盛衰。

二、饋運北京糧

饋運北京糧西方學者稱爲「貢米」（tribute grain），其實當中每石每粒來自上述全國稅糧額數之內，由指定之州縣各按編排數額，在江南水次交兌與「運軍」。運軍負責以「漕船」

將此「漕糧」經由「漕河」即溝通南北之大運河，運至北京。

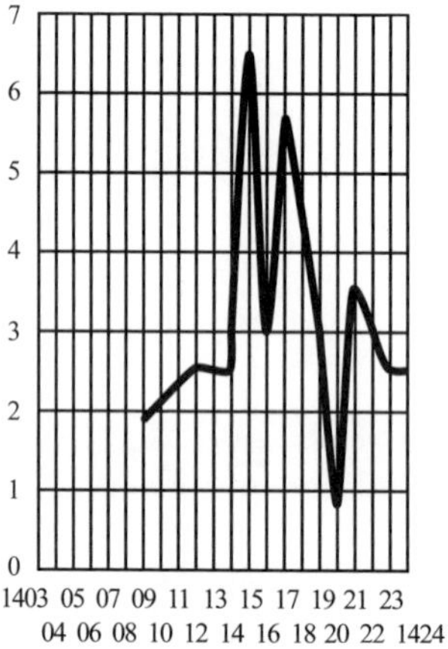

圖表二：饋運北京糧
（單位：百萬石）

饋運北京糧爲國家血脈，明代如是，滿清亦然。一八四〇年至一八四二年之鴉片戰爭，英方戰略即係占領鎮江，截斷漕河，此計成功引致清廷停止抵抗。

《太宗實錄》開始記載此項饋運北京糧之數字於一四〇九年，迄至一四一四年，每年數額至爲穩定，不出二百萬石至二百五十萬石之間。以後才開始有劇烈的波動。一四一五年輸送量超過六百萬石；一四一七年超過五百萬石。但至一四二〇年又跌至最低谷，全年不及一百萬石。

此類數字縱有如此劇烈的波動，應屬可靠。一四一五年之前饋運北京米由海道輸送。標準運輸船容量相等，隻數固定，宜其每年輸量無甚出入。一四一五年始，饋運米或漕糧開始經行漕河。當日運河新築，尚在整備期間，運軍行「支運」亦即接力運送。以淮安、徐州、濟寧及臨清爲中繼站，築有儲倉，自此每年在北京交納之米，不盡與在江南本年收授之數量相同。[12]亦即穀米至京，不復以每年爲周期。有時一年抵京較他年遠少，乃因饋運之米多儲在各中繼站。一四二一年新年，永樂正式遷都於北京，我們可以想見數年來之籌備，已使北京多有積儲。一四二〇年，運船必已忙於載運人員及其他物資，準備盛典，所以輸米量少。

以上圖表所載一四一五至一四二四各年運米，雖相差甚巨，而其平均每年三百二十萬石左右與背景情形符合。饋運北京糧抵京後，分發於官員、京軍及徵集之工匠，以代替北方之食米津貼，亦供宮庭之用。初行時每年二百萬石，以後繼續增加。至一四七二年規定茲後每年四百萬石。[13]所以以上平均數合乎情理。

上述饋運糧數查核至嚴，蓋因其供應關係朝廷之安定性。明廷例以戶部侍郎（財政副部長）有時甚至帶尚書（部長）銜總督倉場，亦即專負責漕米之出納。[14]運軍自漕運總兵以下，下屬十二萬人，下至總旗（約同連長）小旗（約同排長），均須對所運漕米人身負責。當日文件上載有下級軍官遇有流失，甚至鬻賣子女貼補。[15]所以此項數字，至難修竄顚改。

三、屯田子粒

這項數字與饋運北京糧成爲一個對照，無從證明其實際可靠性。年終統計首先載出一四〇三年，二千三百餘萬石，幾與整個田賦收入同品位。次年驟跌至當年半數，以後雖再度升高，終至江河日下，雖有短時間低微的回升，終跌至五百萬石左右。永樂在位最後一年（一四二四），屯田子粒不見於統計。

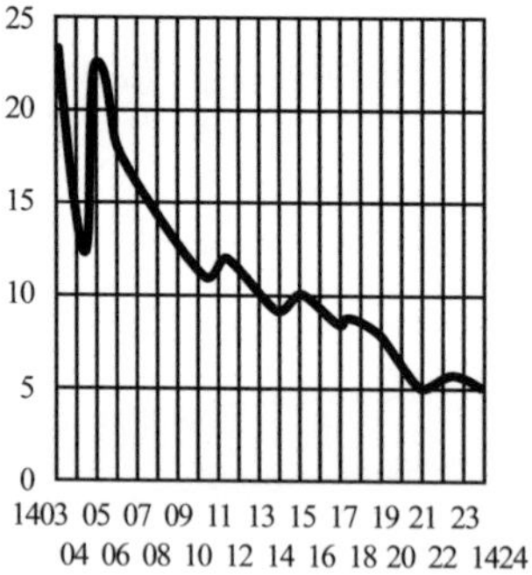

圖表三：屯田子粒
（單位：百萬石）

明代的重屯一直沒有構成一種完善的體制。朝代初期政府飭令邊軍應在駐紮地附近利用空地經營屯種。在內地帶遺傳性的「軍戶」應配給田每戶五十畝，而責成其繳納「子粒」二十四石。[16]現在看來各規定並無下文，只使人想像：各節不過是一種理想，無從證明全部照做。以屯田論，無中樞總管之機構（工部之屯田淸吏司只管辦宮廷用之柴炭），無對屯田負責之財務官。一項明代資料指出，朝代初期文件稱四川有屯種之田六千五百九十五萬四千五百畝，而當日全省駐軍只一萬四千八百二十二人。所以全部士兵派往耕田，則每人應耕耘四千五百餘畝。顯見此事不可能。[17]

圖示永樂朝屯田子粒統計無適當之當日文件解釋。我們根據背景以情理猜測，當皇帝降敕時，各級指揮官只得如命，各自估計可能屯種數。朱棣既抽調各處兵馬南北征伐，各指揮官可以藉此裁減以前的預計。不過縱如是，其逐漸下降之曲線仍無從實證。可能因是永樂帝去世時，文臣已覺得茲項資料無實用之價值，因之不再記列。

軍屯之有名無實，可以從十六世紀的文獻看出。嘉靖年間（一五二二至一五六六年）戶部尚書潘璜奏稱：「十數年並無一處通關奏繳。」龐尚鵬奉特命淸查軍屯，其報告提及遼東情形稱：「兵荒相尋，尺籍消耗，耕作之業，率歸舍餘，屯軍已盡廢矣。」及至大同則稱：「或據冊有數，而納糧無人。」及至甘肅，則稱其經理爲「操縱收縮，莫知端倪」。[18]而官方仍謂當時軍屯每年有子粒三百七十萬石。其虛冒可知。

四、徵收鹽引

鹽引數在永樂朝開始年達一百三十萬引，逐漸升高至一百四十餘萬引，終下跌短於一百一十萬引。內中一四一一年的記載殘缺。

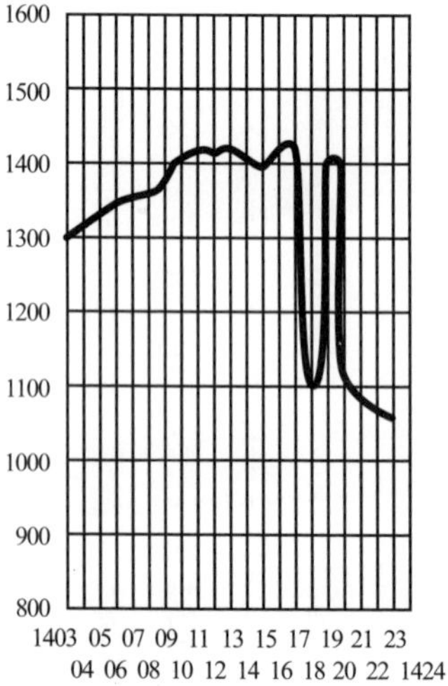

圖表四：徵收鹽引
（單位：千引）

一般看來上述數目可認爲合理可靠。「引」爲官方批准運銷食鹽之執照，雖然偶時有「小引」，但是標準之引，每引四百斤（每斤約一又四分之一磅），可供成人四十人一年食用。當時登記人口經常爲五千餘萬，一般以低估爲常態。如果我們假定實數爲六千萬人時，以上一百三十萬引至一百四十萬引之鹽，應與消耗數量相符，兒童計算在內。

食鹽換兌方法，謂曰「開中」，商人先將糧草納於邊軍，邊軍司令部付與「倉鈔」。商人憑倉鈔至官定之鹽場領鹽。政府控制之鹽場並不見一紙倉鈔，即發付食鹽，而係候一年所發倉鈔全部到齊，方向南京戶部申請印製當年之鹽引。鹽引亦非全國通行，每引均有指定之經行路線與行銷地區，如此鹽場所產之鹽得按計畫的分配行銷於全國各地，亦無市場到鹽先後供應過剩或不及之害。[19]因其經過人手衙署多處，至難由任何人從中一手作弊。

此方法被折損實由政府本身濫觴，發生於朝代後期。一經軍事危機政府需要迫切，不免將食鹽多賣多兌。又預先發賣或折換以下年分之出產，再需保持市場之供應，於是將食鹽分作不同的種類，因之市場紊亂，其情形始自十五世紀之中點。[20]永樂期間食鹽經理尚未如是損濫，但在對安南軍事期間浙江所產，曾一度截獲供軍需之用，[21]此可能爲曲線上數度低陷原因。

五、銀

全永樂年間民間交易不得用金銀，以便行使寶鈔。但是政府仍向雲南邊境土司徵取「差發銀」。政府本身亦經營銀礦，其出產按礦工人數預計。經理官員及工頭須保證交納如額。

政府所得銀用作首飾儀節器皿、貴族職銜符印。此外亦供皇帝賞賜之用，尤對外國朝貢使節。宣德登極時卽遍賞群臣，一次用白銀百萬兩。[22]

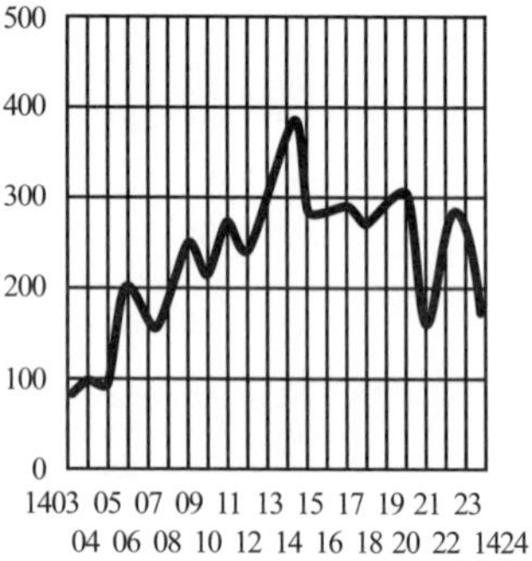

圖表五：銀
(單位：千兩)

但是白銀主要用途爲儀節方面，所以幅度不大。此與十六世紀白銀大量流入，公私用銀動輒數百萬兩之情形迥然不同。

六、課鈔數

明代寶鈔，初期指定爲法幣，在十四世紀及十五世紀初期大量發行。根據《實錄》六十九處，即在一三九〇年一年，明太祖朱元璋已用賞賜救災購米等名目發出寶鈔九千五百萬貫。[23]同期內政府收入之寶鈔部分則僅只約二千萬貫。[24]所以僅此一年內淨出約七千五百萬貫。這也就是說以官定法價而言，鈔一貫值米一石，則本年淨出爲全國稅糧兩年半總數。即以當時寶鈔市價而論，鈔四貫值米一石，此淨出數仍與半年稅糧數額大致相符。

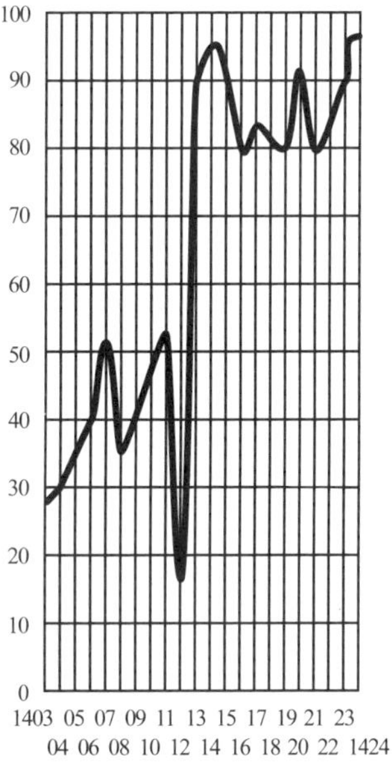

圖表六：課鈔數
（單位：百萬貫）

上圖顯示一四一二年爲重要之分歧點。前此課鈔數很少突出五千萬貫，以後則甚少低於八千萬貫。一四一二年之數爲全期間最低點，少於二千萬貫。至今我們仍無從解釋此間內情。

但是我們知道永樂期間官方已爲寶鈔發出過多而憂慮。於是一四〇七年所有夏稅一律用寶鈔付。一四一三年刑罰贖罪得用寶鈔。而最龐大之強迫用鈔計畫決策於一四〇四年。當時詔令全國人口配給食鹽，付值概用寶鈔。[25]以上決策無一產生實際功效。食鹽已有上述開中辦法。但是戶口配鹽之詔令已出，亦不便收回，於是以後全國各府縣均有「戶口食鹽鈔」之徵取名目。寶鈔價格愈跌，此名目成爲一種擾亂性之稅收（nuisance tax）多數府縣將田賦稅率酌加毫釐，以吸收此戶口食鹽鈔之徵取。

一四二五年緊接永樂帝朱棣逝世後，據稱寶鈔已跌至各地四十貫至七十貫值米一石。[26]所以上列五千萬貫至八千萬貫數目實際只值米一百萬石至二百萬石間，在國家收入內並不成爲相當重要因素。

七、納馬

下列圖表內一四〇七年及一四一九年之數目殘缺。我們根據《實錄》之《校勘記》將數字稽考之後，發現左圖仍有一四一九年之轉折。否則全朝納馬數成直線上升。自一四〇三年之三萬七千九百九十三匹，至一四二四年之一百七十三萬六千六百一十八匹，此二十二年之內馬數增加四十五．八倍。

此套數字令人懷疑不得自按頭點驗，而係據預定之繁殖率派認。以年次比較，一四二一年增百分之二十，一四二二年增百分之十，一四二三年增百分之三十三，一四二四年又增百分之十。卽官民馬廄之設備亦難於供應此不斷成直線的繁殖。

明初羅致軍馬，確曾費心力。馬匹以購買及進貢方式，來自雲南、貴州、高麗、遼東及撒馬爾罕（Samarkand）。政府除控制一部分現用外，卽將餘數寄養於民間。北直隸、河南、山東多數州縣被劃爲「養馬地」。境內之丁，均有養馬義務，政府卽豁免一部賦役，以代報酬。牝數駒數均以預定繁殖率計算。如牝馬倒死，民間需集體買賠。[27]十五世紀末葉官定繁

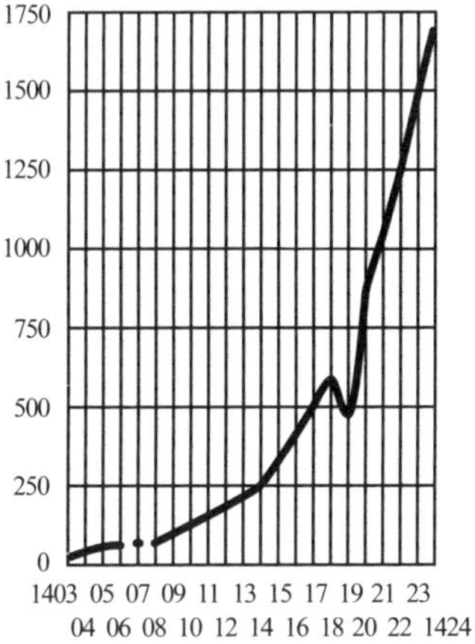

圖表七：納馬數
（單位：千匹）

殖率爲三年二駒。陸容著《菽園雜記》，提及他本人於一四七七年充御史視察烙印官馬親見民間買補艱難情形。[28]以上永樂年間納馬數，似與官定繁殖率有關。

永樂去世之後，宣宗朱瞻基登極之前，嗣位者爲朱高熾，歷史上稱爲仁宗。他雖在位不及數月，但已大施仁政，改革永樂帝朱棣之暴虐。登極詔書一段稱：「各處軍民有因追賠孳生馬匹爲官府所逼，不得已將男女妻妾典賣與人者，詔書到日，官府悉爲贖還。」[29]此詔令能否全部執行至成疑問，但內稱「官府所逼」即必爲事實，亦可以令人想見以上納馬數在圖幅上成直線式之上升，與所稱逼迫買賠有關，兩者均用簡單算學方式爲始點。

此問題亦未爲仁宗之一紙詔書解決。直至十六世紀，強迫民間寄養官馬仍然使當地稅民蹙首。直至一五六八年高拱及張居正當政，決心改革，才將所謂「種馬」標價出賣，就此豁免民間養馬義務，當日仍有種馬十萬頭，約十二年始能掃數賣淸。[30]以後官方用馬純係採購。但從各項文書看來，交民間「寄養」情形仍不可免。

我首先見及以上數字資料，是在一九六〇年間，至今已三十年。一九七〇年我著手擬稿一種明代財政賦稅的專書，卽亟想將以上數字，我自己所繪圖表，與之相關之釋注，用作第一章，使讀者不費思索，首先立卽了解當日施政概況。但是資助我著書的學院，認爲開門見山，而不鋪陳組織制度、官衙職掌、名詞術語、程序定義（實際有如《萬曆十五年》以並未舉行之王朝作始點），是為違反學院常規，不能接受為學術著作。

我和他們的指導人說：「我如果能將明代財政稅收敍述得如你講的有條理，鋪陳得如你理想的有規律，那我已成為了一代改革財政之能手，也用不著想做研究財政之學人了。」此公笑而不言。其實他也知道歷史只能從業已發生的事體啓始，不能憑空先擺下一個應當如此發生的規範。可是學術場面終無法放棄。以後採取折衷辦法。我預計此書包括明代二百七十六年，至此只敍十六世紀，也算半途啓始，內容則從官衙名目職掌敍起，不過在每章每節剛一提到其常態卽涉及其變態。永樂朝之剖面則被刪去。

可是上述數字並圖解，得之不易，放棄可惜。恰巧我專書出版後不久，上海學人籌備李約瑟博士八旬大慶專集，我也被邀參與。我因為上述官衙施政情形及作風，與李公經常提及的「官僚主義」（bureaucratism）相始終，而不同於中國學者所稱「封建制度」（feudalism），後者模仿西方名詞，而忽視兩方之差別，使讀者誤入歧途，亟應改正。於是以〈明《太宗實錄》的年終統計〉為題，簡釋傳統中國的官僚主義，作文應徵。文中提出中國官僚主義有以下五種特色：（一）自認自然法規已被其完全掌握，所以其理論上最高點不容辯駁。（二）與中國君主制度不能分離。（三）利用思想上假設成分。（四）下端實際情形不足以動搖上端之理想。（五）有獨占性。概括之，以文人理想上邏輯之完整，作為根據，不對外負責。

文內又提及永樂帝朱棣爲暴君，但身後群臣議論，仍稱其爲「啓天弘道高明肇運聖武神功純仁至孝文皇帝」。卽此參對永樂一朝處理財政稅收情形，可見得官僚主義之成分已發揮無餘。

這是大陸開放以來我首次發表論文。專輯稱《中國科技史探索》(*Explorations in the Science and Technology in China*)，由上海古籍出版社刊印（一九八二），爲《中華文史論叢》增刊之一。英譯則載 *Ming Studies* (Minneapolis)(1982)，以後亦收入現行的《放寬歷史的視界》（允晨，一九八八）。

然則歷史學是具時間性的課題。今日距此文的發表又十五年，中國的變化，既具幅度，也有縱深。封建體制一名詞亦不復爲讀者羈絆。而金融經濟之展開方興未艾，又亟待解釋。仔細思索〈年終統計〉的原始資料應當更爲有效的利用。亦卽其寫法向前增訂，融合現況，作爲中國政治體系初期早熟以後不能因社會進化，而在經濟上突破的根據。

如果我們眞有機緣爲明代財政稅收謀改革的話，我們卽可以提出。從以上永樂的財政稅收概況看來，其結構不成體系，首先首都無集中之中央銀櫃，所列貨幣與物質從互相牴觸之原則內徵集交納，也由不同的部門經管。而且只有收入，統計缺乏相對的支出數字。

在單上之布帛、絲綿及綿花絨可能原爲田賦名目，與米麥並行。或原派定爲米麥，此時以布帛等暫代，折價時使稅民便宜。[31]嚴格說來，餽運北京糧實爲支出而非收入，因其總石數已盡列入全國稅糧之中，並非另一來源，況且漕糧一入北京，又已分配用途。單內之金，與布綿相同，只在一時一地代替正賦，而且其數額纖小，自一四〇三年之全年五十兩，此已微不足道。至一四二三年之五千三百四十兩，在全國收入中仍無從發生重要性作用。[32]其他工業用非貴重金屬，如銅、鐵、鉛等取自礦場，明代之經營有如官督民辦，其經理屬於工部，而與戶部無關。[33]馬匹又屬於兵部。統計內列入寶鈔更使帳目結構紊亂。鈔爲政府發出之信用票據。法幣回籠，應使其他收入短減。如一四〇七年以鈔爲夏稅，則當年米麥收入必銳減，不能仍照原額計算，銅錢一項則與全國收入關係低微，以下言及。

海肥僅行使於雲南，更與全國收支無涉。交阯所進之翠羽紙扇可能炫耀宮廷生活之色彩，尤與國計民生實爲兩途。單內尚有屯田子粒數及養馬數顯係預計而非實地查報數目，則更與上開實數有愈大之距離。

以今日眼光看來，此類參差，至易更正。明代所缺乏的爲一項健全的幣制，如有此幣制，則一切經過調節，若干名目則剔出帳單之外，以後加減乘除，添增省削，完全根據此統一之共同標準，可以一目了然。然則這不是明廷設計目的。

我們再度檢閱以上十餘種至二十餘種品目，可以發現所列帳目旨不在收支平衡，而只單方面表示臣下繳納物資之義務。同一物品經過兩項義務，則只能分列。有如饋運北京糧，始自田賦，爲江南稅民交納。但漕運至京，則爲運軍職責。所以米一石經過轉運，已在經理上和會計上表現不同性格，此長彼短無從歸併。支出方面則爲帝王之特權，可以臨時以敕旨執行，不必列作預算。例如一四二二年之北征用車十一萬七千五百七十三輛，以驢三十四萬頭輓套，又用民夫二十三萬五千一百四十六人挽車，更用馬車一千步卒五千護送，所載爲米三十七萬石。[34]當時大量人力物力均係臨時勒派，亦無從根據預算。讀者當可憶及因諫勸此次北征，戶部尚書夏原吉入獄逾兩載。

而且創立健全之幣制，始終未在明廷規劃之內。以上業已論及政府所控及之金銀，數額均甚爲微小，而且用在首飾製作、印信及重要文件嵌框。即用作賞賜，仍偏重於儀禮，而缺乏眞正貨幣意義。明代所用銅錢，爲傳統之五銖錢，大小有如今日美國五分鎳幣，上有方孔，而肉厚不如。此項貨幣，宋代已大量製造。北宋時經常有每年生產數億文之紀錄。一至熙寧、崇寧、宣和年間，即經過王安石變法及以後蔡京秉政期間，每年鑄錢數經常在三十億左右（蔡京已鑄當十大錢）。[35]而明代二百七十六年所鑄錢，宋代可於兩年之內製就。[36]銅錢之不被重視亦可以在永樂之年終統計看出。單內開始列及收入銅錢數始於一四一五年。而其數量只有戔微之三千貫。自一四一八至一四二四年，凡七年所列又原封不動的每年三千一百〇六貫，不增損分毫。[37]茲後明代銅錢亦在財政稅收中表現低微，遠不及茶鹽及馬匹之重要。紙幣則不兌現，甚至除政府特准在某種場合之下可以用以納稅還糧，一般情形下尙不爲官衙收受。所以政府製發寶鈔，亦仍只有權力而無義務，因之寶鈔實際上亦缺乏法幣之性格。

綜合以上情形，明廷財政稅收之設計，始終無意爲民間經濟之展開著眼，而旨在保全其政治權力之完整。因之以上表格內所示曲線上下，無一代表經濟之榮衰，純係由於政治上及經理方面之原因。況且政府所需永久性法制，尙有不顧社會潮流之趨向。例如十四世紀至十五世紀，種姓制度、職業遺傳已不能在中國存在。但於財政稅收方面政府仍堅持服兵役之軍戶，製鹽之灶戶及服工役之匠戶職責世襲，所有義務祖孫弗替。[38]在執行時產生極大困難，爲以後各項組織尤其軍政崩壞之一大主因。

這全套設計缺乏側面的、客觀的和公允的力量監督，執行時全靠由上至下加壓力，其整體效能必低。小民只得承息於官僚之下，祈求其善意的開明專制。否則只有被逼不得已時鋌而走險，如前述交阯之反叛及江南稅民之拒不納糧。另一方面因其施政無需向臣民交代，整個擺布可以供暴君如朱棣之濫用。彼個人可以藉此發展一己所長，以後則貽患於繼位者。

然則又不僅如此。如果我們將這段經歷參對中國歷史之全部縱長看去，則又可以窺見其與今日中國之發展仍有密切關係。本文下篇當申論之。

注釋

1 和田清《明史食貨志譯註》（東京，一九五七），頁一四五。

2 《太宗實錄》，頁〇六八九、〇八九五－〇八九六。

3 同上，頁一〇四三。

4 同上，頁一六九三－一六九四。

5 《明史》（北京中華書局標點本）卷一四九，頁四一五三。

6 《太宗實錄》，頁一四三五、二〇七〇。

7 《太宗會典》（臺北東南書報社影印本）卷二四，頁一四；卷二五，頁一二。

8 見拙著 Ray Huang, *Taxation and Government Finance in Sixteenth Century Ming–China* (Cambridge University Press, 1974), p.101.

9 中國歷來工資之低，在十八世紀經亞當．斯密提及，十九世紀又為馬克思提及，見：Smith, *An Inquiry Into the Nature and Causes of the Wealth of Nations* (Everyman's Library), vol. I, p.63. Marx, *Capital: A Critique of Political Economy, trans.by Ben Hawkes* (N.Y., Vintage Books), p.749n.

10 朝代之末一個富庶之縣分常有一千餘捐資納監之貢生監生得到賦役之優免，見 *Governmental Finance*, pp.246, 357n.

11 同上，pp.308, 365n.

12 《明史》卷七九，頁一九一六－一九一七。

13 同上，卷七九，頁一九一八。

14 同上，卷七二，頁一七四五。

15 *Governmental Finance*, p.55；《明史》卷七九，頁一九一九。關於漕運軍士之艱苦情形，可參閱拙作博士論文 *The Grand Canal During the Ming Dynasty* (Michigan, 1964), pp.86–90.

16 《明史》卷七七，頁一八八四。

17 孫承澤《春明夢餘錄》（香港龍門書局影印古香齋本）卷三六，頁三。

18 徐學遠等編《皇明經世文編》（臺北學生書局影印本）卷三五八，頁二一、二四；卷三五九，頁三；卷三六〇，頁一〇。

19 *Governmental Finance*, pp.189–95.

20 同上，p.203.

21 《太宗實錄》，頁〇一七六－〇一七七、〇二四九－〇二五〇、〇二八〇、〇五八九、〇五九〇、〇六二二－〇六二三。

22 《宣宗實錄》，頁〇〇九五。

23 此六十九則載在《太祖實錄》，頁二九八一－三〇七八。

24 其實數為二千零三十八萬二千九百九十貫，載在《太祖實錄》，頁三〇七九。

25 關於戶口食鹽鈔之沿革見《太宗實錄》，頁〇五〇九，〇五八九－〇五九〇；《明史．食貨志譯註》，頁六〇八；*Governmental Finance*, pp.138–39,247.

26 《宣宗實錄》，頁〇一七五。

27 《太宗實錄》，頁一六六七；《大明會典》卷一五一，頁六。

28 陸容《菽園雜記》（紀錄彙編本）卷一八一，頁二五－二六。

29 《仁宗實錄》，頁〇〇一五。

30 《明史》卷九二，頁二二七四；《春明夢餘錄》卷五三，頁四－六；*Governmental Finance*, pp.104–05.

31 《明史》卷七八，頁一八九五；*Governmental Finance*, pp.136–37.

32 《太宗實錄》，頁〇四八八、二四二一。

33 *Governmental Finance*, pp.227, 240–43. 根據《明史》卷八一，頁一九七三－一九七四；《大明會典》卷一九四，頁七六，及各處方志。

34 《太宗實錄》，頁二三〇八－二三〇九。

35 彭信威《中國貨幣史》（上海，一九五四），頁二八一。

36 全漢昇《中國經濟史論叢》（香港，一九七二），頁三八四；*Governmental Finance*, p.317.

37 《太宗實錄》，頁一九〇八、一九七四、二〇五二、二一一七、二二四五、二三〇〇、二三六四、二四二一；《仁宗實錄》，頁〇一九四。

38 《明史》卷七八，頁一九〇六。

第四章

明《太宗實錄》年終統計的再檢討（中篇）

本文上篇已提及明《太宗實錄》之年終統計，並參併著當日財政稅收之概況，表現著明初敷政注重政治力量，不顧經濟原則。其實這種設計貫穿全部帝制時代。各朝代間縱有採用取捨程度之不同，並無實質上之差別。而且同日西歐之經理體制，較中國永樂年間猶不如。除了義大利之若干自由城市發展較早外，彼邦之有現代經濟體制，只不過最近三百餘年情事。所以研鑽中國近數百年何以不及西方時，檢討明初財政措施應爲一個適當的出發點。

中國因著防洪、救災及抵禦北方游牧民族以大量騎兵進犯，自始卽構成一個以龐大文官組織管制數千萬農民之體制。其結構自始卽與金融經濟發展之原則背馳。如政府培植大量小自耕農作爲當兵納稅基礎，以致生產規模至小，無從獲得盈餘爲大規模交換之根本。農民間彼此爭執，往往涉及纖微，官僚只得以息事寧人之宗旨開導，亦足以阻礙司法制度之展開，且農民之收入有限，亦無遑供應聘請律師及支付訴訟之浩費。積之既久，官僚本身亦只注重一般識見，而無意於培養特殊技能。甚至以意識形態及筆墨文字代替數理。對於私人財產權不可侵犯之原則，則更因與其習慣性格逕庭而無法領略。

換言之，現代金融經濟取利於各地之不平衡。中國文官組織則預先構成一個人爲的平衡局面。以言貨幣，則各代鑄錢雖多，其設計只爲農民間原始的交易著眼，而無意於創制法律爲資財億萬之資本開拓出路。

中國歷史中並不缺乏以貨幣體制打開局面增進國計民生之企圖。可是一般缺乏商業技術及商業資本而不能貫徹。王莽稱帝時卽謂「漢氏減輕田租三十而稅一」，行之既久，則「厥名三十而稅一，實什稅五也」。其原因則由於小民失田，出自「豪民侵陵，分田劫假」。至此他亦採取似乎歐洲中世紀的立場，以爲高利貸卽係一種不道德不正當的立場騙取。[1]他決定革除此「罷癃」或病弊，乃決定創造貨幣制度。於是以金、銀、龜、貝、錢與布（此時尚無紙，布幣有如紙幣）共「五物六名二十八品」，都可以循一種繁複的折換率互相更換。[2]他以爲如此則天下的交易貸借，都在他監視之下。殊不知貨幣本身不足以創造奇蹟，利息亦有如物價。要它的比率低，必先有充分的資本，如耕牛、種籽及耕耘期間農民自用的糧食。而且借方尚須有充分就業的機會，得以工資之所得償還。王莽則尚未提出具體方案之前，人民卽已爲他的規劃名目炫惑。

以後改革財政稅收之方案無代無之。一般缺乏全面計畫，只局部的覈實。於是在官僚體制表彰著對稱與均衡的局面裡產生異端，製造分裂。也有主張政府經商，免不了利用公家交通工具，擅專河道，徵用民夫，或低價付值。也就是政府與民間交易之中，又仍不能放棄皇帝奄有四海條件下的徵用權，亦卽無從切實遵守公平而自由交換的原則，所以往往爲人詬病。雖有時能在短時間內特殊條件下建奇功，終歸無好結果。往往爲衆不容，通常做到身敗名裂。漢之桑弘羊，唐之宇文融、韋堅、楊愼矜、王鉷，劉晏、宋之蔡京、賈似道、元之阿合馬、盧世榮、桑哥皆是也。

敍述至此，我們也要再三申明。此中最重要癥結並非道德問題，而爲技術問題。以熟讀詩書之官僚掌握億萬農民，在原始的交通通訊情況下，又無外間的因素與之抗衡而責成其就實，其原始數字即無法保持實切完整。以言財政稅收：過去賴世和（Edwin O. Reischauer）及王毓銓等學者均指責豪強避稅，將擔負嫁禍於小民。其實低貧下戶更爲體制之累。《隋書．食貨》者云：「舊制未娶者，輸半床租調。陽翟一郡，戶至數萬，籍多無妻。」[3]此言公元六世紀事。當時政府簡化稅制，以一夫一婦爲「一床」，每床有穀米之石數及布帛之匹數，經過均田後，水平抽取。未婚者減半繳納。旨令一下，數萬人戶皆稱未婚男子，亦無從逐一核察。其最下端情形如此，其原始數字尚不能覈實，上端更只能馬虎將就。

六世紀如此，以後千載猶然。在此一千年之理財專家無逾王安石。他的新法，以重新丈量田土作基點（方田法）。以後廣泛的使用貨幣。政府亦以剩餘的儲蓄貸款於農民，稱「青苗錢」（實際上所貸爲常平倉穀）。再更以暫時不用之物資招商（市易法）。換言之盡量使財政商業化和貨幣化，民間經濟經過這段刺激，必更較前活躍。政府所訂稅率不變，在民間經濟幅度提升的條件下，付稅總額亦必隨著提升。在這情形中預計「不加稅而國用自足」。可是這是以二十世紀的經濟思想，運行於十一世紀的農村社會。

其結果也因會計無從覈實而失敗。有如青苗錢之貸款與農民。「富民不願取，貧者乃欲得之」。於是「隨戶等高下品配。又令貧富相兼，十人爲保，以富者爲保首」。[4]這幾句話卽暴露著後面成千上萬的農民，貧困愚昧，亦無從以各人的產業作擔保，負債經營，也無銀行及司法制度支持茲項舉措，於是只能勉強牽涉一批「富民」，集體負責。既是「王命」，亦無從推託。所以也仍是由上至下加壓力，也仍是稅收與徵發不分。市易更是衙門強迫商人與之做生意，「商旅所有者盡收，市肆所無者必索」。其結果乃是「挾官府爲兼并也」。[5]

王安石變法未已，十二世紀初期又有蔡京繼續著他的規劃和經濟擴張政策。因其無法公平而自由的交換，只產生不能在數目字上管理情形，有如《宋史．食貨志》所云：「既以絹折錢，又以錢折麥。以絹較錢，錢倍於絹。以錢較麥，麥倍於錢。輾轉增加，民無所訴。」[6]至於政府向人民買米，〈食貨志〉又有一段記載：「自熙寧（引用王安石的宋神宗趙頊年號）和糴入中之外，又有坐倉博糴、結糴、表糴、兌糴、寄糴、括糴、勸糴、均糴等名。」[7]這更暴露著擴大財政稅收的計畫執行困難，不如預期。只有一項舉措未已，隨著又是一項新舉措。卽主持的官僚，亦難能承前繼後的負責，只有多立名目，變更程序，不顧體系。

因此種種措施產生通貨及票據上的數字膨脹至南宋末已。[8]又經過遼與金之割據華北及元之入主中原，才有明太祖朱元璋之豁然改圖。他的部署一意復古，也可以說是繼承著北宋王安石所主持財政擴充政策之後果以來的一種反動。[9]他的通貨緊縮政策大抵成功。（紙幣之稱「大明寶鈔」的為一個顯明的例外。但寶鈔只局部使用於明代前期，以後廢棄，無永久影響。）可是宋遼金之擴張超過時代，朱明王朝之緊縮，又使中國長期陷入中世紀而不能自拔。針對著西歐今後蓬勃情勢，朱元璋之一套措施實與世界潮流相反。可是從大歷史的角度看來，我們又要體念著以大批文士治理，絕大多數農民可供選擇之途徑至少。

朱元璋之一套措施可謂處心積慮的盡量避免貨幣，也避免財政商業化，避免各處之不平衡與財貨集中。凡趙宋王朝自王安石以來，民間向官衙無代價服役，已開始繳款代役者至此又全部恢復親自到差。田賦以米麥繳納為主，亦不總收總發，而係每府每縣將其數額分作數起或十數起逕運遠近消耗機構（如官衙、宮庭、軍隊）交兌。甚至衙門所用文具紙張，軍士所用弓箭亦均分批無代價向各府縣徵發。[10]

上述永樂帝朱棣在位時除餽運北京糧有局部的集中，由他創始之外，凡不設中央銀櫃，視金銀為裝飾品（而非貨幣），將鹽茶實物當作大宗收入，以工礦馬匹戶部以外交納者，並列於戶部帳目，又將翠羽紙扇等雜物與錢糧並行，堅持軍戶、匠工、灶丁職位世襲，最低限度其義務祖孫不變，又責成軍隊供應本身食糧，行與不行均承襲於太祖朱元璋之國初設計。

又不止此也，永樂之後經過洪熙、宣德之再度緊縮，以上財政稅收規劃之輪廓仍爲後繼人沿用。即十六世紀後普遍用銀，此設計之架構不變。以前米麥區分而爲細目側後收受者，茲後仍以銀兩分批側面收受。亦仍無中央銀櫃，一個稅收機關可能向十餘個開銷機構送納；一個開銷機構亦可以自十餘個稅收機關獲得補給。一五九二年，北京宛平縣令沈榜稱：他每年須向二十七個機構繳納銀兩，但總數又不逾二千兩。[11]

又尚不止此也。一六四四年滿清取代明朝，「洪武型」之財政稅收又爲新朝廷襲用。[12]以至迄本世紀前夕，北京之戶部衙門仍係一個龐大之會計衙門，除特殊事故外，並非執行機構。漕糧仍循大運河至北京。財政稅收亦仍無預算結算，只各按成規側面交納。亦仍無中央銀櫃。[13]公私交易亦仍只用碎銀及元寶。至一八八二年方有吉林省鑄造銀幣，至一八八七年方有廣東省之鑄造。[14]而此等銀圓亦仍只局部通行，亦仍無法幣性格。而最重要的缺陷，中國仍無支持現代金融之法制。

彭信威著《中國貨幣史》稱全人類歷史中，只有兩種獨立的「貨幣文化」。一是希臘的系統，一是中國的系統。前者爲西歐體系的根源，其貨幣以貴金屬打造，數量有限，進入民間程度不深。[15]中國之五銖錢自成體系，以青銅鑄作，自秦始皇歷代通行，很少例外，入民深而數量多。而中國之金融經濟不及西歐，初看費解。

這也仍是緣於貨幣之本身不足以創造奇蹟。其能促進經濟發展，乃因其後面有法令支持。法令之能行得通，又賴社會條件。本文以上各節所敘，如「陽翟一郡，戶至數萬，籍多無妻」則政府對人口統計最基本之數字亦無法存眞。又「十人爲保，以富者爲保首」，亦卽權利與義務，不能由各個人人身負責，農民只能集體的驅督。再有「商旅所有者盡收，市肆所無者必索」，則私人財產權亦無保障，公私交易與徵發占有混淆，凡此都具有一個不能「在數目字上管理」的局面。政府本身的能力行止如是，更無從保障民間經濟因素，概能公平而自由的交換。因此種交換中，可能牽涉遺傳、破產、欺騙、假冒、監守自盜、違反契約、打撈船貨之權益等逐漸接近商業技術及商業習慣之處理，自非傳統中國衙門可望其項背。

所以我們在大歷史中提及貨幣，尙須注意「貨幣文化」，當中涉及的非僅經濟，尙且及於法律政治社會習慣思想信仰。有了這樣一段理解，我們回首再度檢閱《太宗實錄》裡的統計資料及與之相關聯的解釋則可以省悟：此項資料必具備中國傳統貨幣文化性格，因爲以上所述基層農村內之調查訪問無法核實，私人財產權未能在法庭之前確切有效的維護，各衙門處理正常稅收時加入額外之徵發，均未能在明清之際革除，則上述統計只有相對的價值，而缺乏絕對的價值。仔細參對，各項目數字接近中樞，又經過不同機構核算者較爲可靠。去中樞愈遠，由一紙通令執行，無收授機構分層負責者其數字通常不可靠，有時其目的在保持官僚體制邏輯之完整，無意提供實情，所以其荒謬之處可以令人驚駭。

《太宗實錄》內列入之財物項目少則十八款，多至二十五款，處處來源與責任不同，亦卽可靠性有差別，當然無法統一的用數目字管理，亦卽無從概用貨幣計算。

而且太宗朱棣又緊承接著太祖朱元璋的規劃（當中仍有惠帝朱允炆，只是他在明代經制史上作用輕微），他自己精幹，手上文官體制也漸成熟（當日西歐國家卽不可能留下類似一套統計），所以他的經劃有上述詳盡的帳目記載，可以視作明清大帝國財政稅收經理的始點。從大歷史的角度看來，尤其參對西歐史，我們可以指出：

一、中國體制宗教性格濃厚。大凡統率人類大衆的辦法，基本上只有三個。一是由於武力的征服，使用警察權。一是精神上的激勸策勵，凡宗教信仰、意識形態、革命哲學皆屬之。一是經濟上的協定，在分工合作條件下各人都趨利附實，卽可囊括他們的私利觀而爲公衆目的。過去大陸方面不少歷史家，稱明清帝國爲封建體制，這是不切合事實的說法。封建體制著重武士傳統，並且通過次層封建（subinfeudation）騎士之統制及於鄉鎮。這顯然不是中國君主通過文官組織治國的情景。

明清帝國在開國期間都有引用軍事力量鎮壓全國的作風，不過局勢一經明朗化，立卽偃武修文，實際上利用宗教力量治國。

我們一般觀感，中國是一個宗教觀念不甚濃重的國家。中國歷史內無宗教戰爭的名目。歷代偶有因宗教牽涉政治之事端，卻無強迫臣民一體誦經膜拜之紀錄。明嘉靖帝信道教，萬曆帝信佛教，清順治帝兼信天主教，亦未聞變更國家體制。這種態度也可譽之為中國人落拓大方的表現。

然則宗教亦有較寬度之解釋。唐尼（R. H. Tawney）稱歐洲中古時代以一切之活動及價值分作上下等第，經濟在內，而最高因素，則為宗教。[16]此間宗教即具有人生最高之目的及最後之宗旨的含義，既有此觀念，則牽涉政治，尤與各個人及社會之經濟生活不可區分。英國十七世紀內戰前後即同一基督教凡教會組織之不同，甚至膜拜儀節之差異，均代表不同之生活方式與社會習慣，不僅因之影響教會與政府管制之程度，也貫穿而至商業政策及經濟生活。[17]中國皇帝為天子，其敕詔稱聖旨，集司法立法行政大權於一身，對臣下有權力而無法律上之義務，又經常以儀禮代替行政，只對天負責。凡此都有極濃厚之宗教性格。其施政雖受人本主義（humanism）之檢束，但其最後決心，不容辯駁，有如自然法規（natural law）之不容辯駁。（所以在編彙統計數字時，當日官僚具有只顧本身邏輯之完整，蔑視現實之趨向。）而明清之君主專制又較以前歷代嚴格。永樂帝之被謚為「啓天弘道高明肇運聖武神功純仁至孝文皇帝」，更表現其最高至上不容批判的地位。

卽僅此一條件亦足以阻礙現代金融經濟之展開，尤不能容納經濟實體之稱爲資本主義者之成長。因茲項體制或實體均須鼓勵全國經濟因素槪能公平而自由的交換，其本身亦具有一個客觀的標準，如前述遺傳、破產、欺騙、假冒、監守自盜、違背契約、打撈船貨權益等，如照商業習慣辦理，則須平衡於各人之私利觀，承認私人財產之不可侵犯，並不計較每一事件是否合乎倫理，其背後具有一個凡良心之事由各人自身作主之打算。此不可能爲當日皇權其本身具有宗教性格自謂督人爲善者之所容。英國內戰前夕商人貝特（John Bate）向法庭控訴國王因籌建海軍而抽稅之不合法，此在明清政府內爲不可思議。而永樂朝中卽戶部尚書反對擴充軍費亦鋃鐺下獄，可以表示著兩方之差異。

二、從以上年終統計及相關聯之資料看來可以窺見「朝代週期」（dynastic cycle）之存在。

中國帝制期間朝代均由武力征服而產生，（相對的英國自薔薇戰爭後，朝代之產生出自王位繼承。斯圖亞特王朝由於都鐸王朝最後占有王位者伊莉莎白一世生前安排。威廉與瑪琍之繼位，由於倫敦商人及政客出面邀請，等於被選舉之君主。茲後漢諾瓦王朝係由議會通過法案預先指定嗣位者，以外國人而奉新教者爲王而產生。）所以中國開國之主，憑藉軍事力量其御旨頒行較實切，亦經常均稅。如明洪武帝卽親身督導。永樂取得大統，亦憑武力，且去開國未遠，仍能承襲當初景象。

本文上篇已指出，永樂帝徵用人力物力頗爲暴虐。但另一方面觀測：因缺乏運轉大宗商業之體系，無從指倡貨幣經濟，亦無法投資。此際國力若有裕餘，除徵集以樹立朝代之基礎及規模外，亦無其他處理辦法。以上可謂中國政治體系初期早熟無從在社會經濟方面突破，於是只有在屢次破壞後重建之徬徨。

朝代中期以後人口增殖，各大都會及水次，表現一片昇平景象。但政府官衙體制未能迎合於商業原則，而商人亦斷不敢恣意擴充，[18]國家收入之絕大部分仍來自農村徵稅亦仍水平徵取，亦卽仍無從執行累進稅制，亦無低貧戶免稅辦法。因之執行最大困難仍在低貧民戶。彼等每代析居，至此占地愈小，亦經常將耕地典當與人，其爲數則每縣數萬戶至數十萬戶。縣官追索逋賦不已，繼以笞鞭。體罰未已，也得呈請朝廷開恩豁免，因年前逋欠未了，更使次年新課爲難，而除欠也無遑逐一考察每家每戶情形，亦仍是通令所有積欠一縣一處的勾消。此例一開卽有力付稅人戶亦意存觀望，以期一體受惠。[19]所以財政稅收有如一根鍊條，整個鍊條的脆弱程度視當中最不堪之環節而定。此情景只有每下愈況。

上篇在敘述各款財物已略及卽在永樂年間已有繳納困難情形。及至朱棣逝世，仁宗朱高熾及宣宗朱瞻基又以人本主義的名義減輕民間負擔，因爲朝代設計是一種固定和緊縮的體制，又無投資開擴的辦法，其江河日下已具定型。及至十六世紀中期倭寇犯境，東南各省偏增「兵餉」，又因改用白銀，在折換時稍較時價增添。所以以後張居正爲相（實際爲首席大學士），在一五七〇年間乘著倭寇平俺答和的機會大加整飭，一度使情形好轉，[20]符合傳統朝代中後期回光返照的「中興」外，以後又再繼續下墜而不可收拾。

永樂去世時其稅糧仍逾三千二百餘萬石，至十六世紀則只有二千六百餘萬石。[21]至十七世紀明代已至生死關頭，仍欲增稅而力不及，有如本文上篇所及。此時全國人口據專家估計，可能已自國初之六千餘萬口不斷增加，至突破一億五千萬。[22]一般人民生活程度不能增進，其朝代亦與之共始終。

朝代之後清朝亦復如此。開國之初憑藉軍事力量賦稅有一番整頓。又以「圈地」的辦法贍養八旗兵，而以明代繼續向北運去之白銀轉用於南方之「後三藩」，更用薙髮令與文字獄構成恐怖政治，一時功效畢現，可是此好景亦只能維持數十年。中期以後除太平天國期間在軍事行動區域偏抽「釐金」，以維持其「中興」之外，以後亦改革至難。最近有兩位學者，以現代方法窮究其數字，發現中期之後稅收似有增加，而實際計值仍敵不過白銀進口物價增長之係數。[23]換言之：較之國初已見人口陡長，政府收入低微，國運衰弱。

以上情形符合傳統所謂朝代週期說法。只是明清之週期與漢唐大帝國因地方政府脫離中央節制而衰退，及宋、遼、金、元諸朝代因通貨膨脹而崩潰之週期不同。其敗壞由於財政設計僵化，無從與時代並進。

三、從上述情形看來，中國統御經理之優勢至明清交替之間始不敵於西歐。

亞當．斯密在《原富》書中提出：「中國歷來就是世界上一個頂富裕，也是一個最肥沃、耕耘得最合法，最勤奮而人口衆多的國家。可是看來她已長久在停滯狀態。馬可．波羅在五百多年前遊歷該國，盛稱其耕種勤勞與人口廣衆的情形，和今日遊歷該國者所說幾乎一模一樣。可能遠在當日之前，這個國家法律與組織系統容許她聚集財富的最高程度業已到達。」[24]

《原富》書成於一七七六年。而明太宗永樂帝朱棣親征漠北班師途中逝世於楡木川時爲一四二四年。當中約有三個半世紀之差距。一四二四，西歐之英法尚在百年戰爭期間，經過這段長期武裝衝突，雙方方始初步組成現代人所謂國家，有疆域之輪廓及軍隊稅制之可言。在此更革之前百年戰爭期間，彼此之野戰軍大部仍取給於野。本文尚要解釋：不僅十五世紀西歐尚未表現其統御經理能力，可能超過明初中國，有如永樂帝財政稅收數字之所示。卽再百餘年後，亦卽英國都鐸王朝盛時情形亦復如此。但斯密發表其書刊時則可於其詞語中看出：歐人已視中國富裕言過其詞。所以中國失去其優勢地位，應在一七七六，亦卽《原富》出版、美國宣布獨立前百餘年左右。是否如此，我人是否有確切證據，其原因何在，當在本文下篇論及。

注釋

1 《漢書》（中華書局標點本）卷九九中，頁四一一一。

2 《漢書》卷二四，頁一一七七－一一七八。

3 《隋書》（中華書局標點本）卷二四，頁六七六。

4 《宋史》（中華書局標點本）卷一七六，頁四二八一。

5 《宋史》卷一八六，頁四五五〇。

6 同上，卷一七四，頁四二一三。

7 同上，卷一七五，頁四二四三。

8 全漢昇《中國經濟史論叢》，頁二三五、三三五。

9 《太宗實錄》，頁二一四一、二六八一－二六八二。

10 *Governmental Finance*, pp.34–35. 此節根據各地方志，但上述情形，以一五七八年之《金華府志》及沈榜《宛署雜記》（北京一九六一年排版）記述最為詳盡。

11 《宛署雜記》，頁四五－五〇。

12 *Governmental Finance*, p.322.

13 陳恭祿《中國近代史》（臺北一九六五年版），頁二三八－二三九、六六五－六六六，六八七－六八九；E-tu Zen Sun, "The Board of Revenue in Nineteenth Century China," in *Harvard Journal of Asiatic Studies*, 24 (1962–63).

14 《中國貨幣史》，頁一五〇八。

15 同上，頁四九三、五〇二。

16 R. H. Tawney, *Religion and the Rise of Capitalism* (Pelican ed., 1977), p.158.

17 拙著《資本主義與二十一世紀》（臺北，一九九一），頁一四三有一段簡單的分析。

18 Ping–ti Ho, "The salt Merchants of Yangchou: A study of Commercial Capitalism in Eighteenth Century China," *Harvard Journal of Asiatic Studies*, 17:1–2 (1954) 曾提供鹽商富戶任意揮霍情形，不能亦無意繼續存積資本。

19 *Governmental Finance*, p.150.

20 張居正整理財政情形見同上，pp.294–301。

21 《大明會典》（一五八七年版，臺北翻印）卷二四，頁一四－一六；卷二五，頁一－三。一五〇二年為二六六、七八二、二五九石；一五七八年為二六、六三八、四一二石。

22 Ping–ti Ho, *Studies on the Population of China: 1368–1953* (Cambridge, Mass., 1959), p.264.

23 兩位學者著作：Yen–ch'ien Wang, Land Tax in Imperial China: 1750–1911, (Cambridge, Mass., 1973) 及 Madeleine Zelin, The Magistrates Tael (Berkeley and Los Angeles, Calif., 1984).

24 Adam Smith, *Wealth of Nations*, vol. I, p.63.

第五章

明《太宗實錄》年終統計的再檢討（下篇）

前已言之，明《太宗實錄》年終統計係中國特有官僚體系產物，內中數字詳確與荒誕相差不齊。全部看來，則編纂者抱有一種盛世明主下之經理必近於天衣無縫之企望。我們也已指出：這種將施政成果美術化的辦法，跡近宗教思想。

可是縱如是批評，我們在同時西方資料中卻找不出一套類似數字。次之則英國都鐸王朝之亨利八世（在位於一五〇九至一五四七年）去中國之永樂帝已遲一百餘年，曾執行宗教改革，沒收寺院財產，任用湯姆．克倫威爾（Thomas Cromwell）理財，執行所謂「廳房制度」（chamber system）使國王之收入初步集中管理，使以後一切所屬併入爲國庫（exchequer）統轄成爲可能。凡此都有劃時代意義。當日亨

亨利八世在位最後十年間之每年年入[1]

擴編廳　Court of Augmentation	平均 £120,000
履新及什一捐廳　Court of First Fruits and Tenths	最高 £78,000
測量廳　Court of Survey	£38,000
監護權廳　Court of Wards	£4,400
蘭開斯特公爵領域　Duchy of Lancaster	£11,000
（以上正常收入每年約　£250,000）	
議會批准津貼　parliamentarian subsidies	£81,000
鑄錢利潤　profit from Mint	£138,000
海關出入口稅　customs	£42,000 至 32,000 之間
王事採購之實際收入　purveyance	值價 £60,000
（以上非正常收入每年約　£300,000）	

利之收入可以條列於右下頁。

與永樂帝所遺留數字比較英國國王之收入全部以鎊計，無穀米之石與絲綿之兩，更無鹽引馬匹海肥。但另一方面英國文書官未曾統計上項數字。表中所列純係歷史家翻閱當時帳目，獲得以上數字各一部將之拼湊估計而成，所以概用整數，不及畸零。亨利八世亦未設中央銀櫃，所謂廳房制度者，亦仍是各廳自收，有時零星發放。國王亦經常自各廳抽集存款，到手後憑己意支配，[2]更無從編製永久預算。

都鐸王朝君臨英國時封建制度業已崩壞，但所遺傳統習慣並未全部豁除。依據成規，國王在平日應自給自足。國王之爲國王端在其本身爲英國最大地主，直轄地域占全國六分之一，平日能以其土地收入治國。及至戰時或有其他非常事故始召集議會，由議會授權抽稅。所得稱爲津貼 (subsidies)。

亨利於一五三四年執行宗教改革，自稱爲英格蘭教堂首長，從此不受羅馬節制。所謂擴編廳所轄大部係沒收寺院田土所得。其中一部不久出賣。所得價款亦併入擴編廳所收地租內計算。所謂履新及什一捐，來自僧侶主教等，彼等亦有如封建體制中之陪臣，其履新貢獻及什一捐過去繳納於教皇，亦來自各主教區之莊田，至此亦納於國王。所謂測量廳所轄乃國王原有地土。因自封建體制改作現制後，當中頭緒紛紜，亦有帳目與刻下地土情形不符，總佃戶（tenants-in-chief）不知去向情事，至以後伊莉莎白一世時（在位於一五五八至一六〇三年）仍感棘手。[3]所以現歸測量廳管理。

封建體制凡陪臣身故，子女未達成年由領主派人監護亦接收其產業，至成年始移交繼承，此項權力亦為利潤淵藪。但以前陪臣繼承，耗費不多，至都鐸王朝時監護權始為數頗巨，有時國王亦可將此權益出賣。至此須設專廳管理。監護之收入有一五四六年一萬二千三百四十六鎊之紀錄，成為一種變相之土地稅。[4]蘭開斯特公爵領域為都鐸王朝發祥之地，更為國王直轄，因內中經理狀況不同，亦須有專廳管制。

以上得自土地之收入最高可達每年二十五萬鎊。但在湯姆．克倫威爾任前，土地收入即併海關進出口稅亦只每年十萬鎊。[5]可見得沒收寺院資產及克倫威爾之經理，已整個改變都鐸王朝財政狀態。

表內非正常收入之津貼一項，始可認作國王在地租之外所徵之土地稅。一五四〇至一五四七年前後八年間，議會批准之津貼共達六十五萬鎊，平均每年約八萬一千鎊，[6]當日英國正與法國及蘇格蘭作戰，軍費支出浩大。最後數年亨利更用非法手段，在議會批准數外加徵「樂捐」（benevolence）。此項榨取亦為數至大，如一五四二年所得十一萬九千五百八十一鎊。大地主之抗議者即投獄或押送前方當兵。[7]

鑄錢利潤得自通貨貶值。將貨幣內金銀成分降低，在一五四四年五月（當時亨利仍在位）至一五五一年正月（時王位已由愛德華六世繼嗣）國王所得利潤爲九十萬鎊，[8]以六年半計算，平均每年所得約十三萬八千鎊，超過前表內任何其他項目，只是通貨貶值亦影響物價，在入不敷出情形下長久期間並非國王之福。

英國海關收入非常複雜。有所謂「大關稅」、「小關稅」及「噸位稅及磅數稅」（tonnage and poundage），大小關稅均有前代事例，抽取合法。（凡有過去長久成例卽爲合法。）噸位稅及磅數稅亦有成例，但與羊毛、牛皮由議會通過法案時指定爲國防及海防之用，過去通過時或允許國王得終身抽取，或三年兩年爲一期。[9]亨利八世時爲數尚小，未釀事端。至斯圖亞特王朝時國王與議會衝突，噸位稅及磅數稅爲導火線之一。因爲議會認爲未經其批准抽取爲違法。

王事採購顧名思義應係支出而非收入。英國王庭此時爲重要消費場所，每在所用牲口以數千近萬計，每次大宴會之耗費尤爲驚人，所用食品包括麥麵、雞卵、啤酒等均用王事採購名義徵取，載運之車輛在內。所用數額分派於各縣，由地方法官（Justice of the peace）再次分配於各鄉鎮，遠至威爾斯。亨利八世時王庭每年爲此耗費二萬鎊，至伊莉莎白時倍增而至四萬鎊。因採購時由經理人員單方估價計值，常爲濫用。十七世紀初年培根（Francis Bacon）稱此項採購所付值一般不及四分之一，[10]所以上表估計亨利八世年代此項變相抽稅亦可能值價六萬鎊。

綜合以上各款，亨利末年之全年收入在經常狀態下應有二十五萬鎊，加入其他非正常收入每年應有五十五萬鎊。此單內亦有未及列入者，如在愛爾蘭及加萊（Calais）（英國在法岸所占之橋頭堡城市）所徵稅用在本地，以惡逆罪判死刑（attainder）而抄家所獲資產，判蔑視國王罪（praemunire）所及僧侶之贖鍰，爲數無定，向德國商人及弗蘭德司（Flanders）之借款雖併在收入內支付，究須償還，均未列入。但此等項目不足以改變前段所述之概況。

國王亨利八世之最大問題，在於軍費之龐大。自一五四〇至一五五〇年（即亨利最後八年及愛德華嗣位之前三年）因對法及蘇格蘭戰爭，英國前後用戰費二百一十三萬四千鎊。[11]專家估計，倘非如此，亨利之入多於出，每年至少應有六萬鎊之剩餘。[12]因爲窮兵黷武，「亨利浪費了他的資源，替他兒子在弗蘭德司欠下一筆十萬弗勞倫斯金鎊的債務，留下了一座空空如也的財庫，貶值的貨幣，虧折了的下屬階層……」[13]

迄今距上述之時代又約四百五十年，因著多餘之歷史的縱深，我們無意全部接受此專家之批判，亨利之作爲只展開了當日西方文明在組織結構上最龐大的一種改造之初步。歐洲人民在十六世紀面臨著一種選擇：還是持續著一個效率低，微有名無實的大帝國，或是相互競爭的國家，在競爭之餘取得力量的平衡之較爲得計?還有，全歐一致的一所大教堂能否持續?事實之展開多個民族國家，帶世俗性格（卽脫去宗教性格），具競爭性，成爲了問題的答案。於是各國整飭他們的邊疆，使各自的領域整體化。至此英國才覺悟在大陸的橋頭堡須要放棄。不論在何種型式，與蘇格蘭的合併遲早勢在必行，甚至奧利華・克倫威爾（Oliver Cromwell）之進兵愛爾蘭，可謂出於這種衝動下的決策。但是這一切全須在實地試驗之後，才能功用顯然。我們無法斷定水落石出之前，多餘的步驟應先放棄。

以後十七世紀情勢之展開，更證明以主教之紀律治國不如議會攬權之得計。此中亦有一個以效率爲決策的關鍵。政府之權責旣須擴充，則不如承認財政受全民監督，促使公衆參與。於是整個組織才趨向民主方式，並採用商業原則。但是此中因果須待至十八世紀或以後才見分曉，卽是今日我們尙須參閱幾個世紀思想家之著作（有如Machiavelli、Bodin、Harrington、Hobbes、Locke、Smith、Hegel、Marx）才能窺見當中因果關係。一個中世紀的國家須要蛻變而爲現代國家，不可能由某某人出面規劃；當中非人身因素之作用實爲主體。歷史上之重要人物不過糾集各種力量，使它們相互衝擊而已。

亨利八世年輕時有志被選爲神聖羅馬帝國皇帝，又企望以大主教烏爾西（Wolsey）爲教皇，及至兩計不售，才以離婚案件與羅馬決裂，從此才全力製造一個獨立之英國。我們研究其財政，務必注重亨利在改造一個朝代國家而爲民族國家之當頭已猛進一步。從此著眼，與中國明代財政相較，才有實切的意義。

亨利之帳目全部以鎊計，表面上已整齊畫一，應能「在數目字上管理」。可是實際不然，如全部在數目字上管理，所有收入及支出每項均應能根據支配法幣之法律作主，其數字具有同等價值，能交換歸併。此非亨利八世時之情形。

如果亨利之財政可以稱爲「系統」，我們尚無法斷定此系統究係優於或劣於明太宗永樂帝之系統。雙方收入均以得自土地部分爲大宗。表面看來，中國皇帝向全民抽稅已有千百年之基礎，府縣之規模一致。其弱點端在向億萬小自耕農抽稅，逾越當時統御經理之能力，缺乏法律裁判及其他技術因素支持，一開始卽弊病多端。事實之與理想不符，只能由官僚以文字掩飾。

亨利則剛將不同之收入在各廳房名義下由彼一人獨攬。封建制度之權威分散至此積病未隱。土地之收入或爲稅，或爲地租，僧侶所貢獻則爲什一捐，議會批准部分則爲津貼，此外尚有監護權之收入。這種種名目來自中世紀土地使用權（seizin）各有不同之權利及義務之故。這當中各種糾葛既從最下層之交往啓始，卽無法由上方一紙文書指令廢除。農村下層情形普遍如此，抽收關稅也只得仿傚其體制，分門別類的包稅辦法。王室之有採辦，乃因鄉村之中供應大量食品之機構尚付闕如。[14]

中國財政之能一元化，至今尚可能為若干誤解迷惑。若干書刊，不認真研究，即信口誇稱明代皇莊及王府乞討田畝之多。其實則此種名目，為數甚微，有時所謂畝數尚有名無實。經過考證，絕無擾亂全部稅糧之可能。[15]至於額外加徵，則永樂帝與亨利八世均經從事，均只有片面之成功。[16]實際之差異只在中國之暴君可以全然不顧法律。西方之君主，雖偶有侵犯私人財產權之事例，較之仍有限度。有如亨利不得已時只得舉債，或典當王室珍寶。中國皇帝，聲稱奄有四海，無此顧忌。但即橫徵暴斂仍只能在官僚組織力之所及的範圍內施行。有如明代在十七世紀田賦加徵不能如額，朝代隨之傾覆。[17]

至於財政收入總數，可以將雙方所得折為銀兩比較。亨利末年貨幣貶值，每鎊只有銀四盎司。[18]如果我們亦用彭信威之算法，概以每鎊折銀四盎司計，其全年收入之五十五萬鎊可算作二百二十萬盎司之銀。永樂帳目內各種物品收授地區時間不同，又有帳目外之加徵，無法同樣核算。但在十六世紀末季，距亨利不過約二十年，明帝國之全年收入，可以估計於下：

明帝國每年收入（1570 至 1580 年，每年）

田賦並附加由縣級政府經收	值銀 25,000,000 兩
鹽稅	2,000,000 兩
其他包括商稅，鏞銀，行政收入如贓罰捐官等	3,780,000 兩

以上共 30,780,000 兩[19]

一兩重一又十分之三盎司，以上總數近於四千萬盎司。亨利之收入之爲二百二十萬盎司，不能與明帝國之收入相比。

當然此不過粗枝大葉的比較。兩方疆域與人口數目迥異。亨利之收入幾全部由國王支配，英國此時之地方政府費用低微。中國之收入則充縣、府、省各級經費後才能繳解京師。但我人之目的，只在研究何時英國財政稅收數額淩駕中國之上。以上粗略的比較不過說明此不在亨利八世爲國王的期間。

同時此種突破也不出現於都鐸王朝繼任之其他三個君主期間。愛德華六世（在位一五四七至一五五三年）、瑪俐（在位一五五三至一五五八年）及伊莉莎白一世（在位一五五八至一六〇三年）期間均無財政上獲得出路之趨向。

因爲入不敷出，亨利已開始出賣沒收之寺院田產。以後其子女又繼續發賣。尤以伊莉莎白期間國事蜩螗。尙且要警備西班牙無敵艦隊的傾巢來犯。她曾先後以每年收入達二萬四千八百零八鎊之地產作價八十一萬三千三百三十二鎊售出。[20]當斯圖亞特王朝之詹姆士一世（在位一六〇三至一六二五年）登極時，國王所掌握之田土已浸淫日減，但詹姆士仍繼續將餘數售出。迄至一六二八年，「王莊已不復成爲每年收入中之重要因素。與一個世紀之前，國王本身爲主要之地主的情形，有至大的區別……」。[21]

過去歷史學家多惋惜都鐸及斯圖亞特王朝急於獲得現金，不惜將王冠所有及寺院田土半賣半送的浪費。不顧前途終於損害王室的根基。現今英國一派學者的看法則有修正。出賣地土時價格低廉及經手人舞弊之情事確有之。但是其經過實有事勢上之困難。所涉及之地土，內中主權問題以及租佃關係層雜參錯起自封建時代。中古之事例，地土原不得買賣。但是幾世紀來，田土接價換主違反習慣法之情形層見迭出。[22]此外尚有隸農的問題。他們世代耕耘茲土，所付租金不謂租金而稱「罰款」，亦不知其身分為小自耕農或佃戶，抑或係擅自占用者，自一五〇〇至一六〇〇年一般物價上漲四倍。但若干地區之地主無法增佃。又有地土被隱沒，大佃戶不知何在情事。出售王莊又事在卽行，無可遷延，尚未具備經費從長籌辦，所以得價少而效率低。[23]

情形既然如是，將此種地土出賣，也是讓各買主澄清內部糾葛，使地土經過整理，得有較高效率使用的機會。國王不復自己又是大地主，也使整理財政稅收的步驟推進一著。稅收與佃租參雜的情形卽可減免。

英國之內戰占一六四〇時代的亙長年間，至此也可算作一整頓的機會。戰事期間地土曾屢被沒收、押存、拍賣、贖還和罰款處理等情節。從長遠眼光看來，不論是原主贖回或是新主接收，地土一入強者手中，以後又繼續投資，也使農事耕作較前提高效率。雖說各事公平與否已無從斷說。

這種整頓的運行與圈地不斷的展開，成爲長遠的運動。作者所見迄今尚缺乏一項專著能將各種詳情兼容並包的歸納分析。（既稱背景複雜只能以快刀斬亂麻的辦法處理，即不易編撰這樣的專著。）但是我們根據現存的資料可以斷言：因著亙世紀的奮鬥，英國田土經過整理已具成效，情形逐見分曉。第一，十七世紀前葉，隸農已逐漸絕跡。及至世紀中期地土之尚收罰金的已不多見。一般都是按年付租。自內戰終止至復辟之前，即一六四八至一六六〇年期間，保王黨地主土地之被沒收者大部都能借債贖回。又自復辟至下一世紀，土地集中實爲一般趨勢。三百英畝以下的田莊減少，一萬英畝以上的增多。時人的觀感：「這是有能力者的機緣；無能者的末路。」[24]

在一切紛紛擾擾之中圈地仍未終止，所以英國之田土終像今日之棋盤型，長線條的縱橫整飭。農業地區吸收商業資本，使付費公路的修築和鄉鎮銀行的開設都能在十八世紀之初實現。

出售王莊與寺院田產不是推動這項整頓的唯一因素，但是它是最有力的因素：它使整個運動相繼展開。

只是整個的運動進展極緩，以致今日之學者，尚要多費時間研鑽才能斷定各種因果關係。當時之人更不易看清此中曲折。都鐸王朝及斯圖亞特王朝之王與后，尤其無法在此縱橫曲折之中作趨利避害的打算。只有瑪俐朝中眼見田地收入減短，從此注重海關之收入。[25]伊莉莎白機智多謀，但朝中缺乏有制度性的改革，也只能相繼因循。一至十七世紀斯圖亞特王室登場，國王之收入如下表：[26]

項目 \ 年分	1610	1614	1619	1623	1635
海關關稅	£247,810	£242,788	£284,900	£323,042	£348,126
土地稅地租等	144,154	130,474	157,744	170,608	192,340
僧侶履新什一捐等	16,000	16,000	18,072	18,137	19,354
星房刑事罰款	——	1,000	1,400	1,400	3,964
教堂禮拜缺席罰款	9,000	6,000	6,300	5,000	13,408
雜項	44,561	25,634	19,568	21,716	30,852
王室採辦折款	——	——	——	——	30,330
以上合計	£461,525	£421,896	£487,984	£539,903	£638,374*

（以上總計與分數不盡符合仍從原書）

* 編按：原書寫作£618,379。

很顯然的，海關收入一部占國王收入一半以上。地土收入雖仍為大宗，已不及三分之一。其他又約六分之一，大致都牽涉上宗教。以後斯圖亞特國王因抽稅涉及關稅再因整飭教堂紀律而與臣民衝突，有背景上之原因在也。

研究英國內戰及茲後革命之原因的學者，一派著重宗教原因。斯圖亞特王朝前兩個國王詹姆士一世（在位一六〇三至一六二五年）及查理一世（在位一六二六至一六四九年），深信王權神授，主張以主教督導人民與當日現代人士思想良心上之事各由自主之立場相違。復辟之後，兩個國王查理二世（在位一六六〇至一六八五年）、詹姆士二世（在位一六八五至一六八八年）袒護天主教徒希望構成法國式之政體宜其激起群衆反對。

一派學者則著重經濟原因。自都鐸王朝出賣寺院莊田以來，已造成鄉紳為社會實體之新形貌。經濟力量既已轉移方位，難免新舊勢力發生衝突。

其實兩種說法不難合而為一。在十七世紀的環境之內，宗教問題免不了它的社會經濟意義。在英國也和在其他國家一樣，組織上重要的改造最初無不以意識形態發難。當革命的領導人物尚且不能明晰的了解自身行動之目的何在（克倫威爾即處於這種狀態），只有抽象的觀念和徵象式的呼召才能迎合此時的需要。直到行動產生了結果，革命的熱忱業已發散，新體制的經濟性格凸顯，整個行動的因果關係方才顯明。

我們已經提及中國的皇帝既為天子，他之奄有四海已為事理之當然。英國國王詹姆士一世也有近乎這種想法之作風。他曾在御製文書裡寫出：「君主是上帝在人間的翻版。」要是這句話全部奉行，英國國王的權威也勢必步中國皇帝的後塵。事實上當一六三七年財務法庭審案判決國王因建造海軍而抽造船稅的時候，不僅承認此稅合法，而且有幾位法官寫下的意見，高抬國王之特權。歷史家認爲「超過任何的範圍」。要是全部照做的話，「任何人不能再說還有留下的什麼東西可以據稱爲己有」。[27]怪不得議會與國王衝突的時候，一方面反對付噸稅與磅稅，而同一議案之內，也不承認以教堂紀律束縛國民的神學思想。此種抗議有其一則有其二。又因爲君民彼此都走極端，內戰即無法避免。

戰爭的本身甚難解決問題。在十七世紀中期，前述將土地所有規律化和整體化的工作還沒有做得有頭緒。另外一段發展，即是將所有經濟因素，布置在同一法律體系之內，還待以下各段解釋得明白，此時也剛在進行。奧利華・克倫威爾（民國的實際負責人，後稱護國公，一六四九至一六五八年）將國王查理一世送上斷頭台處死，即發現自身的處境也與查理相似，他也要解散議會，他也要向倫敦的銀匠與東印度公司強迫借款，他甚至以軍事狀態治國，將英倫劃爲十一個軍管區，各以少將一人統治。他的兒子黎察繼任爲護國公時（一六五八至一六六〇年），全國出入數如下表：

英格蘭	蘇格蘭	愛爾蘭	以上總計
入 1,517,000 鎊	入 144,000 鎊	入 208,000 鎊	入 1,869,000 鎊
支出 1,548,000 鎊	支出 307,000 鎊	支出 346,000 鎊	支出 2,201,000 鎊
不敷 31,000 鎊	不敷 163,000 鎊	不敷 138,000 鎊	不敷 332,000 鎊[28]

當時人無法知悉：至此國家之負債已無可避免。現代經濟稱爲資本主義與否，其要義卽是負債經營。公私全部如此。在整體而大規模的利用全國資源時，務必使信用廣泛的展開，經理人才不分畛域的任用，和技術上的支持因素，包括法庭與律師也全部活用。另一方面，若不是掌握國政的人因收支不敷，也沒有人去尋覓途徑去打開出路。

對英國說：局勢之打開，事在一六八九年光榮革命時，威廉與瑪俐（在位一六八九至一七〇二年）雖爲斯圖亞特王朝之後裔，卻係被英倫之紳商政界人士邀請入主，等於被選舉之王與后。入主之後所宣布之「權力法案」已等於承認議會至上之原則。但是要待到五年後，卽一六九四年之成立英格蘭銀行（Bank of England），才長久的解決了財政稅收問題。英格蘭銀行以一百二十萬鎊的資金貸予政府，年息八分，以關稅及酒稅作擔保。只要年息照付，借款可以長久的持續下去。銀行有股東一千二百六十七人，爲首的卽國王威廉及王后瑪俐。[29]可見得兩人已將他們私人身分與爲國家元首的地位在財務上劃分爲兩途。他們已不復對國庫的盈虧私人負責，此間權貴從此屬於議會。

光榮革命（一六八八至八九年）之爲光榮，乃因無庸廝殺幾乎全不流血而建奇功，作劃時代之改革。其所以如此，一方面乃是土地所有權的整理改革進行雖緩，至此已開始收效。另外一種發展，當時也沒有受重視，則是法庭判案的情形也有了相當的改進。大凡自十六世紀以來，英國法庭程序之不合時代需要已漸次被人注意。本來普通法爲農業社會裡的產物，它無伸縮性的堅持所有情事全按過去成例。過去沒有做過的事今後概不能創始。而且司法行動極端的遲緩。對於社會改變的情形全部漠視。都鐸王朝及斯圖亞特王朝的特權法庭以救濟的名目在開庭審案的時候引用「衡平」（equity）的原則稍微匡正一二。但是議會與國王查理一世作對期間，乃將各特權法庭一併裁撤。只到復辟之後，大臣法庭（court of chancery）接著又相繼引用衡平原則。至此衡平也稱法律，也有它的成例，可以與普通法交流。一六八九年賀爾特爲普通法最高法院之首席法官，更決定今後審案遇有商業性質案件概由商業習慣辦理。[30]

這樣一來，當英國在十七世紀結束之前，已不復爲舊日一半在中世紀社會不脫離朝代國家之形貌。這國家的最高層機構以議會至上爲原則。下層組織則以土地之整體化爲定型。從此主權明晰。上下間之聯繫則因法律之修正及財政稅收之上正軌而革新。所以全國各種經濟因素，不論其屬於公與私，不論其爲農業性質或商業性質，又不論其在內地或在濱海一帶，概能公平而自由的交換，簡概言之，英國農業傳統濃厚，至此則可以以商業原則管理，有如一個城市國家。

這種革新過去很少被宣揚，也因爲它被資本主義登場的解釋而受影響。大凡資本家之剝削，與階級鬥爭等等名目遮蔽了改革的積極性格。可是劍橋經濟學家羅賓生（Joan Robinson）已指出：卽馬克思在《資本論》卷三亦論及當生產繼續增多時，資本家高度競爭，利潤必下跌。於是只有實際工資上漲，工人受惠。[31]

對英國講：這次改革的最顯著效用，乃其使各種帳目顯然無所欺隱。有如一六九二年的土地稅派徵於全國，不用包稅人，得款逾二百萬鎊，直接解繳於國庫，爲前所未有。[32]

爲什麼過去抽稅離不了包稅人？土地的領有在各處都成疑問，連使用權，尙且含糊不明，因負債典當的情形也所在多有，法律與現狀當中又有一段距離，則下層的糾葛尙且含糊未明，上層的權力與責任更無從瞭如指掌。包稅人則洞悉此間衷曲。他們長袖善舞，尤以各人在自身熟悉的地區尤然。因之他們在所包稅之外尙能替本身額外牟利，只是整個效能必低。

英格蘭銀行則在債款與政府外又多了一種差遣。政府既接受了一百二十萬鎊的貸款，也允許它發行一百二十萬鎊的鈔票，這款項也可以放出生息。於是一鎊作兩鎊用，借貸投資一百二十萬鎊頓成為二百四十萬鎊。以前不能做之事此刻能做。當然由於投機失敗使一般投資者受損的情形免不了。十八世紀初年所謂「南海泡沫」（South Sea Bubble）即是一例。但是資金廣泛的流通已成一種永久體制，並不因此挫折而萎縮。經過這種擺布，英國財政的支出自一七〇二年的五百萬鎊遞升至一七一四年的八百萬鎊。同時間的十二年內國債也由一千三百萬鎊增至三千六百萬鎊。[33]因為她在國內資源經過徹底的動員利用，海外的勢力也逐漸擴大，負債經營反增加了她的自信心。

西曆一七一四年在中國為康熙五十三年，一位清史專家計算當日中國財政收入於下表：

一兩重約一〇三盎司，上數約為三千八百萬盎司。英國一七一四年之支出仍以一鎊值銀四盎司，是為三千二百萬盎司。但當日英國人口約六百萬；中國人口為一億五千萬。[35]中國人口數為英國之二十五倍，兩方財政數字則大抵相似。所以我人可以斷言，當清帝國國運尚隆時，中

清帝國之每年國庫收入（約自 1712 年至 1722 年）

關稅鹽稅及雜項	28,370,000 兩
田賦並丁稅除地方政府開銷外	23,000,000 兩

總計　51,370,000 兩[34]

國業已喪失經理能力之優勢地位。

敘述至此，本文所提供的資料與明《太宗實錄》之年終統計已有相當距離。原來《明實錄》中的數字之本身與我們今日立場的關係不深。它之所以值得注意，還是因為這批數字使我們領悟到明朝初年治國的情景。而且它們也代表著以後極少改變，這種治國之方式一直貫徹到本世紀初年。一六四四年為克倫威爾擊敗國王查理二世於馬斯東草場（Marston Moor）之年；在中國則為明清朝代嬗替之季。我們也知道一六四四年後滿清因襲明朝財政體制，甚少更變。雖然亞當．斯密所謂中國五百年停滯不前或嫌誇大，但是在長期間內即有更變，也不過人口增加，白銀由海外流入使數目字少有更變而已。本體上及組織上之更變至微也。

以上英國經驗使我人覺悟，所謂資本主義之發展不僅由於紳商作主，而國家制度亦當徹底改組。尤以貨幣稅收財政政策對動員全國資源最著影響。至於在經濟中服務部門（交通通信保險諸事業等）則又以法庭判案之效力為重。當然，起初國富來源，重要的一部出自農業，所以土地所有權又必須明晰，使經營農場具有利潤。其牽涉既如此廣泛，勢必又動及宗教信仰。所以說來說去，因其凡百咸具，而最好可以利用彭信威所提出之「貨幣文化」四字。以上整個更變，即可以貨幣文化整體改變視之。

又不論中國如何落後以後急起直追，無可旁貸。費維愷（Albert Feuerwerker）本距今四十年前卽指出中國在十九世紀籌辦洋務而維新時，不能自農業部分強迫的節省一部資本是爲其致命傷。卽在十九世紀之末，全國財政收入，包羅一切亦仍只八千九百萬兩，又須兼供三級地方政府之用。況且屢次在國際戰爭中敗北，割地賠款，以正常收入抵押，宜其不如日本也。[36]

這樣看來中國在二十世紀之土地改革，以後又經過所謂文化大革命，仍是落後國家整體改革所須經過之苦果。在此數十年來，全國穿藍布褸吃大鍋飯，仍替國家節省得一些資本。據北京國務院農研中心發展研究所的調查，當年節衣縮食時，農村部分卽貢獻六千億元（一九八五年價格）。[37]以上無從由我們提出褒或貶。我人只有希望有了這樣創痛的經驗，中國歷史自此脫離其朝代之週期，而政府之機構亦免去其宗教治國的聲調。

注釋

1 Joan Thirsk, ed., *The Agrarian History of England and Wales, vol. IV, 1500–1640* (Cambridge, 1967), pp.262–263; Frederick C. Dietz, *English Government Finance*, vol. I, 1485–1558 (London, 1964), pp.138–41, 156–57, 162, 177.

2 Dietz, *English Government Finance*, vol. I, p.142.

3 此情形至伊莉莎白時代亦然，見 Thirsk, *Agrarian History*, vol. IV, pp.265–67.

4 Dietz, *English Government Finance*, vol. I, pp.30–31, 138, Godfrey Davies, *The Early Stuarts, 1603–1660*, (Oxford, 1937), pp.4–5.

5 Dietz, *English Government Finance*, vol. I, p.138.

6 同上，p.159.

7 同上，p.166.

8 同上，p.177.

9 同上，p.11.

10 Thirsk, *Agrarian History*, vol. IV, pp.516–519, L.A. Clarkson, *The Pre–Industrial Economy of England* (New York, 1972), pp.161–162. Davies, *The Early Stuarts*, p.4 及 Dietz, *English Government Finance*, vol. II, p.424.

11 Dietz, vol. I, p.147.

12 同上，p.142.

13 同上，p.158.

14 Allegra Woodworth, "purveyance for the Royal Household in the Reign of Queen Elizabeth," American Philosophical Society NS, xxxv, 1946, pp.3 sqq.

15 見拙著 1587, *A Year of No Significance: The Ming Dynasty in Decline* (New Haven, Conn., 1981), p.77. 及 *Taxation and Governmental Finance*, Appendix A, p.325. 內中指出前人對明代皇莊及莊田的誤解。

16 Dietz, *Government Finance*, vol. I, pp.165–66.

17 *Taxation and Governmental Finance*, pp.308, 365n.

18 Dietz, *Government Finance*, vol. I, p.176.

19 估計情形詳拙著 *Taxation and Governmental Finance*, pp.175, 216, 263.

20 *Thirsk, Agrarian History*, vol. IV, p.268, Dietz, *Government Finance*, vol. I, p.298.

21 *Thirsk, Agrarian History*, vol. IV, p.272, Dietz, *Government Finance*, vol. I, p.301.

22 Theodore Plucknett, *A Concise History of Common Law*, 5th ed. (London, 1956), pp.159, 539.

23 Thirsk, *Agrarian History*, vol. VI, pp.265–276.

24 同上，pp.302–305, 684–85, vol. V, part 2, pp.144–45, 153, 163, 198–99.

25 Dietz, *Government Finance*, vol. II, pp.306–07.

26 Samuel Gardiner, *History of England from the Accession of James to the Outbreak of the Civil War, 1603–1642* (N.Y. reprint, 1965), vol. X. p.222.

27 Maurice Ashley, *England in the Seventeenth Century 1603–1714* (Pelican ed.) p.68.

28 Godfrey Davies, *The Restoration of Charles II, 1658–1660* (San Marino, Calif., 1955), p.70. (編按：本書允晨版總計不敷金額寫作 323,000 鎊，應為誤植。)

29 John Giuseppi, *The Bank of England: A History of its Foundation in 1694* (Chicago reprint, 1956), p.12.

30 Plucknett, *Concise History of the Common Law*, p.246.

31 Joan Robinson, *An Essay on Marxian Economics*, 2nd ed. (London, 1967), pp. viii–ix, xv, 15.

32 J.S. Bromley ed., *Cambridge Modern History*, vol. VI, (Cambridge, 1970), pp.285–86, G.N. Clark, *The Later Stuarts, 1660–1714* (Oxford, 1940), p.169.

33 Giuseppi, *Bank of England*, p.35, P.G.M. Dickson, *The Financial Revolution of England: A study of the Development of Public Credit, 1688–1756* (London, 1967), pp.42–46.

34 蕭一山《清代通史》（臺北，一九七二版）冊二，頁二二五四，Zelin, *The Magistrate's Tael*, pp.1n, 312.（編按：本書允晨版總計金額寫作 29,370,000 兩，應為誤植。）

35 中國人口在一七〇〇年後不久仍為一億五千萬。Ho, *Studies on the Population of China*, p.270.

36 Albert Feuerwerker, *China's Early Industrialization: Shen Hsuan-Huai and Mandarin Enterprise* (Cambridge, Mass., 1958), pp.42, 247.

37 農研中心發展研究所《發展研究通訊》增刊二二（一九八六年十二月），頁五。

第六章

明代史和其他因素給我們的新認識

中國明朝的歷史，經過海內外學者幾十年的積極研究，已經有了充分的發展。我寫的一本小書《萬曆十五年》，能夠將十六世紀末期的情形，作側面的解剖，卽是因爲各種文獻，已經大量的翻印傳播，專家的著述，也重出不疊，給我們一種綜合各種資料的機會。

雖然史不厭詳，我們現在對十六世紀中國社會的情形，總算已經有了一個大概的認識。如果學者不怕文詞粗俗的話，則是這社會形態，有如美國所謂「潛水艇夾肉麵包」(submarine sandwich)。上面是一塊長麵包，大而無當，此卽是文官集團。下面也是一塊長麵包，大而無當，此卽是成萬成千的農民，其組織以純樸雷同爲主。中層機構單簡，傳統社會以「尊卑男女長幼」作法治的基礎，無意增加社會的繁複。上下的聯繫，倚靠科舉制度。今日我們看來，無法避免它守舊落後的觀感。

但是這種評論是否公允？這是不是因爲我們對二十世紀的情形不滿意而借題發揮？假使我們認爲舊社會亟應改造，那改造的程度應當到達什麼限度？我們既稱革面洗心，是否對中國文化全部否定？如果明朝歷史不對，那麼是否「反明」的思潮和趨向，卽可以導我們於正軌？這都是有待於歷史學家解答的問題。

我們也知道，最近二十年來，明代史已被濫用。指槐罵桑或指桑罵槐是中國文人惡習。十六世紀的人物與言行，一經渲染立卽可以改頭換面，成爲政治上的工具。我們既不贊成這樣的學術歪曲事實的辦法，但是如何可以避免別人對我們作同一批評？

這些問題，不能在明代史本身上得到完滿的解答。最好的辦法，是將我們認作眞理的環節，和外間側面的事務印證，要能前後銜接，方爲可靠。有些明史內的問題，其明顯的答案尙不在明代史範圍之內。這些因素的重要性，卻只有經常和明史接觸的人，才可以一眼看穿。這篇文章建議我們互相越界窺察，也希望明史外的專家，向我們作同一提示，因此彼此的研究更和眞理接近，庶不致各造空中樓閣，反以學術上分工合作的辦法當作個人規避責任的張本。

以下是我個人在這程序下嘗試的初步結果。

第一，我們指責明代人事時，不能忘記大明帝國本身是亞洲大陸天候地理的產物。

明史裡有兩點地方，極易引人注意。在政治史上稱中央集權，非常顯著，全國一千一百多個縣，每個縣令的任免，全由朝廷號令行之。地方政府的稅收與預算，也不能就地斟酌，而中央政府有很多管理限制的辦法。在社會史上講，則以倫理觀念代替法律，其程度之深，超過其他任何朝代。

這一方面固然是明朝人的眼光狹窄，但是另一方面也是由於環境使然。中國文化大部肇始於黃河流域，因爲河水經過疏鬆的黃土地帶，夾帶著大量泥沙，容易阻塞河床。衝破河堤，常有釀成巨災的趨向，局部治理無濟於事。這情形在春秋時代已然。如公元前六五一年齊桓公會諸侯於葵丘，即有盟誓；在各種經傳有不同的傳說，諸如「無曲防」、「毋曲隄」、「毋雍泉」和「無障谷」都是。《孟子》一書中提到治水十一次之多。他對白圭說：「禹以四海爲壑，今吾子以鄰國爲壑。……洪水者，仁人所惡也，吾子過矣！」秦始皇統一全國後，他頌秦德的碑文，錄於《史記》，自稱「決通川防」。可見因爲大規模治水的需要，中國政治上的統一，在公元前即超過時代上其他條件，也不能聞問技術上是否合理，這在中國兩千多年的歷史，前後皆然。

而季候風給中國農業的影響，也是強迫造成全國統一，逼成中央集權的重要原因。中國夏季的季候風由菲律賓海的方向吹來。這氣流中帶有水分，但是並不能保障下雨，而需要由西至東，及至東北的旋風將這氣流升高，以致溫度降低，其水分才凝積爲雨。這也就是全國農民的耕作物，全靠這兩種氣流適時碰頭。假使它們彼此錯過，則成旱災；要是它們在一個地區經常碰頭，則此地必有水災，而有時水旱並至。只有龐大的帝國，才能對付這種問題，這情形也始於公元前。假使我們打開《左傳》一看，內中有許多因災荒而發生戰事的情節。《漢書·食貨志》所說：「世之有飢穰，天之行也。」姚善友從《圖書集成》及其他資料計算，中國歷史裡二千一百一十七年，曾有水災一千六百二十一次，旱災一千三百九十二次，其程度之高，值得朝廷注意。[1]這種情形與《孟子》裡面經常提出的「老弱轉乎溝壑」及「若大旱之望雲霓」有關。而孟子的低水準平等思想，爲明代人士所講習，也不可能與這種情節分離。

對付北方游牧民族的侵逼，也使中國不能施行地方分權，造成彼此不相顧盼的趨勢。傳統中國的國防線爲「萬里長城」。實際上因時代的不同，築城的地點前後移動，但是總與十五英寸的平均等雨量線相去不遠。這也就是說在長城以北以西的地方，每年的積雨量低於十五英寸，無法耕種農作物，是游牧民族馳騁的地區，他們遇有災荒或者趁中國分裂之際可能大規模來犯。中國卽取攻勢也不能解決這地理上的問題，只能加強向地方政府的控制，以均一雷同的姿態取防勢。

這些地理上的因素，對中國文化的發展，尤其在近代史上講，甚爲不利。中國人經常說：「如欲攘外，必先安內。」但是其所謂安與攘都是大規模的工作，數量重於質量。其用心設計之餘，只能維持政治上超時代的統一和雷同，不能在技術及經濟上講求功效。因爲後者的增進，總是參差不齊的。明朝加強中央集權，用倫理的社會力量保持各地均衡，防制各地方政府產生特色的趨向，也可以從它的科舉制度看出來。科舉制度肇基於隋而確定於唐。初時遇有明經明法等科，到宋時還用策取士，也仍有經義詞賦。到明季中葉之後則只有八股文。

鄧嗣禹說：「科目日趨簡單，方法日形複雜」[2]，也表現整個文官組織逐漸單元化，它不能掌握社會多元的情形，更不會鼓勵這樣的發展。

然則「打破砂鍋問到底」，則我們不能不相信天候地理的力量可怕。而今日去明代覆亡又已三百四十一年，這種力量雖然沒有以前的厲害，也還沒有隨朱明王朝而全部消滅。

第二，在中國傳統歷史上講，明朝的收斂性和唐宋帝國的擴張性相反。錢穆作《國史大綱》時，稱唐朝「政權無限制解放；同時政府組織亦無限制擴大」。[3]其實這趨勢也相次繼續於宋代。

唐朝繼承楊隋、北齊、北周，及北魏拓跋氏之後，在中國歷史上自成一系統。其立國精神，受《周禮》的影響甚大。如魏之「三長」、「均田」，以及各朝的「府兵」，都係用「間架性的設計」(schematic design) 作基礎，也就是先造成理想上的數學公式，廣泛的推行於各地區，行不通時，互相折衷遷就，只顧大體上在某種程度上的可行，無意以條文作主，凡事認眞。[4]這種辦法行至公元七五五年安祿山叛變時，已不能繼續。以後所謂「藩鎮之禍」，乃係各地軍閥自行抽稅募兵，與日本之「大名政權」相似。

按：其實這種有效的地區政府，不一定比有名無實的中央政府低劣。只是中國士人習於官僚政治，沒有朝廷合法及道德的名義陪襯，就感覺得不安。而五代十國間，契丹之遼進據燕雲十六州，包括今日的北京。中國之外患，迄西夏、金、元以至朱明王朝之建立，歷四百年未止。

這中間的經過無法凡事刻鏤比較，只是和明朝作風頗相針對，而對明朝頗有決定性的影響者，則爲北宋，而且王安石的試行新法更是宋史中的一大分水嶺。明朝之採取收斂及退卻的態度者，也可以說是在王安石新法失敗後的一種長期的反動。所以研究明史者注意新法實施的經過，並且將宋朝雖在經濟高度發展下而仍不能替中國打開出路的原因仔細琢磨，將來再回頭讀明史必可事半功倍。這兩者一經比較，更能增進讀者了解能力，也容易看出西歐後來居上，在明清之間超過中國的原因。

最簡單的說來，則是現代的金融經濟，有商業型的獨占性，它必須在政體、思想、法治、社會生活間全部被接受才能順利的展開。中國在宋朝及明朝都沒有具備上述這些條件。

上面說過，宋朝繼續李唐王朝擴展的趨勢，乃是自「租庸調」到「兩稅制」，外表上好像是全面改革，而實際上是放棄已經行不通的虛文，接受現實。況且所謂「兩稅」，也還不是中央政府的制度，其賦稅的稅率和抽稅的程序早已落入各藩鎮的掌握中，也就是各地軍官自動抽稅，自動供應他們的部隊，因之他們的地盤成爲世襲。然則政治上的分割，無礙於經濟上的發展，這些地方和日本初期近代史相似。唐宋之間的五代，只經過五十四年，並沒有長期間的大擾亂。以後趙宋王朝統一全國，也是將各藩鎮間的兵權稅權接收過來，用不著對社會體制作全面改革。[5]

宋朝創業之主趙匡胤自己就是五代時的軍官，由部下將領擁戴登基。他的宋朝很像有替中國另開門面的趨勢。國都汴京就是一座商業城市。這新帝國提倡商業，在造船、鑄幣、開礦、榷稅、專賣酒醋各部門下功夫，不以重新分配耕地作創立新朝代的基礎，自始卽不行徵兵制，而襲用五代以來的募兵。

簡而言之，這是一個注重實際不務虛名的國家。從製造兵器到籌設倉庫帶兵作戰，好幾個皇帝都親臨其事，而不是和很多中國傳統帝王之家一樣以儀禮代替行政，嘴裡歌頌仁義，而實際爭奪皇位屠殺功臣。他們又已看清當前使命是規復中國版圖之內疆域，卽驅逐契丹之遼及羌之西夏；他們自問以南方的生產能力對付這問題綽綽有餘，其方針以經濟動員爲前提。

但是其結果則與想像完全相反，不僅契丹不能驅逐，卽和西羌作戰也受了大規模損失，好幾次喪師辱國。一〇六〇年間王安石的新法行，原來希望將財政稅收經過一段整理，就可以增加軍事力量，無奈事與願違，新法一頒布就發覺行不通，弊病百出，又等於騎虎難下，難能立卽取消成命。經過神宗（趙頊）、高太后、哲宗（趙煦）、徽宗（趙佶）的左改右改，起用王安石、罷王安石、用司馬光、罷章惇、用蔡京，所謂「熙豐小人」、「元祐黨人」，正符合「宋人議論未定，金人兵已渡河」的評論，一直鬧到北宋覆亡。

今日看來，這「王安石問題」，主要的是技術問題，不是道德問題。[6]中國傳統理財的辦法，培植無數的小自耕農，以低稅率廣泛的全面徵稅，無獨立的司法機構，足以保障執行法律時，全部不折不扣。其利用監察制度，也只能希望施政時大體符合民心衆意，所以以道德爲標榜。如果照現代商業型的理財辦法作基礎，則必須尊重私人財產權，不能法律條文上已經有成例的時候又半途加入道德問題而添削增減。而且只希望政府人員守法仍不夠，一定要使尊重私人財產權的觀念，成爲社會風氣。北宋的財政集中，本來就有現代化的趨勢。王安石的措施，更有驟進財政商業化的宗旨。如果新法行，縱使政府不立卽成爲一個大公司，也有大公司的業務，它不能在動員供應軍民時大小事項全部由衙門吏役自辦，而必須民間服務的機構作第二線和第三線的支持。那麼它們的公司法、破產法、繼承法等等，至少也應有現代民法的雛形，這些條件不能在當日文官組織行得通，也不能在中國社會裡行得通。

所以我們批評王安石，不應因他的思想目的和我們今日經濟見解是否相符而預作結論，一定要看當日社會組織結構才能定奪。這樣看來紀錄俱在；他的「方田法」在汴京附近二十年還不能完成。「免役錢」先在農村裡強迫實行金融經濟，這金融經濟在城市裡反行不開。

「市易法」不能集中於批發業務，以致執行者成爲零售商，到街上去賣果賣冰。「青苗錢」無銀行在後面作根本，無法監視借貸者的權利義務。縣官以整數借款，交給若干農戶，而責成他們彼此保證，也不管他們願借與否，而強迫他們秋後連本帶息一併歸還。有些地方並未貸款，也責成交息，即係無名目的加稅。[7]

總之，趙宋以經濟最前進的部門作爲行政的根本，而下層的農村組織趕不上。王安石的中層機構，不可能現代化，只是官僚政治，發生大規模虛冒現象。《宋史．食貨志》提及：「自熙寧以來和糴入中之外又有坐倉博糴、結糴、俵糴、兌糴、寄糴、括糴、勸糴、均糴等名。」司馬光說兵數十萬，「虛數也」[8]，這種情形至南宋未止。所謂「經制錢」及「板帳錢」不知係收入還是支出？係預算還是決算？係按固定稅率徵收還是責成包辦？又發行大量票據，只有龐大的數字，而缺乏現代的會計制度去釐正考核，最後的結果，則是通貨膨脹。這樣一來，反不如北朝以落後的經濟作基礎，反能將大批人員給養裝備交付於戰場。

元朝入主中國，也不能解決這問題，只好讓華北成一系統，華南又成一系統，提倡大量減稅以收拾人心，實際很難達到預期的效果。其缺乏政策上的一貫方針，是元朝政局不能穩定的一大主因。[9]

一三六八年朱明王朝成立，這在唐宋帝國發展背景上看來，實係「大躍退」。唐宋是外向的，明朝是內向的。唐宋是「競爭性」的，明朝是「非競爭性」的。朱元璋曾謂：「宋神宗用王安石理財，小人競進，天下騷然，此可爲戒。」又諭戶部，稱漢朝的桑弘羊、唐朝的楊炎都是壞人。他的經濟眼光可以下面這段「聖諭」概括：「我國家賦稅，已有定制，撙節用度，自有餘饒，減省徭役，使農不廢耕，女不廢織，厚本抑末，使游惰皆盡力田畝，則爲者疾而食者寡，自然家給人足。」[10]

這種傳統保守的經濟觀念，也由實際的政策使之具體化。朱元璋藉「胡惟庸案」、「藍玉案」、「郭桓案」及「空印案」，大量打擊官僚縉紳、巨家大族，以至如《明史．刑法志》所云：「民中人之家，大抵皆破。」一三九七年戶部報告，全國有田土七百畝以上者只一萬四千三百四十一戶，其全部名單都可以送呈「御覽」。[11] 商賈之家則不得穿紬紗。全國居民不許下海。政府所用一部吏員，以及衙門裡的斗級皂隸都係民間差役，卽器皿弓箭、文具紙張也係無代價向里甲徵來。行兵役之「衛所」，則係向元朝制度仿效造成。一方面禁止民間以金銀交易，一方面不去鑄錢，只好濫發紙幣。唐宋政府人員參與物資的製造與轉運，明朝的戶部則是一個龐大的會計機構。

總而言之，明朝的政策，缺乏積極精神，雖然嚴格的執行中央集權，卻不用這權威去扶助先進的經濟部門，而是強迫它與落後的經濟看齊，以均衡的姿態，保持王朝的安全。朱元璋承接宋元的歷史背景，對王安石新法又有這樣強烈的反應，並不是完全沒有他立場上的著眼之處。但是他的歷史觀與世界潮流相背，則顯而易見。明朝的社會，也不是所謂「封建制度」。封建集地方分權之大成。[12]朱明王朝在經濟方面退縮收斂，但是政治上仍變本加厲的行中央集權。說到這裡，我更要提及上述天候地理因素。朱明王朝也都與它們有關。我們讀吳晗的《朱元璋傳》，劈頭第一頁第一段就看到元至正四年，即一三四四年，淮河流域的旱災蝗災加上瘟疫，就給朱元璋創造大明帝國的一種機會。我們提到治水的重要，而元朝末年賈魯在黃陵崗修築黃河動員大量河工，又沒有適當的供應，就釀成元末群雄起義的可能。而蒙古色目人歧視漢人，也是給漢人反抗的一種動機。歸根結柢，則游牧民族軍事的組織強迫中國政治體系作相似的一元化。地理的因素決定歷史，雖未直接言明，這是中國二十四史的一貫要旨。

然則今日我們讀明史及二十四史，卻不可能繼續這種要旨，因爲鴉片戰爭以後，這種廣大的帝國，以「黎民不飢不寒」，「七十者可以食肉」等低水準平等思想作基礎，已經無法維持。五四運動之後，我們更已經看出傳統單元的組織，早已使中國在人文上也趕不上時代。這給研究歷史的人士，尤其是我們研究明史的人士還有一個更大的警覺。則是我們必須了解西歐經濟發展的經過，這也是我將提及的第三點。

第三，西歐的「現代化」，包括文藝復興，及所謂資本主義的形成、宗教改革和科學技術的展開，時間上和明代近三百年的興亡吻合，這更給明代史一種特殊的意義。

一九七二年夏天，我去英國劍橋逗留一年，協助李約瑟博士蒐集《中國科學技術史》的資料。他一見面，就囑咐我注意以上四件事情相互關聯之處，我至今還覺得在這裡他的見解有獨到的地方。*

歐美社會因爲科技發達，分工繁複，所以說某些問題是經濟問題，某些問題是社會問題，還講得通，可是要用這種大學堂裡分工合作的辦法（collegiate division of labor）去分析歷史上很多大問題，就容易費力而不討好。比如中國的「食貨」二字，它代表的是經濟思想還是政府的法制？還是與政治經濟有關的社會問題？就很難解說。我們的目的，是要闡述何以中國的單元社會不能成爲多元社會的原因。在還沒有綜合比較之前，闡明事理的人就先採取多元的立場，當然容易將因果關係前後倒置。李約瑟認爲以上四件事相互關聯，也就是利用「超過學院門系」（inter-disciplinary）的辦法，去直接檢討問題的本質。

在「資本主義」之前，加上「所謂」兩個字，也是因爲這名詞沒有固定的定義。很多學者及作家，還沒有解釋它的立場之前，先已對它預作「好」與「壞」的看法。很多人還沒有認識清楚的「資本主義」（capitalism）這一名詞，初在十九世紀中葉以後間常提及，僅在本世紀後成爲家喻戶曉的常用口語。[13]我們不得已引用它，採取英國歷史家克拉克（Sir George Clark）的立場，認爲資本主義是一種組織和一種運動。我們又認爲它需要以下三個條件，才可展開：（一）私人關係的信用借款廣泛的通行，於是資金流通。（二）產業所有人以聘請方式雇用經理，因之企業組織擴大，超過本人耳目足以監視的程度。（三）技能上的支持因素，如交通通信等共同使用，於是企業之經濟力量超過本身的活動範圍。以上三個條件，全靠信用支撐，而信用不能沒有法律作保障，法律之能將私人的事當作公衆的事情看待，乃是兩者之間，有利害共通之處。可見這種做法，既成社會風氣，必有思想上的根據，而不受宗教信仰的束縛。所以資本主義的展開，必定要牽涉很多很多的因素，而也不是所謂「生產關係」或是「資本主義的精神」可以網羅無餘。

這種解釋是技術上的檢討，近於斯密（Adam Smith）在《原富》裡面說的以商業組織的辦法代替農業組織的辦法去「加強人民的財富」。

以這樣的眼光看歷史，資本主義的先進，爲義大利的自由城市，而其中的翹楚則是威尼斯。這些城市的自由，乃是因爲教皇與神聖羅馬帝國（本身在德奧，不在義大利）爭權，兩方顧盼不及，很多城市就在實際上取得獨立的地位。威尼斯城在海中，大陸領域的農業生產不甚重要，城中鹹水又不便製造，中世紀貴族多已變成紳商財閥，勞工問題則以奴隸及移民解決，對於天主教內不許信徒放貸生利的教規，就裝作沒有看見，也沒有人提出抗議。這樣一來整個國家就是一個城市，整個城市就是一個大公司。所有商業法律，也就是民法；全部商業船隻也就是海軍。一三八〇年威尼斯打敗熱內亞，成爲歐洲海上霸王，去明代創立才十二年。它的精悍，乃是因爲它組織之簡單。可是因爲它沒有生產基礎，所以它的霸力不能持久。土耳其占領君士坦丁堡，葡萄牙航行於好望角，使威尼斯力量降低，事在明代景泰、天順、成化、弘治年間。可是十六世紀文藝復興時，威尼斯仍是歐洲最輝煌的城市，它仍執歐洲商業之牛耳。直到十六世紀及十七世紀之交，這地位才爲荷蘭獲得。

荷蘭正式國名爲「尼德蘭王國」（Koninkrijk der Nederlanden）（歷史書中或稱 The Dutch Republic 或 United Netherlands）。荷蘭（Holland）不過爲其聯邦內七個省之一省（今則十一省）。但是這個國家在十七世紀初年獲得獨立地位時，荷蘭人口占全國三分之二，又供應聯邦經費四分之三。尼德蘭因抗拒西班牙政府及參加宗教革命才聯合全體荷民成爲獨立國家，過去無統一國家和社會的經驗，經濟發展尤參差不齊。顯然荷蘭因阿姆斯特丹成爲工商業先進，尼德蘭境內也有很多省分保持中世紀形態，爲落後的農村機構，不能以同一法律在全境施行，是以乃行聯邦制，大事由聯邦決定，其它由各省自理，開現代國家雙層政治的先河。初時荷蘭這一省還堅持它有獨立的外交權；新國家的海軍也是由五個海軍單位拼成。[14] 雖然全國皈依新教的卡爾文派（Calvinists），初獨立時很多教徒對於這派教義所謂「定命論」（predestination）者作特別的解釋，以便支持他們個別的政治活動。教堂裡仍不許放貸者參加他們的「聖餐」；大學裡也不給他們學位。可是荷蘭和菲斯蘭（Friesland）宣稱宗教不能干預民政。執政慕黎斯王子（Maurice of Nassau）則稱：「我也不知道定命論是藍是綠。」[15]尼德蘭終因對外激烈的競爭及本身高度的經濟發展下將其中內部矛盾漸漸解除，成爲世界上最富強國家之一。這聯邦宣布獨立時在一五八一年，爲萬曆九年。

接著荷蘭爲資本主義國家的先進則爲英國。英吉利及蘇格蘭稱「聯合王國」，大於荷蘭五倍至六倍之間。今日我們看來面積小，在十八世紀之前的歐洲則爲大國，又有堅強農業的基礎。這國家在商業組織沒有展開之前，常爲其他國家掣肘。如銀行業，首爲義大利壟斷，以後保險業，也被荷蘭操縱。義大利人在倫敦的住區，稱倫巴德街（Lombard Street），他們也享有領事裁判權。英國對外貿易，以輸出羊毛爲主。義大利人卽先墊款於畜牧的農場，將羊毛預先收買，又掌握其海外市場。

英國整個十七世紀，可稱多難之秋。起先英皇與議會衝突，財政稅收成爲爭執的焦點，又有宗教問題的擾攘，司法權也成問題，對外關係又發生疑忌。曾發生過解散議會、內戰、弒君、革新爲民國、行獨裁制、復辟、第二次革命，此外還有暗殺、發政治傳單、排斥異教徒、與外國成立祕密協定、與英皇受外國津貼的情節。而它的人口，則不外四百萬至六百萬之間，其與中國在本世紀初期不可治理的情形說來大同小異。當然這一段歷史，可以產生不同的解釋，有時同一作家，也可以作兩重論調。有如艾詩立（Maurice Ashley），就自己指責以前立說不對。這情形也和中國明朝同時。克倫威爾在馬斯東礦場（Marston Moor）擊敗查理一世時，爲公元一六四四年，亦卽是中國所謂「崇禎皇帝上煤山」的一年，歲次甲申，也就是明亡的一年。

我今天極想提供中國讀者參考的，則是針對中國大歷史（macro-history）言，英國的歷史應以一六八九年的「光榮革命」（Glorious Revolution）爲分野。在此時期以前，英國是一個「不能在數目字上管理」（mathematically unmanageable）的國家。法律就有不同的見解，法庭也有三、四種不同的種類。所謂「普通法」（common law）者，乃中世紀遺物，絕對的尊重成例，凡以前沒有做的事都不能做，對地產注重占用權（seizin），對所有權倒弄不清楚；缺乏適當的辭章足以解釋動產的繼承權；不動產的押當，也不符合社會需要現款的情況；也沒有將地租按時價調整的辦法；農作物只能推銷於本地，限於歷史上有根據的市場。其他如組織公司、宣告破產、防制侵盜，或者全未提及，或者與現狀牛頭不對馬嘴。簡言之，這種法律以舊時代歐洲封建制度的農村作背景，無意改革。一到十七世紀初期，也卽是明朝萬曆、天啓年間，大批白銀由西班牙自西半球輸入，引起歐洲物價陡漲，英國內地情形也受國際戰爭及對外貿易的影響。地主則不能保持他們的產業，商人則不願付額外之稅，皇室則因軍備增加而無法籌餉，一般貧農及小市民爲生計所迫，有時感情衝動，宗教上教義抽象之處更給他們火上加油，所謂君權民權的衝突，兩方各以成例爲自己辯白。而實際上則成例已無法概括現狀。即克倫威爾代表議會派軍事上勝利，其標榜的方案仍行不通，因爲社會本身還沒有改革，上層機構不能以理想方式將其法令下達於農村的下層機構也。

一六八九年不流血革命之後，即無此現象，以前的問題，掀動了半個世紀，至此漸漸消聲匿跡，宗教派別的衝突，也好像被遺忘了。其中最大關鍵，則是兵戈擾攘之後，土地所有已漸漸規律化。英國在十七世紀，當然談不上平均地權，只是內部較前合理，以前地主不知道自己產業在何處，大佃戶（chief tenant）不知何在，以及種田的人不知道自己是短期賃戶或者倒是半個業主的糊塗情形，也隨大時代的大動亂而掃除，很多地界不明的情形經幾十年的鬥爭也弄得清楚了。[16]這經過的情形使唐尼（R. H. Tawney）幽默的指出，地歸業主，以打仗的方式執行，要比法庭告狀訴訟便宜得多了！而普通法庭至此能接受公平法（equity）也是一種進步的徵象。公平法本身非法律，只是一種法律觀念，等於習俗說「照天理良心辦事」。在英國初行時只限於英皇的「特權法庭」（prerogative courts），有格外開恩之意。在這種安排之下，普通法庭逼於情勢，起先對公平法讓步一二，以後積少成多，公平法不顧成例的辦法也自創成例，於是兩種法律觀念對流。一六八九年賀爾特（John Holt）爲首席法官，他命令普通法的法庭茲後與商人有關的案子，照商業習慣辦理。[17]這樣一來，英國內地與濱海、農村與工商業的距離縮短，資金對流，實物經濟蛻變而爲金融經濟，前述資本主義的三個條件都行得通。一方面這可以說英國已進入資本主義的時代；另一方面則是一個這樣大而有農業基礎的國家，能夠使公私利害凝合爲一，以操縱金融的辦法管理全國，和自由城市的型式一樣，已經史無前例。所以它能夠以這些條件作本錢，稱雄世界幾個世紀。至於資本主義的弊病，則不在本文討論之內。

從以上各國歷史的摘要看來，資本主義的形成，不是預訂計畫、按部就班的完成，而是世界的交通通訊進步，商業展開後，這種需要用數目字管理的趨勢，從小國推展至大國，從海上的國家推展到濱海的國家，從沒有農業基礎的國家推展到農業基礎甚堅固的國家。這種情勢所至，內外兼逼，以致每個國家都要照自己歷史地理的情形，作必要的調整，然後社會組織法制思想宗教等等也會作同樣的調整。

從歐洲歷史上來看，這推動資本主義的主要力量是商業，而不是工業。工業發達是以後的事。英國在一六九四年設立英格蘭銀行，爲資本主義的中流砥柱，[18]事在清朝康熙年間，但是英國的工業革命，則展開於十九世紀上半期，已在中國的嘉慶、道光年代。並且資本主義形成的條件，在歷史上講，有不可逆轉（irreversible）的趨勢。這也就是說資金廣泛的流通、企業在所有人之外雇用經理、技術上的全面合作三個條件一經展開，還沒有任何一個國家可以把它們向歷史裡退化的推回去。社會主義可以視爲修正資本主義的辦法，但是在技術上講，仍是接受這三個基本條件，只是所有權不同，私人資本受節制而已。

這些歷史資料，可以給我們治明史的人相當的警覺。中國是一個大陸國家，中央集權的傳統強。國際貿易不容易給這國家以重大的壓力，促使它改變傳統的組織和習慣。明代嘉靖年間的禦倭戰事，卽表現傳統的農村經濟，仍能抵禦新興的商業組織。萬曆年間中國已經與新興的西班牙和葡萄牙的軍事力量直接接觸，雖然沒有節節戰勝，到底閉門自守，仍力有裕如。一直要等到兩百年後，西方資本主義的國家在工業革命已經展開的情況下，挾著輪船和新式武器，才能夠以技術補助長距離之不及，以極緊湊的組織克服數目上的劣勢，使明朝以來所提倡的內向性格和非競爭性的組織無法存在。我們談及帝國主義侵略中國，其基本原因，無非這力量的不平衡。

所以我們指出明朝組織的守舊落後，是針對這種缺點而言。倘使不顧它以後的後果，寫歷史的人也可以把明朝的社會寫得值人賞羡。例如朱明王朝的二百七十六年間，沒有一個帶兵的將領擁兵造反，讀書人一登仕途，中等生活容易維持，其優閒世無其匹，所以晚明文人寫的小品，稱「沖淡」。但是這和我們的處境相去太遠。反過來說，我們也不贊成傳統的習慣，認爲外國有的事物，中國不加思索的「古已有之」。西方在這兩三百年既有資本主義的成長，中國明朝，也來一個「資本主義的萌芽」。現在看來，以這樣題材發表的文字給人印象無非「有好幾多人賺了很多錢」。作者既不了解資本主義爲一種組織和一種運動，那他們蒐集的資料也難能與以後發生的歷史事物相聯繫了。

第四，在大歷史的觀點看來，清朝因襲明朝的成分多，而溯本歸源的改革少。所以我們研究中國現代的很多問題的時候，可以追根究柢的追究到明朝去。

明朝的覆亡，乃是財政破產，例如一六三二年（崇禎五年），有三百四十個縣欠繳國家稅糧達半數以上，其中一百三十四個縣全部拖欠。[19]這情形不是全國沒有擔負這賦稅的能力，而是因爲用兵加賦之後，這國家在技術上已無法管理。原來朱明王朝的財政組織，不以銀兩爲基礎，而以實物爲基礎。稅率低、公費少，軍隊又用衛所制度自己供應一部分消費，一到十六世紀，很多地方情形已與朝代初期的情形不同。又苦於沒有一種龐大的政治力量，足將全國大規模的改組。其實行「均徭法」及「一條鞭法」都是各地以遷就的態度作局部的更革，不過再度增加最低納稅人的負擔，不變更中央法制的形式。這種組織，本來脆弱，而全國銀兩，總數有限。十六世紀下半期張居正撙節公費在內外倉庫積銀逾一千二百萬兩，各地卽有銀根緊縮、物價降低的趨勢。何況十七世紀初用兵於遼東，銀兩原應流行於南方，至此搜括使用於極北，而北方不是用銀的地帶。從熊廷弼的報告看來，各項物資不足，大量銀兩入境更只使物價陡漲。[20]監察官的報告，也是說明大批銀子送到前線，還沒有發生功效就立卽內流。而西北流寇作亂，更增加備兵籌餉的困難。

明代的文官組織，也到達了無法管制的程度。萬曆（朱翊鈞）的不親朝，天啓（朱由校）的信用魏忠賢，和崇禎（朱由檢）的剛愎自用，只更使是非不明、人心離散，造成地方政府質量全面降低的趨勢。

滿清入主中國，在外方面糾正了明朝的缺點。在華北實行「圈地」，當事者受害，卻以八旗代替了明朝的衛所制度，減輕明末募兵供應的負擔。用兵於前後「三藩」，軍餉浩大，但是銀兩流行於南方，不與民間經濟相衝突。而且明朝的宗室和捐監，一朝罷廢，也節省了很多無益的浪費，而大量的肅清了阻撓地方行政的惡勢力。十七世紀白銀又繼續不斷的流入中國，更造成有利的形勢。滿清君主以堯舜自期，在政治上有澄清吏治的成就。而他們以征服者的姿態入主，利用「薙髮」及「文字獄」的威嚇及修明史、徵「博學鴻儒」的利誘籠絡人心，都有實效。這樣一來，在中國體制簡單的情形下，各項措施，都打入重點。而康熙帝

（玄燁）在一六六一年（順治十八年）年的江南奏銷案大量打擊各地區「賴糧」的縉紳，並且又在朝代之初各地修編《賦役全書》，把明末稅收上很多不盡不實的地方，經過一番切實的整頓。所以十七世紀下半期以後，中國又有新興朝代欣欣向榮的樣子。

然則滿清的改革與整頓，紀律與技術上的成分多，組織與制度上的成分少。開國以來各部尚書侍郎滿漢各半，康熙帝以一七一一年的丁額爲永久丁額，以後丁田歸併，雍正（胤禛）帝執行「火耗歸公」[21]，以其收入「養廉」，並成立軍機處，使皇帝與重要官員經常接觸，對重要事件迅速處理，除了這幾項措施之外，我們找不到更多的事例，算是清朝的創舉。

而且在社會上講，清朝人口更多，領域更大，生產力比明朝高，只是它的本質不能夠和明朝有重要的差別。它的文官集團仍是以四書五經爲精神團結的依歸，社會組織仍是以尊卑男女長幼爲綱領，上層機構與下層機構的聯繫，也全靠科舉制度維持。鴉片戰爭時，道光（旻寧）帝對林則徐的指示和駁斥，仍表示中國官僚制度的習慣，眞理由上至下，不容辯白。耆英對皇帝的報告，以及後來倭仁反對設立同文館的奏摺，也仍表示傳統的內向及非競爭性之所在，不但明與清無異，卽漢滿蒙也沒有根本的差別，因爲這些文化的性格是長期歷史上的產物，不是民族遺傳的產物。

那麼我們是否可以把清史全部擯棄不要，從明史就直接跳到民國史？話也不能這樣說，當然清史中也有它很多特別的地方，譬如廣州的十三行貿易，就是明代所未有；清朝與各邊區少數民族的關係，也是值得注意的地方；十八世紀以後，山西票號在中國金融史也是很重要的節目，這種題材俯拾皆是，史不厭詳，這篇論文開始就已提及。清朝的二百六十七年間，必定有很多事故，值得歷史學家的考慮，也還可能有若干被作家忽視的情形，將來一朝發現，可以改變我們對歷史的觀感。沒有人敢狂妄的說清史不重要。

只是以目前的眼光看來，中國的秦漢帝國是一個階段，隋唐宋帝國是另一階段，而明清帝國已是第三階段。中國近代史中間有很多的問題，都須要將歷史的基點推後，用長遠階段的眼光看，才容易解釋得清楚。本文一開頭就提到「潛水艇夾肉麵包」及「尊卑男女長幼」的組織，這種形態，以明朝最爲顯著。要是我們採取大歷史的眼光，則可以從社會形態上看出道光帝與耆英的「籌辦夷務」，糊塗中仍有他們的邏輯，此乃因中國的簡單體制，無法容納西方的另一爐灶，十三行的貿易已經將例外的情形，扯開到最大限度。事實也證明，茲後簽訂《南京條約》，不僅是喪權辱國，而是使傳統組織更無法維持。同樣我們也可以想像太平天國的失敗，不僅由於林鳳祥的北伐不徹底，或是楊秀清的狡詐巫術壞事，而是在潛水艇夾肉麵包的組織內，「良心上的自由」(freedom of conscience) 沒有本身存在的價值，太平天國的濫用，更給曾國藩以口實，他就因之利用這機會，去增強尊卑男女長幼的社會秩序，完成「中興」大業。同時我們也可從這簡單的結構中，看出康梁「百日維新」沒有出路。康有爲的想像，近於「烏托邦主義」，他主張以發公債支持新政，又完全沒有把自己的立足點看清。總而言之，在很多近代史的題材中，明史的了解，可以使我們從基本的技術角度上把問題看穿，也可以把當事人的賢愚得失都視作次要的問題看待。

在歷史教學上講，我們也可以減少史蹟在人事上各種重複的資料，避免以謾罵作解釋歷史的壞習慣，直接而又冷靜的說明傳統社會不符合現代需要。中國在一九〇五年廢除科舉制度，這一來就斷絕了高層組織與低層組織間的聯繫，各地區田賦的底帳，卻仍用明朝的紀錄作根據。[22] 民國成立後，國家自國家，社會自社會，也難怪立憲運動沒有成效。法律必須有社會的強迫性（social compulsion）才行得通。民國初年的政客，都是社會上的游體（foreign body），軍閥的割據，今日看來，勢必爲無可避免的形勢。因爲農村經濟關係，無非土地的租賃及高利貸的借放。這些來往都在極小規模內實行，政府也無從干涉，此外社會上的尊卑男女長幼，更無法可以改造利用。邏輯上只有私人軍事力量，才可以控制這青黃不接的時代；而私人軍事力量也很難在三兩個省區外有效。這幾句話，也可以概括五四運動前後國民革命尚未展開時中國的一般情勢。其癥結就是無法在數目字上管理。

結論

明朝是中國最後的一個「內在的朝代」（indigenous dynasty）（和外族入主的朝代〔alien dynasty〕有別），受外間干預的成分少，內在的性格強。我們發覺它對我們當今問題的解釋，經常有決定性的影響。而且照前述設計的排列，即是將它與唐宋帝國的擴張性比較，和清朝與民國初年的事物作因果的分析，又把中國傳統政治所受天候地理的影響拿來作側面見證，更和同時期西歐資本主義的生長成育對照，就產生了一個綜合的看法，有如中國傳統所謂「中前左右後」。但是我們注重各種因素互相牽連的關係，自信可以避免過度主觀的成分。用這樣的方法掌握明史，並不是抓住偶爾相似的地方作諷刺性的批評今人今事，也不是受各種「主義」的框框格格的限制，先入為主。

這研究的成果，則屬於「大歷史」的範疇。其中列入的因果關係，以在長期歷史上的合理性為主，對其他細微末節，不過分重視。甚至每個歷史人物的賢愚得失，都認作次要。因為如此，我們也顧慮這種立場會遭物議。作史者似乎缺乏評議的中心思想。好像只說會發生的事情都會發生，倫理道德可以全部擯棄不顧。然則這也非作者的本意。

我們在二十世紀的末期，寫作最大的困難，不是缺乏道德的標準，而是各方標榜的道德標準過多；各種道德體系的衝突，尤其可以危害人類的安全，歸根究柢，我們要認清所謂道德，仍是一種抽象的觀念。它必定要透過眞人實事，才有具體的價值。以今日世界變化之大，道德的標準也不得不隨時修正。一個顯明的例子，即是孟子所提倡的低水準平等思想，它在本世紀初期，還有相當高的道德意義，今日我們雖對他用心欽佩，卻不能照他的立說行事。他的用心設計，對其他人的關切是一回事，而不加思索，橫蠻的強迫執行這種思想，則是另一回事。

下面這一圖說，可以解釋我們提倡大歷史的立場。這弧線上的實線部分，代表人類的歷史，我們的道德思想和意志，以向空間擴大的箭頭表示之，但是它不是實際歷史所定的路線。很顯然的，就是所有的人都是聖賢，也不可能一個國家、一個朝代所做的事統統與人倫物理無虧。所以我們用向內的箭頭，表示各人私利觀所打的折扣，沒有存心的錯誤，以及歷史往事牢不可拔的壞影響。在這關頭，我們不能像宋明以

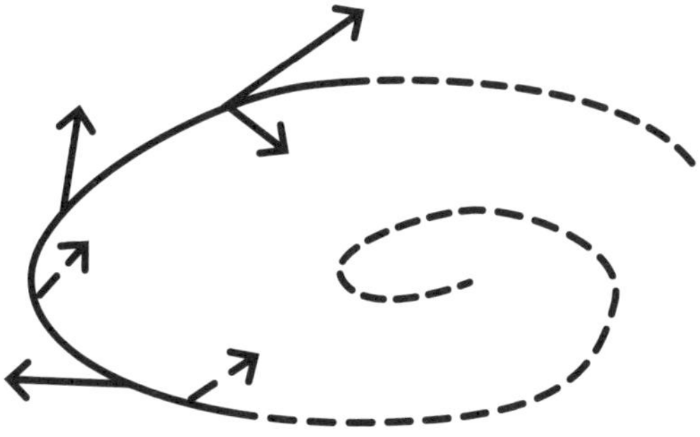

來的理學大儒一樣，認爲「人慾」一定要洗磨得一乾二淨，才能皈依「天理」。我們不妨接受基督教徒的想法，認爲「最初基本的過失」（原罪，original sin）無可避免。歷史是這兩種力量的合力，它是好壞的摻和，也是陰與陽的折衷。它吸收了人類的過失，也能繼續讓他們改造進步。

我們無法把前人做的事，全部剔除。在大歷史上講，「一切重來」，不可能全部兌現。世間上重要的事情，一事只發生一次；但是後一代的人總要在前一代人的立足點開始。這也可說是「定命論」（predestination）。而新舊接替，也等於印度婆羅門教和佛教所說「因果」（karma）。

大凡我們處理人類大問題時，在檢討生命的眞意義之際，不期而然的就產生了近乎宗教的思想。但是我們的出發點不是神學。只能說是在明史裡鑽出來，看到它與中國通史的關係，更聯想它在二十世紀末期與世界史的關係，就逼出一個哲理的觀點，用它作綜合歷史的工具倒很合適。

這種觀點也和所謂「歷史主義」（historicism）相近。我們既認爲歷史是前後連亙不斷的事蹟，則在以技術觀點品評王安石、朱元璋和康有爲之後，實無再向他們及和他們類似的大人物拚命以道德作非難的必要。他們每個人都有他自己的道德立場，這立場既受他的時間和空間限制，則其道德標準也不是自然法規（natural law）面前的絕對標準。反面來說，我們自己也創造不出來這樣一個絕對標準。既有這種領悟，我們更要相信道德是一種絕對性的品質，它是人類最高的理想，我們寫歷史的人不要輕率的把它提出。因爲用它的名義，則必須評判是非，再無妥協轉圜之餘地。在大歷史的範圍內，我們寧可以長期歷史上的合理性作評議的標準。

大歷史有什麼好處？答案乃是它的大範圍能容物，有「大而化之」的意思，它能吸收、革新、感化、調和並昇華各種道德的標準。說到這裡，讀者也須想到儒家之「恕」，僅次於「忠」，道家則連「有」和「無」都當作同出而異名。如果學歷史的人以這樣的眼光工作，則雖沒有用道德作口頭禪，也用不著害怕自己在漠視道德了。

大歷史和天文相似，它在長、寬、高之外，另有第四尺度，此即是時間。歷史上的事蹟因最近的發現而推陳出新；歷史上的解釋也因爲我們觀點改變而推陳出新。人類以文字記錄的歷史，不過幾千年，用這短線條去窺測生命宇宙的眞意義，大部仍靠猜想。人類的旅程在歷史經驗之外的部分，我們用虛線。我們用虛線在圖上表示，有如康德（Immanuel Kant）所說 noumena，可謂爲「事物的根源」或者「根源的事物」。我們只能假設它們的存在，不能決定判斷 things in themselves 的眞實性格。

今天我們提出這段歷史觀，有一種雙重意義：第一，這提醒我們：我們做事，總要出自前人留下的立足點，不能天馬行空。有些年輕人要求中國立卽變爲美國。他們忘記了西方的自由（liberty）以中世紀城市的特權（municipal franchise）作基礎；美國開國時卽已得到了英國的經驗，已經使農業和工商業合爲一元，也經過各種奮鬥，最重要的是內戰四年，而它在一個空曠地區內發育成長，遲至一八六二年的「自耕農屋地法案」（homestead act）還能夠讓一般公民以極低的代價向政府購地，每家一百六十英畝。今天美國公民的自由，就出於經濟發達，高度分工，法律上對各種不同社會經濟情形的一種保障，沒有人可以全部抄襲。而且美國也仍有它獨特的問題。第二，又有些像我一樣的人，早逾中年，自己年輕時的理想沒有達到，又要堅持下一代照他們的路走，甚至效法蘇聯，稱好多理想上的空計畫爲「人類歷史上無可避免的階梯」。這現在看來，也是同樣不實際。中國傳統歷史和帝俄歷史相差很遠，而且從今日大歷史的眼光看來，十月革命後的很多措施也沒有離開「在數目字上不能管理」的一時權宜之計，更不容抄襲。

圖解上的虛線向前的部分，也似如傑佛遜（Thomas Jefferson）所說：「世界屬於生存者。」（Earth belongs to the Living.）我們只能說歷史的發展有它一定的規律，但是實際情事展開時，仍有無數意料不到的因素，這樣才能使生活保持它的神祕和它的興趣。我們教歷史的人至少還可以對下一代的年輕人說：潘朵拉（Pandora）的盒子還沒有完全打開，你們仍舊有你們的希望！

注釋

1 Shan-yu Yao, "The Chronological and Seasonal Distribution of Floods and Drouth in Chinese History," *Harvard Journal of Asiatic Studies*, 6(1941-42), pp.273-312. And Yao, "Flood and Drouth Data in *Tu-Shu-chi-ch'eng*", *Harvard Journal of Asiatic Studies*, 8(1944-45), pp.214-226.

2 鄧嗣禹，《中國考試制度史》（臺北，一九六七），頁七三。

3 錢穆，《國史大綱》（臺北，一九六六第十版）上冊，頁三一二。

4 均田制及租庸調制，只代表一種理想，實際施行時，又待當時當地的「活用」。所以崔瑞德（Denis C. Twitchett）作 *Financial Administration Under the T'ang Dynasty* (Cambridge, 1963) 時，以《舊唐書．食貨志》為藍本，雖然引用了很多參考資料，仍稱其所敘不過是「理想上」的制度。有些在敦煌「活用」的地方，可參考韓國磐，《隋唐的均田制度》（上海，一九六四）。以公元七五五年為唐代財政的分水嶺，是崔著的重點。

5 王賡武（Gung-wu, Wang），*Structure of Power in North China During the Five Dynasties* (Kuala Lumpur, 1963). 周藤吉之，〈五代節度使の支配體制〉，《史學雜誌》六一（一九五二），四：頁一－四一；六：頁二〇－三八。五代在中國財政史上的貢獻，也可以從各地方志中看出。

6 劉子健（James T.C. Liu），在 *Reform in Sung China: Wang An-shih (1021-1086) and His New Policies* (Cambridge, Mass. 1959) 書中提及新法可能在社會上有不合實際的地方（頁一一五）。

7 這些地方可以從《宋史》中看出。參閱《宋史》（北京，一九七六標點本）冊一三，卷一二七，頁四二〇〇；卷一二八，頁四二四四；卷一二九，頁四二八一；卷一三〇，頁四三〇三；卷一三九，頁四五四九；冊二九，卷三二二，頁一〇四二七；冊三一，卷三三八，頁一〇八一〇；卷三四四，頁一〇九二七、一〇九三〇。

8 《宋史》冊一三，卷一七五，頁四二四三；冊一四，卷一九〇，頁四七〇八。

9 元代經理南北不同的情形，經《元史．食貨志》綜述。參閱《元史》（北京，一九七六標點本）。而尤以「稅糧」一項，稱「其取於內郡者，曰丁稅，曰地稅，此仿唐之租庸調也。取於江南者曰秋稅，曰夏稅，此仿唐之兩稅也。」文見冊八，卷九三，頁二三五七。Herbert Franz Schurmann, *Economic Structure of the Yuan Dynasty* (Cambridge, Mass, 1956) 對於元代財政縷述周詳。元朝的南北分制，遺留的影響至明代未止。日本學者山根幸夫曾對明代華北的情形作過一段研究，其特徵顯為明代遺物。

10 《明實錄．太祖實錄》（臺北，一九六二影印本），頁二一四一、二六八一－二六八二。（卷一三五洪武十四年正月丁未條及卷一七七洪武十九年三月戊午條。）

11 《明實錄．太祖實錄》，頁三六四三。（卷二五二洪武三十年四月癸巳條）。

12 參閱卜德 (Derk Bodde)，"Feudalism in China," in *Feudalism in History*, ed. Rushton Coulborn (Princeton, N.J. 1956), pp.49–92. 注意卜德提出中國的封建只有先秦的一段。魏晉南北朝間雖有若干封建因素，已不成為封建制度。又可參考筆者所著〈明《太宗實錄》中的年終統計〉，載於 *Exploration in the History of Science and Technology in China* (Shanghai, 1982), pp.113–130. 內中也有明代社會非封建的分析。

* 可是這篇文章不在與李博士合作範圍之內，作者必須申明，文責自負。

13 「資本主義」(capitalism) 這名詞似在十九世紀首為蒲蘭克 (Louis Blanc) 所用，二十世紀初年又為桑巴特 (Werner Sombart) 所用。馬克思雖稱「資本家時代」，及「資本家的生產方式」(capitalist mode of production)，但未曾稱之為資本主義，見 Fernand Braudel, *Civilization and Capitalism 15th–18th Century*, Vol. II: *The Wheels of Commerce*, Sian Reynolds 譯 (New York, 1982)，p.237. 克拉克 (Sir George Clark) 則稱用「資本主義」一名詞去籠括「現代經濟制度」係十九世紀中葉社會主義者所「發明」。見 Clark, *The Seventeenth Century*, 2nd ed. (New York, 1947), p.11.

14 Clark, *The Seventeenth Century*, pp.36, 55, 119. Rowen, Herbert H., ed. *The Low Countries in Early Modern Times* (New York, 1972). pp.191–197.

15 Rowen, *The Low Countries*, p.116.

16 關於英國十七世紀地產與革命的影響，下述兩篇論戰文章，為初學者所必讀。此即 R. H. Tawney, "The Rise of the Gentry, 1558–1640," *Economic History Review*, 11(1941), pp.1–38. And H. R. Trevor-Roper, "The Gentry,

1540–1640," *Economic Review Supplement I*(1953). 其背景則可見 Lawrence Stone, *The Cauese of the English Revolution* (London, 1972), pp.26–31. 關於戰前地產無法規律化的情形，見 *The Agrarian History of England and Wales*, Vol. 4, 1500–1640. ed. Joan Thrisk (Cambridge, 1967), pp.280–285. 關於一六九二年土地稅，見 J. S. Bromley, ed., Cambridge Modern History, Vol. 6 (Cambridge, 1970), pp.285–286。但直到十八世紀初封建性的地產關係仍若干待肅清的例子，見 G. W. Southgate, *English Economic History* (London, 1970), p.108 及 G. E. Mingon, *The Gentry: The Rise and Fall of a Ruling Class* (London, 1976), p.173.

17 關於公平法與普通法的情形，可參考基本著作，如 Theodore Plucknett, *A Concise History of the Common Law*, 5th ed. (London, 1956), Edward Jenks, *The Book of English Law* (reprint, Athens, Ohio, 1967). 在光榮革命後的影響，可見 Plucknett, pp.245–248, 664. 亦見 Clark, *The Wealth of England from 1496 to 1760* (London, 1946), p.114.

18 關於英格蘭銀行組織的情形，以及立即吸引歐洲大陸各處的資本，支持英軍對法戰事見 John Giuseppi, *The Bank of England: A History from Its Foundation in 1694* (Chicago, 1966), and R. D. Richards, *The Early History of Banking in England* (New York, 1965). 也可以參考 Phyllis Deane, and W. A. Cole, *British Economic Growth: 1688–1959*, 2nd ed. (Cambridge, 1969), and P. G. M. Dickson, *The Financial Revolution of England: A Study of Development of Public Credit* (London, 1967). 馬克思曾說英格蘭銀行是「放高利貸者，不再假裝偽善」，又說它「到底使商業得到活動的自由」。美國經濟學家介博茲 (John Kenneth Galbraith) 曾說：「英格蘭銀行在金融界的地位，有如羅馬聖彼得教堂在宗教上的地位。」見彼著 *Money: Whence It Came, Where It Went* (Boston, 1975), p.30.

19 《崇禎存實疏抄》（一九三四版）卷二，頁七二－八九。

20 見程開祜編《籌遼碩畫》（一六二〇版）卷四四，頁二四。

21 在這問題上的最近新著為 Madeleine Zelin, *The Magistrate's Tael: Rationalizing Fiscal in Eighteenth Century Ch'ing China* (Berkeley, Calif., 1984).

22 Sidney D. Gamble, *Ting Hsien: A North China Rural Community* (Stanford, Calif., 1954), p.170. 可為例證，其他不能在數目字上管理的情形見同書，pp.166–167。

第七章

我對「資本主義」的認識

中國的歷史，有很多不能令人滿意的地方。旅居海外的華裔學者，大都已經領會到。但是它的組織結構之龐大，卻又要令人嘆爲觀止。我們翻閱二十四史裡的〈食貨志〉的時候，發現有些朝代用《周禮》那樣「間架性的設計」(schematic design) 去組織億萬軍民，先造成完美的數學公式，下面的統計又無法落實，就硬將這數學公式由上向下籠罩過去，等於「金字塔倒砌」(a pyramid built up-side down)。其行不通的地方，則傳令用意志力量克服。我們雖不能欣賞這蠻幹的辦法，對當時做事人的氣魄雄偉，卻又要嘆爲觀止。

還有一點是中國思想的體系，並不是主靜的，而是主動的。[1]要是我們把二十四史倒看，更可以看出各朝代間，以及一個朝代的兩三百年中，仍有它「直線式的發展」(linear progression)。要是我們忽略這些特徵，就率爾去檢討中國近一個半世紀與歐美的衝突，其結果是不會滿意的。縱使就在故事之間加入馬可勃羅、佛郎機與呂宋，也無濟於事。因爲這檢討的問題，是一個龐大的組織和另一個龐大組織的摩擦衝突。要是歷史家不顧這問題的重心，則所敍也會和顧炎武寫西洋人「喜食小兒」一樣；作史的眼光沒有滲透到事物內的本質上去，已先被旁人片言隻語迷惑。

我之闖入這問題中，事在一九七二年。這時候我全家去英國劍橋住一整年，以便襄助李約瑟博士蒐集有關《中國科學技術史》的材料。我的一部工作屬於此書卷七節四十八。其檢討的目的，在解釋何以近代科技的突出，發生於西方而不發生於中國。李博士已經在他的書裡講過，中國和西方的科技在一四五〇年到一六〇〇年間仍有並駕齊驅的樣子，茲後西歐突出，才使中國望塵莫及。我和他通信交換意見，始自一九六七年，所以我和他第一次見面時，已經有了五年以上的筆墨接觸，也大致知道了他對歷史的看法，而我自己所作的《十六世紀明代的財政與稅收》也脫稿不久，總算對當時中國社會經濟的情形，有了一些了解。但是如何能將我的一段知識，用於李公的問題上面去，就不是一件容易的事。

我們也可以附和一般人所說，李公提出的問題過於散漫；但是反面的情形，則是現有的書籍文字缺乏綜合性，每一個作者，將一個小題目分析之後又分析，博士論文也以偏僻的題材爲尚，又不顧與其他論文側面正面上的聯繫，所以很多資料加不起來。

在這情形之下，我們只好自己去作一段綜合工作。在中國的這一方面，只有從二十四史下手。這時要看整套全書，是很吃力而不討好的。譬如現行書籍中最容易購買和閱讀的版本，是後來中華書局出的標點本。全套二百三十三冊七萬六千八百一十五頁。假使一個學者每天看五十頁，也要四、五年，況且二十四史前後文字語氣不同，內中又有很多天文地理以及孝子節婦諸種詳情，更無法作卡片索引。我們的方法是先看各書的〈食貨志〉。二十四史中有食貨志的計十二。此外《史記》的〈平準書〉和〈貨殖列傳〉性質類似，也可以湊算是當中的一篇，一共十三篇。其中六篇已有現代作家以外文摘要解釋（此即Swann之漢、楊聯陞之晉、Balazs之隋、Twitchett之唐、Schurmann之元，以及和田清之明）。這些資料是一個很好的線索。要是一個讀者將以上五部書和楊氏論文一併仔細看過一遍，又翻閱原書各食貨志，再參考各史中其他志傳，更和今人所作各種通史和斷代史以及各種專題論文摘要比較，雖然仍是掛一漏萬，囫圇吞棗，總算是盡到一個讀書人最大的力量了。

其實西方歷史資料之不易掌握，也是大同小異。我和李博士第二次見面時，同到劍河（Cam River）旁邊去散步，他就和我說，以他多年讀書的經驗，深覺得歐洲的文藝復興、宗教改革、資本主義的形成，和現代科技的發展，是一種「成套的」（package）的事蹟，一有都有，四種情事前後發生，彼此關聯。我至今還覺得這是有識者之言。一個顯明的例證，則是現代銀行出現的次序，首先於十四世紀的義大利開始，次之則於十六世紀盛行於北歐，傳播於今日的荷蘭與西德，再次一步則於十七世紀行於英國。我們提到歐洲文藝復興時，也有Italian、Renaissance，Trans-Alpine Renaissance和English Renaissance的層次，時間上和上述商業銀行的展開大致符合。李約瑟成套的觀念，已給他書中結論賦予方針。我們可以說，西歐在十四世紀至十七世紀之間，產生了一個劇烈的變化，影響到哲學思想美術建築宗教經濟和社會組織，其中各種因素互相關聯，並且這運動一經展開，就不可逆轉（irreversible），茲後歐洲再也不能回到中世紀裡面去。因之相形之下，中國的更換朝代，反可以看爲小事了。可是至此這還是一個極籠統的觀念，和我們想一針見血的指出兩方爲何這樣不同，其具體不同的地方在那裡，是否有一個基本的原因，還是相去至遠。

一九七四年我趁學校裡給我帶薪休假的機會再去歐洲，這次又在大陸遊歷一次。李約瑟所收藏的書籍中，已有很多關於歐洲資本主義形成的文章，我也照他的指示閱讀了一遍。我們既已決定前述大規模、長時間、又不可逆轉的變化已經牽涉了各種人文因素，則資本主義的形成，不過是這多面體之一面，而它又與卷七節四十八所楬櫫的經濟因素最接近，也和中國歷史裡的「食貨」有關，照道理這些資料應當給我們的問題作爽快而直接的答覆，事實上卻又不然。我看過李公的文獻，又到劍橋大學圖書館裡翻閱，更經常到凱易思學院（Gonville & Caius College，簡稱 Caius College，時李公任院長）貼鄰的幾家書店裡尋覓新書，翻來覆去，雖說增長了不少的見識，竟始終找不到一種解說，可以作節四十八理論上的根據。

一九七五年，是我第三次到劍橋，這時候我們對資本主義的形成，還沒有一個具體的看法，就不免開始感覺到焦急了。

陶蒲（Maurice Dobb）作《資本主義的形成之研究》（*Studies in the Development of Capitalism*），說明寫資本主義的文章大略有三類。一類注重生產關係的轉變。資本主義一行，生產者開始出賣勞動力，茲後對製成的商品無法過問。（我們也可以根據一般習慣，泛指之爲馬克思學派。）一類注重資本主義精神。（我們也可以說韋伯〔Max Weber〕正面支持這精神，唐尼〔R. H. Tawney〕在支持之中提出疑問，而桑巴特〔Werner Sombart〕反面譏諷這精神，同出於這範疇。）還有一類則注意自然經濟之蛻變爲金融經濟，資本主義授權於批發商，使他們干預零售及製造事業。（我們也可以說，大凡不屬於以上二類的，都有接近這第三類的趨勢。）

爲什麼這諸子百家的學說，竟沒有一個讓我們心悅誠服，足以依賴採用呢？

說到這裡，我們也可以引用經濟史家熊彼德（Joseph Schumpeter）所說，歷史家鋪陳往事，無不要把今人現在的地位解釋得合理化。以上寫作的專家或贊成資本主義，或反對資本主義，或者有些地方欣賞資本主義，有些地方否定資本主義，都不出於「內在人」（insider）的立場，這就和我們準備採取一個獨立的外間觀點有很大的出入。因爲著眼的不同，也影響到技術上對材料的取捨，尤其對它們的綜合程序可以彼此相逕庭。

比如說李約瑟和我對於法國歷史家布勞岱爾（Fernand Braudel）有相當的景仰，他和第二次大戰中喪生的蒲拉克（Marc Bloch）等提倡「全面歷史」（total history），也和我們寫作的大歷史相似，又不帶政治成見，而他蒐集材料的豐富，使我們的輕率簡陋自愧不如。但是布教授採取歐洲的觀點，認爲資本主義的各種因素早已落地生根。我們則覺得在世界歷史上講，資本主義仍是一個方興未艾的運動，並且這運動由海洋性的國家作先鋒，它的組織和大陸性的國家不同。所以布勞岱爾將中國和其他大陸國家商業上的習慣因素分成小條目，編插在歐洲事物章節之後，和我們所說「時間上的匯合」，亦即是 timing，完全不同。我們採取最簡捷的解說：中國明朝萬曆年間一個商人有一千兩銀子的資本，和同時間一個荷蘭商人有一千兩銀子，在資本主義形成的歷史上講，因兩方社會結構不同，可能有霄壤之別。

我們也知道，關於資本主義形成的這一問題，馬克思的著作予後人的影響極大。今日我們讀〈共產主義者宣言〉，仍覺得好像歐洲封建制度一崩潰，資本主義即取而代之，其實這兩件事相差好幾個世紀。現在倫敦北部，有一個叫聖阿班司（St. Albans）的地方，今日已和大倫敦連成一片，以前曾爲莊園。黑死病（Black Death）之後，人口突然減少，當地的穡夫（英國的 serf 譯爲「農奴」極不妥當，英文中這字與 villien 並行，實際爲「村民」和「鄙夫」。今音譯爲「穡夫」，因與以下說及英國土地制度有關）乘機將莊園紀錄銷燬，這件事情被視爲莊園制度（manorial system）崩潰的具體化，時爲十四世紀中葉，等於中國的元朝末年，而英國的封建制度（feudal system）之瓦解則較之還更早。

下面又有一個例子，即是劍橋正西約二十哩的地方，有一個叫聖尼亞茲（St. Neots）的小鎮，地處歐士河（Ouse River）河濱，在伊莉莎白一世的初年，這地方一個有力量的鄉紳，曾投資將土地塡平，裝設柵欄，蓋成了一個農作物交換的市場，鼓勵附近的農夫來此交易，他就按產品入場抽稅佣。一時生意鼎盛，也沒有人問他是否擁有地產主權、獲得市場的執照，只因爲這還是青黃不接的時代，這兩件事也是可有可無之間。這位鄉紳也賺了一些錢，又將這市場頂租與人，直到接替人的第二代才有人告狀，說是在該處抽稅佣無歷史的成例，事屬違法，敍此事的書，也未提及訴訟下文。[2]我們都知道當日這種事例尚多，也就是以前農作物以平價公買於本地固定的市場這一習慣，業已發生動搖。然則私人交易（〔private marketing〕，和公開交易〔open marketing〕相對）及城市資本（urban finance）的侵入，卻剛才發軔，還沒有成爲普遍的風氣。李博士和我對這事感到興趣，曾開車到歐士河邊眺望，以滿足我們對歷史的好奇心。只是此事發生於十六世紀的六〇年代，在中國已屬嘉靖末年和隆慶初年，和前述聖阿班司在中國元朝的事蹟，相去逾兩百年。而聖尼亞茲和聖阿班司兩地的距離，又只有五十多哩。一事是封建制度早已崩潰，另一事是資本主義尚未登場，其間的醞釀，有這樣長的時間，也可以想像資本主義的形成，一定還要透過很多的因素，採取相當曲折的途徑，馬克思派學者過於簡化歷史，不能對我們作有益的指導。很多中國作家受他們的影響，還要一再縷列中國經濟在某方面特殊的發展，也不顧後面有沒有組織系統，勉強說成一個「資本主義的萌芽」，等於小孩子不叫做小孩子，提升爲「預備成人」（preadult），以便更加速的縮短這段時間上的距離。

如果用「資本主義的精神」作研究的起點，這對我們更覺得抽象而浮泛了。中國思想中有無數的例子，要是不顧社會結構的共通關係，可以和外國思想家前後幾百年幾千年隨便亂比。有如「楊朱爲我」，可以當作唯物主義和個人主義的開山老祖，這對我們講更不足爲法了。

要是我們對旁人的解說如此吹毛求疵，難道我們自己的特殊立場不會被攻擊？這批評是無可避免的。可是本文一開始就提及，我們牽扯到資本主義這一題目，實因與中國科技的發展（或是缺乏進展）有關，起先也沒有顧及資本主義是好是壞，完全是站在中國的立場，採取了一個「無」的心情，去觀摩一個「有」的境界。有很多學者，在這題目內起居了好幾十年，他們認作當然的事，我們卻認爲奇特；他們認爲無關宏旨的地方，對我們卻有實踐的意義。我們覺得他們對資本主義的解釋，總是太局部。這當然不是我們心智靈巧，或者是道德高尚，所以能用新解釋作工具，去「罷免」已有地位的作者。

一九七五年夏天，李博士從加拿大講學後匆匆回英，他還沒有擺脫現代飛行的勞倦（jet lag），我就跑去告訴他，從現有文獻中，我們無法直接的引用有關資本主義的文字去解釋中國科技發展與否。如果我們仍要在這問題上下功夫，只能以很多作家的引用書目作線索，倒看回去，完成我們自己對歐洲資本主義演進的看法。表面看來，這和《中國科學技術史》卷七節四十八想作結論的目標愈扯愈遠了，也只有知道李約瑟習性的人，才能向他作此建議。此公富於幽默感，有小孩子脾氣，我們孩子培樂小時，李公常彎腰蹲在地上用食指在他鼻子上從上至下摩擦數次，也讓培樂在他鼻子上如法炮製。可是他做事看書的認眞，卻又連他的至親密友都覺得凜肅畏懼。因爲他從小嚴格的訓練自己，不僅一部書和一張紙片有一定的地方，甚至他的肢體筋肉都要照工作的程序發生最大效用。工作的時候不開玩笑，耳目都不旁顧，對時間絕對重視，他常常對我說：「要是我還有五十年就好了！」

另一方面是一個問題沒有找到適當的解決，李博士是絕不罷休的。有時他會像中國人所說的「結繩爲記」一樣的把他的手巾打一個結，直到問題解決才解鬆它。他對上開問題也不是沒有切身的經驗。前述的陶蒲，也是他的朋友，對這問題寫了一部書。現在牛津大學執教的伊懋可（Mark Elvin），在做學生還沒有成名的時候，就經過李公賞識，他們幾十年前的通信，還在他的檔案中。我和他談論的時候，安德生（Perry Anderson）新著一本《極權國家的世系》（*Lineages of the Absolutist State*）也和這所講的大問題有關係，書中也一再提到李公。此公對於節四十八的重視，是不言可喻的。這次我和他的談話不長，但是李約瑟對我全面撤退、重新再來作有系統搜索的建議衷心支持，以後我回美之後，他還一再由英國寄給我應看的書籍。

只是這樣一來，以前對我們作經濟支持的兩個文化基金，對我們要求繼續資助的請求，就不能通融了。過去他們對我們聯名的著作還很熱心，現在聽到我們要在研究中國科技之間順帶的牽涉到英國土地制度和法庭程序，就覺得這種建議總有些荒唐。而且我們的建議也要由專家評議，這些專家無法體念我們的困難。他們總是說：你們是漢學專家，要是你們做你們分內的事，我們甘拜下風，要是你們溜出你們專長之外去班門弄斧，那我們就不敢領教了。我們又解釋我們的目的無非用一種不同的看法，去重新安排已有的材料，庶幾所得的結論，平易近人，符合實況，與《中國科學技術史》的作風一致，並不是重新開礦，自煉鋼鐵，另外設計的去製造機器。況且李博士也曾發表過討論英國歷史的文章，而我在密西根大學念書的時候，也選讀過十六門有關近代歐洲史的課。更不說李約瑟的凱易思學院也有好多專家，可供我們諮詢，他的貼鄰現已去世的羅賓生教授（Joan Robinson）是世界聞名的經濟專家，也曾看過我們的文稿，提出過修正的建議，可見我們並非完全鋌而走險，異想天開。只是這種解說終究沒有用。這時候我得到了古根罕基金（John Simon Guggenheim Foundation）的獎學金，讓我去完成明末社會側面的一本書，這就是以後的《萬曆十五年》。所以我這次從英國回來之後，除了教書之外，約一年半專注於我自己的寫作。李約瑟和魯桂珍博士於一九七七年夏天來美，在我們的家裡住過一晚，我們稍微提到沒有完成的研究工作，此外我們彼此都把這問題暫時擱置了。

我們所做的工作，純靠經常接頭，在劍橋，我們每週討論一次，連引用書目和寫文章應用的字眼（vocabulary）都是在喝茶和散步之間決定的，這就不容易在橫隔大西洋的距離下繼續了。

布勞岱爾教授在他的著作裡提及：「資本主義」這一名稱，雖經無數學者再三爭駁辯論，卻從來沒有產生過一個公認的定義。首先對這名詞作有意義的使用，似爲蒲蘭克（Louis Blanc），事在一八五〇年。馬克思卽從未提及資本主義。（馬克思用「資本家」、「資本家時代」和「資本家的生產方式」等。）這名詞被廣泛使用，還是本世紀的事。已經有些人覺得這個充滿政治氣氛的字，一再濫用，實在是不成體統，主張凡是「有自尊心的學者」，應當將這字擯斥於他們的字彙之外，永不使用。布教授就此也說明，這建議雖好，其困難就是找不到適當的替身。此字若被禁止，則會在歷史上留下一個大黑洞。

我們在一九七五年還沒有看到布教授此段解說，卻早已看到英國歷史家克拉克（Sir George N. Clark）所說：「用資本主義這一名詞去籠括現代經濟制度，是十九世紀中葉社會主義者所發明的辦法。」[3]至於這名詞沒有適當的定義，我們既不能抄襲前人，又無法避免這一個題目，則早已目睹而身受。我離英返美的前夕，曾根據我和李博士以前發表的文章延伸而寫下這麼一段：

現代商業習慣，注重資金活用，剩餘的資本必須通過私人貸款的方式才能此來彼往，因之得廣泛的流通。產業所有人又以聘請方式雇用經理，因之企業擴大，超過本人耳目足以監視的程度。而且技能上的支持因素，如交通通訊，還要共同使用，這樣商業活動的範圍，才能超過每個企業自己力所能及的界限。

這三個條件以英文節錄則成 wide extension of credit, impersonal management, and pooling of service facilities，其重點當然是著重於商業資本。現代歐洲商業資本的發展，遠在工業資本之前，這是顯而易見的，即使馬克思和恩格斯寫〈共產主義者宣言〉，仍重視國際貿易給「資本家時代」形成的影響。我這一段沒有直接指出的，則是上三個因素能夠繼續展開，全靠信用，而信用則不可能沒有法律支持。法庭的維護還不算，甚至警察權（police power）的行使，也仍要保障私人合同裡處理這上面三個條件的安排。所以這法律的後面即有一個國家的陰影。很多中國和日本的作家，寫到資本主義的形成時，不顧及成文法和不成文法保障商業的作用，好像資本主義可以單獨由商人一手造成，這樣就把中國近代史和歐洲近代史裡一個顯著的差別一筆勾消了。

我們這樣的解釋，也不是不重視思想。資本主義之成爲一種主義，則必有其意識形態。只是「資本主義的精神」務必透過眞人實事，才能算數。以上所說政府耗費自己的人力物力，去強迫執行私人簽定的合同，可見社會的風氣業已改變，也就是大多數的人，認爲這信用一事，不僅是訂約兩方的利害，也直接影響全社會的福利與安全。所以韋伯一方面闡釋資本主義的精神，認爲賺錢不是壞事，而是好事。在這精神之下，賺錢不僅是手段，而且是人生的目的；也不受傳統「適可而止」的警惕所限制，而是愈多愈好。可是韋伯並沒有忽視社會組織。他提到資本主義的特徵，曾縷述企業和家庭分離，記帳有組織和條理，公司財產與個人財產在法律面前分割，貨幣和信用經常聯繫。講到資金活用，他又直接的說出：「你付一年六鎊（的利息）可以擁有一百鎊的錢存在手頭活用，只要你有誠實謹慎的聲名。」他更牽涉到法律的重要。法律不僅要確實，而且要徹底。在這時候韋伯更立竿見影的指出：「現代合理化的資本主義，不僅要有技術上生產的能力，而且還要有能讓人預爲籌算的法制，並且又能經理正式的規則。」他又提出警告：「過於麻煩的法律和無法強制執行的法律，必淪爲死法律。」[4]

這些條件已和我們以上草擬的一段沒有實質上的區別。何以麻煩的法律和不能強制的法律要淪爲死法律？法律的實施，必有社會的強迫性（social compulsion）作張本。也就是十之八九的情形，人民已自動願意照立法做事。所行的事，要不是已有成例，可以算作合法（legal），則是兩造認爲公平（equitable），其關鍵則是立法已和一般人民的日常生活吻合，有時縱要法官評斷一二，也只算特殊情形。倘是凡事都要開庭審問、追究成例、派法警、出傳票、貼封條，那也就是國家體制和社會情況脫節了。長期如此，則這國家必陷入內戰的狀態中去了。

韋伯用清教徒的文字作基礎，清教派則爲十六、十七世紀英國歷史上的產物。從他的寫作中，我們也可看出在資本主義這一個大題目之下，思想、宗教與法制及經濟互相銜接。我們覺得單獨用思想作研究資本主義的線索，容易誤入迷途。但是有了這樣一個互相關聯的觀念回頭去看思想史，同時又將十六、十七世紀大思想家寫作綜合的看去，則又可以對資本主義的體系多一層認識。

從這些觀點看過去，馬基維利（Machiavelli）、霍布斯（Hobbes）和洛克（Locke）對資本主義的形成，都有相當的貢獻。我們雖不能稱他們爲資本主義的思想家，但是他們的唯物主義、個人主義和歷史主義（historicism）反映著十六、十七世紀的思潮。這思潮透過文藝復興、宗教改革和建立新興國家（formation of national states）的階段結晶而爲「勞力價值論」（labor theory of value）。初看起來他們的思想有互相衝突之處，而骨子裡卻有能前後銜接的精髓。

馬基維利首倡唯物論，人類歷史只有已經存在的事物才能算數，要是不能生存，縱你說得道德高尚，仍是鏡花水月。霍布斯相信人性爲惡，你也不能勉強把它說得爲善。自存自榮既是天賦於人的一種本性，那也不能怪繼續這種功能是違反天意了。洛克糾正了霍布斯的悲觀，認爲天賦民權仍可以在經過公意而組成的國家內保全，不一定要暴權政治。但是他的私利觀，卻和霍布斯的很少區別，他的勞力價值論認爲天生萬物以養人，原來是全世界的資源，供全人類自由採用，只是某一個人將他自己的勞力與天生的資源混合，則成他的私產。私人財產與天賦民權互爲表裡，那也就不應當受皇權的侵凌和中世紀傳統道德的拘束了。

我們站在局外人的立場，僅只用三兩句話把這些思想家的觀感概括說出，也感覺得到這樣一個思想系統的輪廓龐大，它提到自然法規、人的性格和政治生活的眞意義，而後面卻又挾帶著私人財產權不能侵犯的宗旨。三位作家發表著作的時間前後亙二百年，卻又還保存著這樣的一個直線式的發展（linear progression）。這也就表示資本主義非一時突發的衝動，中國的思想史裡就沒有一個類似的運動。不僅「楊朱爲我」只有曇花一現不能相比，好多近代中國作家找到明末清初有些思想家偶爾發表的文字，提及經濟政策應當稍微開放，商人對社會的貢獻不可全部抹殺，個人的私利無法洗刷得一乾二淨，都不能和西方同時的革命思想相比擬。講得徹底一點，此時西方資本主義的思想是通過「正心誠意修身齊家治國平天下」的大範圍之下，有組織有系統的提倡資本主義，而不是偶爾的、稍微的，或曇花一現的提倡資本主義。

讀者看到這裡，也可以想像我們在七〇年代的中期，給我們自己找來的麻煩了。我們還沒有把自己的立足點看清，就冒失的溜進了這個「資本主義」的大黑洞裡去了。我們看到馬克思埋怨一個倫敦麵包烤房每日工作十六小時還不算，竟要工作二十小時。我們也看到桑巴特的論文有如賀閣茲（Hogarth）的油畫，也像撒克雷（Thackeray）的小說。我們雖已知道資本主義這個東西是一個連亙幾個世紀，產生劇烈的變化，牽涉到好多國家的大怪物，甚至已經看到它的大輪廓，卻又無從說明它到底是飛禽，還是走獸。主要的困難則是這大題目不受學院門系的限制，而是 inter-disciplinary 的一種題目，所以不容易找到適當的程序，將這千頭萬緒的因素綜合起來。

現在事後想來，我們把這一段研究暫爲擱置，在時間上不算是一個完全的損失。恰巧在這時期之中，尤其是一九七六年，周恩來和毛澤東相繼去世，四人幫被拘禁，中國開始反省

「文化大革命」，這是給歷史家看清局勢的一個絕好機會。寫歷史的人也像遊山水的一樣，要是溯江而下，看清了河流入海的過程，回顧上游的山脈形勢，則對其組織結構更多了解。這也就有如前述熊彼德所說，把今人現在的地位解釋得合理化，是同出而異途。我們觀摩歐洲資本主義的形成，是從中國的立場出發。倘使我們對中國更了解，同時也在觀察歐洲的時候增長了眼光的縱深。總而言之，我們既已糾纏於一個歷史上的大題目之間，則我們身處其境的情勢愈澄清，我們的自信心會更堅固。

而且我寫的《萬曆十五年》，也並不是有些人認爲的一本明史專書，而是傳統中國尚未與歐洲全面衝突時的一個解剖。書中說明中國的朝廷和社會，包括法制和思想，自有它的組織和系統，做起事來也有它特別的作風與節奏。間接上就表示與同時期的歐洲相比，這些組織與作風，與西方的系統與節奏有很大的差別。因之也是在「有」和「無」之間，反面的檢討同一問題。

在這幾年之間，我也常想到歐洲資本主義的事。要是資本主義的形成不能離開法律，而法律需要有國家作主宰，則我們應該先分就國家的畛域看，不應當先把中國的萬曆十五年看成了歐洲的一五八七年，或者把法國、荷蘭、比利時的事和英國的事籠統敍述。我已經看清了資本主義是一種組織和一種運動，而且它又有一個直線式的發展，並且到了某一階段，就變成了無可逆轉的形勢，可見「時間」是一個很重要的因素。李約瑟和我，又認為資本主義的形成和文藝復興及宗教革命有關，有前面所說的銀行出現的次序為證，那我們何不也將資本主義的形成同樣分作三段，從義大利到北歐，再集中眼光於英國？這樣一來，我在一九七五年寫下的一段，說到現代商業組織的三個條件，可以當作我們的檢查單（check list）用。只要我們把這三個地區達到這商業組織的程序按時間記下來，就應當對資本主義的形成，有一種明確的線索了。

一九七八年我第四次去英國的時候，在行李中帶著三十多本書和一大堆草稿。這時候李約瑟交卸了凱易思學院院長的職務，他的新辦公室喬遷到劍橋火車站不遠的波克蘭茲街（Brooklands Avenue），稱東亞科學史圖書館（編者注：這圖書館現屬「李氏研究所」〔The Needham Research Institute〕，新地址在劍橋雪爾威斯特路八號〔8 Sylvester Road〕）。我們綜合歐洲資本主義形成的未定稿，由我起草，每週讀過，經他批評後修訂。事實上義大利這一部分，只用了威尼斯作代表，北歐的一部分，則用荷蘭共和國（The Dutch Republic）的情形概述，但是我們覺得這樣已經符合我們的目的。只有英國的這一部分才比較詳細。一九八一年九月二十三日李博士在上海演講，說到我們對這問題已有新看法，後經當地《新民晚報》提及。

我最近一次看到李公，還是一九八三年在紐約。據他的計畫，這批材料將來還是要收入

《中國科學技術史》卷七裡面去，至於如何收納，現在還沒有決定。我從第一次遇到李公，就主張只用我的草稿作根柢，要他自己訂正重寫，因爲《中國科學技術史》雖然是一種學術上的著作，其寫法仍有個人風格。他的英文長達四、五行一句，卻又唸來流利，也是沒有人可以仿效的。只是李約瑟蒐集了此書的材料卷五、卷六部分，愈來愈多，原來一卷是一本書，現在有的一卷四本，一卷六本，還仍在繼續膨脹，連他自己也說「有幾何級數的姿態」。最近甚至書數倒出，節三十三出版於節三十二之前，他又說「這是道家的自然而然」。

我和李公有約，則是我也可以利用這草稿，作我個人出版和演講之用，但是總要申明其原底稿出自《中國科學技術史》。事實上我和他在一九七二年開始每週星期六下午在劍河旁邊散步，至今已十三年，也很難說哪些意見是他的主意，哪些由我參入。所以在寫這篇文章的時候，就覺得把我們這段奮鬥一併寫下，才容易讓讀者看出這問題的複雜。並且在評介之間，也可以說明我們自己達到未定稿的思想層次。也算是在貢獻一個不同意見之前，對我們自己的立場有了一段交代。但是未定稿仍是未定稿。我這篇文章雖用一九七八年的資料作底，也加入了一些新意見，仍是文責自負。這樣我有「中國科學技術史」的洋洋大觀撐腰，卻不受其作者的拘束。但是一個明眼的讀者，在嘆賞李約瑟博士慷慨之餘，也一定會了解到一個突破環境首先著書的識見度量，和茲後蒐集資料、解決技術問題的工作，迥然不同。只是我既做後者的工作，現在又因時間上的需要，爲這篇評介的文章，就在已經複雜的場面中添入更多的複雜了。

提到資本主義形成的作家，雖說意見分歧，卻有一點共通的看法。從馬克思到桑巴特，從皮永恩（Henri Pirenne）到布勞岱爾，都承認它歸根溯源始於十四世紀前後的義大利。其間的原因很多，如羅馬法受了早期商業的影響，不受歐洲中世紀封建社會所束縛就是。但是事實上一個更重要的因素，則是教皇與西羅馬帝國爭權，義大利半島上好多城市，在此兩方顧盼不及之間獲得自由。其間取得一馬當先的地位者則是威尼斯。

這城市處在亞德里亞海的末端，構成西歐大陸和東羅馬帝國間的一個樞紐。又因爲它在一個「海沼」（lagoon）之中，和大陸有兩哩半淺水之隔，所以受大陸的影響小。簡略的說來，威尼斯的人口從十四世紀以來至現代，長期的穩定，總在十萬內外。雖然黑死病使這數目急遽的減少，卻又能有計畫的招募移民抵補，後來縱有現代生活的條件，也不像別的地方一樣，會成直線式的上升。[5]

威尼斯的貴族，有些能追溯族譜，算是大陸上的大地主。但是在十三世紀之後，都是島上的巨商大閥，沿成例操縱城中政治。並且他們又常與平民結婚，子孫的社會地位，由父系決定，這樣造成了社會地位的流動性。有時平民也能因軍功提升爲貴族，譬如一三八一年在打敗熱內亞之後，一次就有三十個平民因各種勛績成爲貴族，內中也包括小商人和工匠。此外，威尼斯政府又特別提出一項公款，去津貼沒有經常收入的貴族。[6]所以威尼斯的貴族，通常在一百家至兩百家之間，雖然有時也分派系，發生衝突，大致上仍是一個很穩定的集團。

迄至十五世紀，威尼斯沒有農業的基礎，它的糧食來自義大利南部、西西里島，甚至遠至小亞細亞和黑海之濱。它寧願作糧食的轉運商，無意自己經營農業，所以後來雖占領在大陸的領土，卻不受大陸農業社會的影響。通常在大陸用兵以僱傭的軍隊（condottieri）爲之，占領下的城市，也讓他們自組公社式的政府。但是海外殖民地與商業攸關，則全力經營，不遺餘力，也不讓本地人預聞。克利特（Crete）島爲威尼斯參加十字軍東征的「戰利品」之一。威尼斯人在這裡經營了幾個世紀，他們也經常與本地人衝突。

歐洲從中世紀轉變到近代的時候，一個妨礙商業發展的因素，則是天主教會對「高利貸」（usury）作極廣泛的解釋，十二世紀之後，連一般信徒也受限制。但是威尼斯的商業習慣早已奠基於此時之前，所以對這些禁忌置之不顧。名義上教會仍受教皇約束，但是威尼斯的天主教堂則依據傳統屏聲息氣於本地政府羽翼之下，各市區的神父尚是由居民推舉。教皇曾數次與這自由城市衝突，也曾將全市「開除教籍」（excommunication）不止一次，但是始終無法改變這城市的獨立作風。

威城的主要工業限於造船業、食鹽的煎晒和玻璃工業。本地的紡織業曾一度出頭。但是因城中缺乏不含鹽分的清水，製造不便。十五世紀以前出口的織品，多爲米蘭（Milan）及路卡（Lycca）所製，而非土產。[7]

這城市裡的各種手工業，可以組織工會，但是海員卻不許有這樣的組織。而且海軍的兵員徵集於全市的市民。徵兵的方法，預先將壯年的男子組成十二人的集團，並且早已編排了被徵召的次序，有需要的時候就按次序的應召入伍。威尼斯最強盛時，經常維持了一部有力的海軍，其艦隻之galley，在中國俗稱「蜈蚣船」，因爲每船有一百五十人至二百人爲划槳手，兩舷槳數之多，有如多肢的爬蟲，取它的行動迅速，而且作戰時這些人員也投入戰鬥。我們一般從電影小說得到的印象，則是划槳手都是奴隸及囚徒，但是在威尼斯，這種辦法開始於十六世紀中葉，其時這自由城市業已中衰。在它最強盛時，所有的水手都是自由公民。我們要如此不厭其詳的講到這些細節，目的是要強調這自由城市舉國皆兵的形態。而且威尼斯最重要的商業又是國營，商船又經常組成護航隊，所以商業艦隊與海軍的關係極爲密切。

我們研究資本主義形成時，如果先用歐洲大陸的資料作基礎，則看到市民向封建君主要求自由，有由一個單元的社會嬗變到多元社會的趨勢。但是從地中海內資料著手（事實上這也是資本主義發生的正確歷史程序），則可以從威尼斯的歷史中，看到一個商業的組織，在一種特殊環境下獨立自主的成長，而且它罷斥與它不相容的因素，用不著革命，也自成一個單元社會，凡事以商業爲始終。

寫威尼斯歷史的人經常提出兩點好像自相矛盾的特徵。一方面是它的民主制度，如「統領」（doge）由選舉而誕生，有選舉權的四十一位貴族，自成一集團（electoral college），執行此特權時用祕密投票（secret ballot）。又有參議院（senate）和衆議院（general assembly）。而經常獲得公意的辦法，是幕後徵集意見，有如 caucus 或利用 steering committee。另一方面則是實施特務政治，密探的活動廣泛，對謀反的立法嚴格。其實兩點都可以用威尼斯單元的商業組織解釋。威尼斯的民主，並不是以民主爲目的。而是在商業眼光下，凡事都可以用數目字計算，所以只要集思廣益的徵得與這城市商業共利害的人士參政，權力的分配，又和財力的分配相似，則政局可望穩定。然則在擴充商業、掌握制海權和動員作戰間，不見得所有的決策都符合十萬人的公意，所以政府對一般民衆不免疑忌，而最怕敵國煽惑。好在威尼斯最大的工業——造船業——始終受政府密切監視，其他工業如五金業、肥皂工業，員工分散可以通過工會管制。而且社會流動性不算，匠工寡婦只要稍有積蓄，也可以用他們的本錢以股份（colleganza）的方式投資於貿易，海員也可以附帶經商。所以過於誇張威尼斯的民主，和當日情形不能相符；過於強調它的特務政治，也與事實相違。

有一位現代作家稱歷史上的威尼斯是「一個沒有領域的城市」和「一個商人共和國」。「它的政府即是一個股份公司。它的統領就是它的總經理。它的參議院，就是它的董事會。它的人口，就是它的股票所有人。」[8]雖然比喻得過分，卻可以讓讀者立即窺見到這組織後面的眞性格。這種性格也可以代表初期資本主義的精神。

威尼斯的做法，不是其他義大利自由城市可以仿傚的。以佛羅倫斯（Florence）爲例：「它的經濟基礎，在許多方面較威城占先。它在一三〇〇年之前，就成爲一個紡織工業的製造中心。它的銀行業，也很發達。在一四二二年，這城中的新市場就有七十二家貨幣交換的商店。它的銀行家也在歐洲各國家內爲皇室貴族和各地主教做財政的經紀人。一部業務，即是將教會的收入匯劃與教皇。但是佛羅倫斯爲陸地所包圍，因地主則牽涉到農業社會的因素，因製造業就牽涉到很多工業社會的因素，所以起先就有製造商與當地貴族的衝突，在教皇與神聖羅馬帝國爭權之時也不能採取中立。茲後佛羅倫斯被投入「政治的試驗管」，曾經體會到「貴族掌政、暴權政治、中產階級與無產階級的衝突、有限制與無限制的民主、假民主、一家專政、沙溫納羅那（Savonarola）的政教合一、混合政府，終至於麥的其（Medici）的獨裁」。[9]

在這情形之下，沒有人能說佛羅倫斯已進入某種「主義」的體制內，它既有「資本主義」

的因素，也更有「共產主義」和「國家社會主義」的因素。[10]可見單是有商人和商業資本，不能構成資本主義的體制。縱使生產關係超時代的發展，在十四、十五世紀之間，就有了資本家與城市無產階級的對立，也不一定能構成資本主義的體制。在這時候，我們才更領會布勞岱爾所說，「資本主義之成功，在它與國家互相印證，它〔本身〕即變成了國家」。[11]這中間有一個「全牛」(whole hog) 的觀念。

再回到威尼斯的歷史上，我們更可看出，初期資本主義的形成，不是由於構成國家的因素繁複，而是由於它的單簡，所以一切能用數目字管理。

歐洲從中世紀進展到現代的時候，當中有一個重要的關鍵則是以前的「朝代國家」(dynastic state) 逐漸嬗變而爲「民族的國家」(national state)。在財政的組織上講，朝代國家的世襲君主不須向全民交代，而是他們自己對國計的盈虧一身擔當。因之他們常向商人借債，有時甚至將皇家珍寶作抵押。要是可能，他們卽獨斷的向臣下勒索，或者賴債不還。這些情形都不能在法律上穩定私有財產權，同時也是妨礙資本主義發展的一大障礙。現代的新式國家，則行公債。政府的盈虧，不必由君主個人負責。

威尼斯的政府在一一六〇年向市內商人借得十五萬銀馬克，開世界各國政府發行公債的先例。十一年後威尼斯銀行成立，政府卽承認該行得以公債的債權作發行信用票據的張本，較英格蘭銀行同樣的安排，要早五百多年。[12]兩方面的情形都和上述布教授所說「capitalism triumphs only when it becomes identified with the state，when it is the state」的情形相符。在歷史上講，這就造成一個不可逆轉的形勢。因爲政府既成爲了一個公司性質的機構，則民法也可以商法作基礎。舉國如是，整個社會已向資本主義的方向進行了。

只是威尼斯以一個捕魚製鹽的村落，還要等到造船業進步、十字軍東征、商業基礎展開之後，才徹底表現它成熟的資本主義性格。它的法律是在十三世紀前期翟波羅（Giacomo Tiepolo）做統領時制定的。從一三〇〇年之後威尼斯進入了它的黃金時代，我們也可以看到這時它的法制大備，雖然永久性質的股份公司，還是以後的事。這時一宗生意的投資，或是牽涉到三兩個人，或是牽連很多人，或是幾個月結束，或者幾年結束，都可以照成例安排。現代商業的技術，如海上保險、信用票據（letter of credit）、複式簿記、提貨單（Bill of Lading）和長期駐海外的經紀，都已產生。到一四〇〇年之後，威尼斯已有現代性的進出口商場，就是外來的人，也可以和本地商人訂立合同。生意如有糾葛，則有商業法庭之 curia di petizion 作主，律師由法官指派，但是兩造也可以用私人律師，所有帳簿信件可以被傳送法庭閱核。[13]

爲什麼在談到資本主義的形成，我們要扯上這麼多技術因素？這就是以前所講的，一項法律要行得通，必有思想信仰和社會力量在後面作根據。威城這樣的做法，有參議院在後面支持。這和歐洲中世紀的習慣和道德觀念大相逕庭，而它的思想信仰又能通過眞人實事而行得通，這才造成了一種「主義」。這也就是說威尼斯通過了人的性格、自然法規以及治國平天下的前提下提倡資本主義。

威尼斯的弱點，則是它沒有生產的基礎作它商業技術的後盾，它的範圍，受島上人口的限制。後來就有一四五三年土耳其人之占領君士坦丁堡，和一四八八年葡萄牙人之通航於好望角。這兩項事情，習慣上爲歷史家認作威城中衰的里程碑。其實地中海商業之衰退，並沒有立卽開始。在人文上講十六世紀才是文藝復興最好的時光，威尼斯和佛羅倫斯同占有極優越的地位。以後威尼斯衰微不振，終被拿破崙交給奧國。這也不能說是它的制度落伍，而是一個自由城市，單靠一個海島上的商業組織作本錢，到底不能長期與大陸上數量的優勢抗衡。

我們讀歐洲史的時候，常常覺得奇怪，爲什麼義大利人這樣的商業組織，不能立卽爲西歐大國如英法等照抄。在仔細追究幕後原因的時候，才知道有關經濟的問題，必定要牽扯到社會上很多其他的因素，要改革也必須全面改革。其範圍之廣，有如一個走獸之蛻變而爲飛禽，倘使沒有內外劇烈的壓力，也組織不起來。而且身當其事的人，在醞釀的局面下活動了好幾十年，還不一定明白他們活動的眞意義。甚至要等到歷史家在幾百年後，把全部經過和以後事蹟對照，又和類似的問題印證，才能「發現」這些變動在歷史上的因果關係。

比如英國在一三〇〇年後，對外貿易已受義大利人操縱。來自威尼斯、佛羅倫斯等地居留於倫敦的人，稱爲「倫巴德人」（Lombards）。他們開設銀行的市街，稱「倫巴德街」（Lombard Street）。一方面他們已有相當雄厚的商業資本，另一方面是宗教改革之前，教堂擁有很多的地產，就是不屬教堂的地產，耕種人也有向教堂繳納「什一捐」（tithe）的義務。內中一部即須貢獻於羅馬的教皇，其實各地的收入早已有承辦人頂包，得款也不直接繳解，而係由這些銀行發給匯票，其現金則由義大利人通過英國寺院購買羊毛運至弗蘭德司（Flanders，即今日法國、比利時一部及荷蘭一小部）織成布匹，銷賣牟利。這買賣通過不同的體制，所以義大利人享有治外法權。如果訴訟兩方都是義大利人，則由其領事受理；如果牽涉英國人，才組織混合法庭。[14]主要的原因是兩方社會生活習慣相差過遠，況且又涉及信仰。如果英國能在這時候採用新時代的商業法律，那它也絕不會讓郎巴德或義大利人去壟斷它的商業和農村經濟了。

後來的事實顯示，能夠在十六世紀之末和十七世紀之初，開始採取新體制的國家，是較義大利自由城市大，但又較英法爲小的國家。尼德蘭聯邦（United Netherlands），普通一般人稱爲荷蘭（其實荷蘭爲這國家初獨立時七省之一，今日之尼德蘭王國則有十一省），不像義大利的自由城市一樣的缺乏宗主，卻也不像英法等國一樣的受堅強王室的管轄。所以資本主義在這國家獲得第二步的立足點，也可以證明歷史在它長期的發展中，仍有它合理的程序。

尼德蘭或低地國家（Low Countries）包括今日之荷蘭、比利時和盧森堡，因為地處北海之濱，在歐洲形成封建社會的時候，是一個不大值得注意的地方；因此到中世紀之末，本地市鎮居民自治力強，很多封建的宗主，承認這些市鎮享有特權。十二世紀之後這些市鎮普遍的建立城垣，封建諸侯在這些市鎮以「自動貢獻」的名義獲得一些財政上的資助之後，仍讓他們保持司法的自由。當日不成文法，一個穡夫逃出莊園，在城市裡住了一年或一百天，即成為「市民」（burgher），在低地國家之內有時只要四十天，就可以獲得這種特權。[15]歐洲貨幣普遍的流通之後，物價成直線的上漲，很多封建制度上的力物義務，已經以金錢折代的，無法調整，只引起莊園貴族的力量更為薄弱，而市民的力量更為高漲。同時各市鎮的成文法和不成文法以它們自己的習慣作主，也展開了一個千差萬別的情形。

十五世紀時，低地國家全部為勃艮第（Burgundy）所得，而勃艮第的領域又牽連到今日德法間的一部分，在地圖上看來，也很有在德法之間，造成一個第三王國的趨勢，所以它的主持人，希望在全境實施中央集權，於是組織新法庭，遣派法官，全面抽稅。只是開創伊始，大公爵戰死。一四七七年留下一位女公爵瑪琍年方二十，於是低地國家很多市鎮，集會於干特（Ghent），向瑪琍提出一種文件，叫做「大特權」（Groot Privilegie）。內容與英國之「大憲章」（Magna Carta）比美。其中規定最高法庭對各地有能力自行裁判的案件不得過問，女公爵不得於未獲取各市鎮同意之前對外宣戰或對內頒發新稅令，不得派遣非本地人爲地方官，甚至女公爵本人的婚姻，也要經過市鎮代表的同意。[16]當時瑪琍出於無奈，只得接受。這樣更增強了各地區自治的趨向。

一到十六世紀，低地國家經濟的發展，有了更顯著的進步。弗蘭德司的毛織業和阿姆斯特丹之成爲主要的港口，已經增加了這地區的重要性。此時神聖羅馬帝國的查理五世，一心要掌握全歐，也認爲低地國家是他祖傳家產，又揭開了反宗教革命（Counter Reformation）的旗幟，於是以排斥異端的名義，增強對各地方的控制。這樣就把低地國家的政治、法律、經濟問題和一個思想信仰的問題，連成一串了。

查理五世在一五五〇年發出的敕令，至今仍能令讀者感到戰慄。內稱凡印刷、抄寫和傳播路德、卡爾文、茲文利（Zwingli）等離經叛道的文件的人，一律處死。即未經批准，私自閱讀聖經，或在公開及私人場合之下講解聖經的也處死。如果觸犯這罪條的人表示懺悔，則男子斬首，女子活埋，要是不懺悔的卽綁在木樁子上燒死。查理五世還說是因爲他被其他政事羈絆，沒有將這敕令全部付諸實施。但是一個目擊其事的人提出，在一五四六年，卽敕令尚未頒布之前四年，僅在荷蘭（這是荷蘭省，不是尼德蘭國）和菲斯蘭（Friesland）兩省，因觸犯異端的罪名而喪生的，已逾三萬人。[17]

查理退位之後，腓力二世繼承，他立即重申前令，並且於一五六〇年在低地國家設立新主教區（bishoprics）。所謂「西班牙的大訊問」（Spanish Inquisition）已經開始。以後的事經各種教科書載明。當阿爾瓦（Alva，或Alba）被任爲軍事總督之後，他在低地國家內有執掌民事之大權。在他恐怖政治之下，喪生的又有一萬八千人，也包括了當地一部貴族。因爲西班牙軍隊需用給養，則就地增設物品銷售稅，值百抽十，一件物品轉手十次也被抽十次。於是激起普遍的抵抗。荷蘭於一五八一年宣布獨立。因爲英國的資助和同情，腓力二世即派遣艦隊征英。大陸上的戰事纏綿，直到一六〇九年才簽訂停戰協定，至是西班牙已事實上承認荷蘭的獨立。而正式的承認，則要在三十年戰爭之後，去荷蘭之宣布獨立已有六十八年，距他們開始武力抵抗則有八十二年。

從一個研究資本主義形成的角度上看來，這一段歷史，有數點值得考究之處。荷蘭成爲一個獨立的國家，以後確實進入了資本主義的體制。但是這獨立戰爭之間，階級鬥爭的成分淡薄，或者根本即不存在。低地國家尤其是荷蘭，不是封建制度根深柢固的地區，當抵抗西班牙戰事發生的時候，當地貴族與平民一齊參與，實際成爲一個民族戰爭。只是根據一個目睹者的報告，戰後倖免的貴族，家產蕩然無存，雖然想保存昔日的派頭，實際上他們已成爲城市裡紳商的雇員。[18]而荷蘭之能向工商業躍進，大半由於戰事所賜。安特衛普（Antwerp）的港口既爲西班牙軍所破壞，阿姆斯特丹的地位，因之增高。大批技工員匠，又在戰事期間北遷，於是荷蘭的紡織業及冶金業獲得顯著的進步。這些因素擺在市鎮居民地方自治的背景上，就已造成資本主義體制之典型。況且荷蘭的農業向來專業化，畜牧重於耕耘，更有增進水上交通發展商業的必要。

至於宗教思想與資本主義形成的關係，不易論斷。只是認爲卡爾文派提倡的「定命論」（predestination）立即可以構成資本主義的思想，考之於荷蘭獨立戰爭的事蹟，不盡符合。低地國家之抵抗腓力二世仍有天主教徒參加。西班牙的大訊問，也不是純粹在信仰上的虔誠著眼，而是準備設立新主教，以天主教的紀律箝制居民，實行中央集權。與新教的衝突，主要在後者提倡「凡信徒即是神父」（priesthood of believers）的說法。領導荷民抗戰的威廉（William the Silent）即由天主教徒改爲路德派後才再改爲卡爾文派，荷蘭獨立的形勢甫告穩定，卡爾文派內即因定命論的解釋發生爭執，他們的教堂（Reformed Church）仍不許放債者參加他們的「聖餐」儀式，大學內仍不給予這些人學位。而且各種神學家，也可以把定命論作不同的解釋，以支持他們的政治思想。直到荷蘭和菲斯蘭兩省宣稱教堂不能干涉銀行之事，而執政慕黎斯王子（Maurice of Nassau）也說：「我不知定命論是藍是綠」，這種糾紛才漸告平息。[19]

從這些情形看來，並不是先有了一個宗教觀念，才因之造成了資本主義的體制。而是各種因素的匯集，使荷蘭民國先已造成一個由資本家作領導的胚胎，定命論才因之被解釋得強調人生之富貴榮華實由天賦，而一個信徒更要勤儉致富，才能證明他自己既虔誠，又有神祐。如果我們對這方面的論斷缺乏權威的力量，則可以引證一位荷蘭史的專家，他說：「關於對上天問題之解釋，很多人可能因威迫利誘而放棄了他們的宗旨。提到宗教上的事，人性經常是可以揉轉混和的。一到物質上和財政上的事，抵抗強權，才會衆心一致毫無異議。」[20]他還沒有說明的，則是對利害的考慮，有時尚能不自覺的決定個人的意向，連宗教思想在內。

荷蘭人過去沒有組織國家的經驗，他們也沒有向大陸擴展的能力和志趣，只有航海及經營商業則是他們之所長。況且他們需要的礦砂木材來自瑞典，製肉的香料（spice）來自遠東。此時漢撒同盟（Hanseatic League）缺乏政治體系作背景以保障船舶的安全。荷蘭民國補救了這缺陷，立時成爲海上保險的中心，吸收了大量國際資金（過去阿姆斯特丹亦爲盟員）。阿姆斯特丹銀行接受不同的存款，發行統一的收據，實際成爲一種交易場的籌碼，也就是一種有使用限制的國際貨幣，已爲亞當·斯密所稱羨。以上措施都是別開生面，並無成例可援。我們稱之爲資本主義，則是荷蘭民國廣泛的以商業組織作立國的基礎，除了增進全民財富之外，沒有更好的邏輯，作它存在的理由。這種體制也必定要保障私人財產的不可侵犯，同時擔保私人資本會在公衆事務內有一種龐大無朋的影響（a disproportionally more influential role）。讀者看到這裡，也可以用這些成果，加上我們前面說的三個技術條件（wide extension of credit, impersonal management, and pooling of service facilities），算作我們對資本主義的定義了。

由於上述的原則，荷蘭不能放棄既有的市鎮的自治，因之也表現出資本主義之另一特徵。卽對外雖進取，對內則相當的保守。這新民國內部組織的公式是聯邦制度（federal system），大事由聯邦決定，小事各省自理。民法的實施，大致盡量依各地既有成例處置。好在荷蘭這一省，擁有阿姆斯特丹，占全國人口三分之二，又供應聯邦經費四分之三，[21]所以聯邦內部的參差不齊，不至於使關係重大的問題完全陷於無法在數目字上管理的狀態。

繼荷蘭之後，英國爲其次完成資本主義體制的國家。

英國在十七世紀，可稱多難之秋。起先英皇與議會衝突，財政稅收成爲爭執的焦點。又有宗教問題的擾攘，也糾纏於內部對付蘇格蘭、愛爾蘭，向外須應付西班牙、法國、荷蘭等等的複雜情形。也發生過內戰、弒君、革新爲民國、行獨裁制、復辟，和第二次革命的事蹟。至於行暗殺、發政治傳單、排斥異教徒、對外成立祕密協定及英皇受外國津貼的情形，還未計算在內。其時英國的人口，不過四百萬至六百萬之間，不及二十世紀中國人口百分之一，其不能管理的情形，也和中國二十世紀初期大同小異。

寫這些問題的專書，當然是汗牛充棟。讀者所感覺的困難，即如一位專家所說「假說之多，遠超過對眞人實事的研究」（fertility of hypothesis was running far ahead of factual research）。[22]還有一位專家，在指斥旁人錯誤之餘，一定要把對方罵得體無完膚。更有一位專家，著書指斥他自己過去著書帶有偏見。他甚至將自己舊著，列入新書之參考書目內，而稱之爲反對派意見。在這種情形之下，我們以局外人的立場，半途中插入意見，很難在各方討好。但是罵人的文字很難成爲歷史，怕人罵也難能寫得出歷史。我們有了中國近代史的經驗，卻覺得因爲眼光不同，英國十七世紀的事不難綜合提要敍述。

凡是一個國家必定要有一個高層機構（superstructure）和一個低層機構（infrastructure）。當中的聯繫，有關宗教信仰、社會習慣，和經濟利害，統以法律貫穿之。總要做得上下合節，首尾一致；要是當中聯繫不應命，政局必不穩定。補救的辦法，或改組高層機構，或修正低層機構，再次之則調整中層機構，有如重訂稅制，頒行新法律。只是英國十七世紀有如中國二十世紀，高層機構與低層機構同時與時代脫節，中層的社會宗教經濟法律各種支持因素都要重創。所以我們應該把英格蘭當日面臨的問題，當作在「時間上」的一個大問題看待，而不應當視作一撮小問題看待。

空說無益，就是牽涉的因素多，討論也要有線索，不能上下古今一齊來。此中關係最廣泛的當然是低層機構，而其中問題的一個核心，則是土地制度之缺乏穩定性。

英國土地，承襲封建社會的體制，照理應該極難轉讓。但是卽在中世紀，已經有各種巧妙的辦法去利用法律上的漏洞。要是一個男人，想把自己領有的地產與他妻子領有的歸併，則可以將這地產「封」與第三者，而要他轉封回來，再封時他自己夫婦二人同時為「被封人」。要是另一個人，想出賣地產又無主權，則不妨在收取價款之後，將地產「封」與買方，但是在接收「被封者的義務」上從輕處置，甚至「每個夏天採辦一朶薔薇花」也能算數。一到十七世紀，普通法的法庭（common law courts）已經體驗過無數如此事蹟，一位法制史家的觀感，則是他們「用虛構的事蹟堆砌在虛構的事蹟之上，以規避歷史上的重擔」。[23]

我們一般印象，一個「自由產業人」（freeholder）卽如今日之業主，但是遲到十七世紀中期自由產業人仍有幕後業主，也還付賃租。他們的自由，不外可以將地產自由買賣，自由承繼。而這時糾葛極多的尚是「抄本產業人」（copyholder）。此類土地占有人祖先為稽夫，只因為以前莊園法庭檔案中有他們祖先名下的文件，他們執有抄本或者據稱有此抄本，則成為法律上的證據。考諸成例，一個人雖為稽夫，確實仍可以領有財產，只是仍對莊園有應盡義務，各處不同，差別很大。況且一部莊園文件又在十四世紀黑死病時焚燬。事隔三百年，有些莊園主人也接收了一些代價，讓抄本產業人成爲自由產業人。又有一些莊園則仍普遍的當他們爲佃戶，卽使莊園業經解散，莊園主人的承繼人仍可以追究穡夫的子孫對他的義務。一般卽收取一些賃金。這賃金又不稱爲租賃，而稱爲「罰款」(entry fine)。也就是不願斬釘截鐵的承認居民有權占領這些土地，乃假設他們祖先進占這土地，必有虛冒名義情事。十七世紀的趨向，是增加罰款，而且有些地主強迫抄本產業人逕稱「租賃產業人」(leaseholder)。其背景則是西半球白銀流入歐洲，物價上漲，加以交通進步，商業展開，英國農作物價格自一五〇〇年至一六〇〇年，一般上漲四倍，仍不可遏止。地土關係改爲租賃，期限自七年至二十一年不等，地主可以期滿退佃，並且按時價加租。十六世紀之末抄本產業仍在各地占多數，有如約克郡(Yorkshire)卽占農夫全數三分之二。這時候追究地土主權，也涉及一般小自耕農，有如一般傳說，「一個小自耕農要是不小心防護他地產的主權，立卽可以蕩產傾家」。[24]

圈地(enclosure)在過去被認爲是使小農流離失所成爲社會騷動的原因，據最近的研究則事不盡然，圈地有利有害，各地區情形不同，好壞都有。而且圈地開始於十六世紀之前，經過整個十七世紀，至本世紀初期才完成，爲人口增加、土地使用合理化必需的步驟。十七世紀的問題大都由於莊園拆散分割買賣，所買賣的特權又含糊不明，佃戶又將地土分割的遺傳。普通法庭只能支持現今占有人的使用權（seizin），無法澄清所有權。這樣一來，一般農民惶惶不可終日，有些也被退佃。有些莊園主人，則不知地產究在何處，承佃人也找不到。按固定收入的地主可能入不敷出，更可能江河日下。此時又有投機的地主或以經商做官起家的地主，倒在混亂場合之中繁榮，成爲新的縉紳（gentry）。總而言之，法制已與時代脫節。

農村經濟不能與新興商業合流，也是使社會陷於上下不得的一個原因。普通法的成例，農作物只能通過在歷史上有成例的市場以「公平價格」出賣，不得私自交易，市場的組織不准重複。其實此時城市人口激增，各地供求關係與物品價格與以前迥然不同。十六世紀及十七世紀的流動商人（wayfare merchants）對各地區間的溝通，有顯著的貢獻。只是他們的生活極不安定，生意也沒有保障。主要的原因是普通法沒有應付現代商業的經驗。它既不承認動產能夠遺傳，典當也須將產業交付貸方（mortgagee），借方（mortgagor）即失去使用權。破產與保險當然還談不上，即是控訴對方違約，也須證明本身實際虧本，因違約而貽誤的機緣不能算數，而且還有一個極長的等待時間，動輒七年。[25]

英國這時的高層機構，是英皇與議會（parliament）間牽強的平衡。封建制度間的安排，英皇平時以他自己土地的收入供應他政府的開銷，只有特殊情形才能召開議會請求津貼（subsidy），不能隨便抽稅。十七世紀的衝突一開，雙方都用成例作藉口，其實則目下的發展，早已超過成例之外。亨利八世別出心裁的宗教改革，使英皇成為英國教會的首長，已把他自己和他的繼承人吹成半個教皇。一到十七世紀，民間的趨向則是信男信女作主的一種集會性質的教會。十七世紀初期的使用司法權也發生爭執。因為普通法不能對付新社會的問題，一個補救的辦法，則是英皇的「特權法庭」(prerogative courts)。這些法庭的取捨，各書所敘不同。但一般包括皇廷牧師的法庭、財政大臣的法庭、英皇巡行法庭、高級委員會(High Commission)的法庭(管宗教事宜)，和「星房」(Star Chamber)法庭(管刑事)。這些法庭不用普通法，而以「公平法」(equity)為準繩。公平法本身非法律，只代表一種法律觀念，以天理良心作主，也受有羅馬法及教會法影響，在它裁判之下，案情處置以合情理(equitable)為原則，對於是否合法(legal)倒沒有提及(合法務必遵成例)。足以打破普通法凡事推宕，堅持以前沒有做過的事統統不能做的習慣。這程序已開始於十六世紀，只是一到十七世紀，英皇已因稅收和宗教兩樁大事不孚人望，議會派更怕皇室用公平名義自作主張，去支持寡頭政治。所以內戰前夕，議會通過法案，將當中最犯眾怒的兩個特權法庭即高級委員會和星房撤銷。

從一六四二年到一六八九年近半個世紀，政治上紛至沓來的事蹟不在本文敘述範圍之內。好在介紹這段時間的歷史資料格外豐富，教科書也寫得詳細。我們提及資本主義的形成，則要一躍而前，跳到這一六八九年頭上去。前面說過資本主義的技術條件在資金流通、產業聘用經理及技術公用的原則，一到某種場合，這三個條件都會造成一種不可逆轉的趨勢。在英國，我們認爲一六八九年光榮革命（Glorious Revolution）的成功，表現著這關鍵的來臨。

威廉三世以女婿推翻岳父，但是他是荷蘭人，對英國內政無實際興趣，被邀才做成了一個「被選舉的君主」（elected king）。最重要的是，他到任五年，英格蘭銀行成立，英國承認公債是國家的一種制度，皇室不用對國計一身擔當。這樣免除了好多在憲法上的爭執。過去的事，像查理一世的提用商人存放在皇家鑄錢局的金銀、查理二世的停付銀匠借款，和克倫威爾強逼東印度公司借款，都不再重演，間接的保障了私人財產的不可侵犯。在此事前一年，即一六九三年，「皇家礦產法案」（Mines Royal Act）公布。以前民間所有礦產，內中若發現金銀，利歸英皇。其實皇室用這種名義抑制一般民營礦場，又授權某某人可以例外。此法案通過後，皇室放棄了這權利，於是礦業大興。英國礦產開拓公司（Mine Adventures of England）的資本十二萬五千鎊，在極短的時間募足，在當日是前所未聞的大數目，這樣投資放在有廣泛性格的企業上去，也刺激了工商業全面的增長。[26] 諸事互相印證，我們就此領略到資本主義總在民主制度和立憲君主制下，才容易展開。極權政治一般的趨向，會阻礙私人資本的成長。

一六八九年不流血的革命稱光榮革命，因爲它實際上改造了英國的高層機構。茲後英皇只成爲儀式上的君主，實際大權在議會手中。英國的政黨政治和內閣的組織也已具雛形，雖說他們當日的粗胚（prototype），不能與以後的情形相比，但我們已可以看出他們是成直線型的發展。因爲政局穩定，宗教上的衝突就慢慢的被遺忘。

爲什麼英國在十七世紀末年有這樣的成就，而世紀中期，雖有克倫威爾的領導，仍不能有這樣的成就？我們以中國歷史上的經驗作參考，當高層機構如此突破環境而成熟的時候，其下層機構也必有顯著的改進，不然立法不能聯繫。因此想像英國一到十七世紀之末，土地制度必和世紀初年的情形有很大的差別。統計上的數字，尚付之闕如，事實上如何完成，我們也無從知曉，可能永遠無法明瞭。只是一六九二年所徵收的土地稅，用統一的稅率加諸全國，不再用承包收稅人（tax-farmer），全部收入解入國庫者逾二百萬鎊，超過以前皇室一年收入的總和。[27]這斷然不可能在五十年前，土地主權紊亂，全國不能在數目字上管理的情形中完成。

我們知道，在內戰前夕，很多有企劃心的地主，就已經在購買土地的時候去瘦存肥，將一部放棄，一部收納歸併，使地產的使用管理合理化。內戰期間，兩方的軍事組織，又都是由地主領導佃農及小自耕農，則前述趨勢只會繼續擴展，不會收縮倒退。我們又知道十七世紀中期，自由產業人已不付賃金，自成業主，有如今日情形。租賃產業之代替抄本產業，也是一般時向。[28]那麼我們可以跟著唐尼教授（即前提及的R. H. Tawney）所說，英國內戰實爲一個「大熔爐」（melting pot）。他說：「地歸業主，以打仗的方式執行，要比法庭告狀便宜得多了」[29]，也不只是詼諧輕鬆的道白，而確是言之有物。事實上這土地的領有集中和使用的規律化，以新興的地主爲領導，排斥異己，並且淘汰一批不能跟著時勢進化的地主，更要將最大的壓力，加諸一般抄本產業所有人。這些穡夫的子孫，少數的運氣好，成爲自由產業所有人，其他或被逼爲佃農，或擠出於農業之外，成爲城市內之廉價勞工，事實俱在。只是這是一個長時期的運動，與戰前戰後的發展聯繫，所以一到十八世紀，仍有不少的抄本產業所有人。[30]在這些情形下，我們提及一六八九年英國的低層機構必有顯著的改革，而不用絕對字樣，這是一種相對的看法。這也不是研究英國土地制度或英國內戰的一種論斷，而是對英國資本主義形成的一種解釋。這些專題對於「大熔爐」有不同角度的看法，因爲立場的不同，其論斷必定也有程度上的差異。

有了這樣的解釋，我們才能對以下所說法律之演進看得明白。英國的議會派雖說想支持普通法庭的至高無上，實際上這法律與時代相去過遠。公平法被皇廷牧師法庭（Court of Chancery）引用，事實上無從阻止，一六六〇年查理二世的復辟之後尤甚。此時被引入的案件，牽涉到若典當間死亡，當時借方的權利、女子財產權的保障、破產、合同、股份和船舶所有的支配，以及欺詐內涉及「過分的施用誘導力」（undue influence）的原則。[31] 而且引用的情節積少成多。當初公平法不顧成例，現在它自己也創成例，於是公平法與普通法對流。一六八九年賀爾特（Sir John Holt）爲首席法官（他任職於 King's Bench，此法庭與 Court of Common Pleas 同爲普通法庭），他卽決定今後有關商人的案件，照商業習慣裁判。[32] 假使社會上沒有相似的變化，他的更革縱不引起普遍的反對，也難行得通。

光榮革命的前後，政治制度的改革不以立法和行政作主宰，而以司法爲主。克拉克爵士綜合前後情形，有下面一段觀察：

> 司法衙門和法庭不斷的工作，除了幾個月之外，用法庭的裁判去樹立法規的情形總是在進度之中。（相反的）改革法律的呼聲雖高，但是危機一發生，縱在最革命的關頭，有關土地（的買賣占領押當）與商業合同各事，卻連一椿立法，也沒有做出來。[33]

立法和行政總還不免「通令」的格式，有立卽強迫下面照上級意志做事的情調。而資本主義牽涉私人財產權，務必在眞人實事之間判別得明白，所以司法權成爲有效的工具，它有試驗性質，也能積少成多的以成例創造制度。克拉克的解釋尤其使我們不會忘記這高層機構與底層機構間的聯繫。

我們再看英格蘭銀行的組織，更相信布勞岱爾教授所說資本主義的成功，在它能與國家互相印證的眞諦。一六九四年銀行的股東，以英皇和皇后領頭，其中有一千二百六十七人，「無例外的」都是倫敦商人，他們宗教的剖面，則是「徹底的新教徒」。所湊集的資本，不是現金，而是由於他們供應政府的軍需，所得財政部的收據（tally），和存在銀匠店裡的金銀，由銀匠所發的收據。他們把這些資本，共一百二十萬鎊，貸與政府，年利八分，政府即以關稅和酒稅作擔保，只要年利照付，本金可以永遠繼續的借下去。而且有了這樣的保障，英格蘭銀行雖爲私人資本，卻可以發行鈔票，也達一百二十萬鎊之數。銀行既可以用放款的方式使鈔票流通於市面，也就是一舉兩得，在貸與政府及放款於民間，兩頭生息，這也是信用膨脹（credit inflation）的開始。[34]

一六九四年九月，銀行剛成立不久，政府要它匯款二十萬鎊到弗蘭德司去接濟與法國作戰的英軍。這並不是開一張匯票，讓約翰．邱吉爾（John Churchill, Duke of Marlborough，是第二次大戰時首相邱吉爾的祖先）在比利時兌現。當時尚無分行，國際的信用也尚未開始組織。事實上的辦法，是銀行的董事會全部到邱吉爾軍中去，籌款的職員也派往西、葡、荷、瑞士和義大利各處，包括威尼斯和阿姆斯特丹。歐洲商人一聽說倫敦商人都站在英軍後面，也把他們能夠控制的資金，放貸於組織戰事的邱吉爾。所以英國的打敗法國，是有北歐、南歐的財政支持。這中間一段的活動，也使國際信用的組織具體化，而英國又採取了主動地位。

信用膨脹也同樣在繼續之中，一方面因爲在大陸上的戰爭，英國的支出從一七〇二年的每年五百萬鎊，增至一七一四年的每年八百萬鎊。英國的國債在同時期中由一千三百萬鎊增加到三千六百萬鎊。英格蘭銀行的資本也同樣的在擴充。[35]

我們也可以想像得到，因爲英國土地所有權已大致固定，農場組織也比較堅固，又因爲公平法和普通法合併，商業性的法律可以使用於農業社會裡面去，就引起農業的資金與工商業的資金對流，濱海與內地融結爲一，生產與銷售的距離縮短。十七世紀末年的一個徵象，乃是「土地銀行」(land banks) 紛紛組成。他們希望一方面仍能原封不動的保持自己手中的田土，一方面卽以這所有權作信用的根本，獲得現金。只是組織不良，求功過切，又紛紛失敗。還要再等幾十年，這些錯誤才被更正。十八世紀中期以後，英格蘭和蘇格蘭的地方銀行、鄉村銀行才如雨後春筍一樣的顯露頭角，在倫敦也有很多私人組織的小銀行出現。於是信用貨幣不僅膨脹，而且有了一個全國性的組織。

李約瑟博士和我的「檢查單」提到雇用經理和服務性質的事業，還提到立法的防制欺詐、懲辦假冒、懲辦監守自盜 (embezzlement) 的程序、保險公司的形成、現代有限公司的組織、郵政的設立、付費公路（turnpike）的修築、報紙刊物的出現。凡此都要延伸到十八世紀以後，才逐漸完成。但是在光榮革命前後，都已創立初步。所以我們認爲資本主義是一種組織和一種運動，這在英國，一六八九年是一個具體的關鍵。沒有這時間上匯集的話，則零星資本主義的因素，和抽象資本主義的觀念，都不能構成一個言之有物、在歷史書上站得住腳的資本主義。

英國之能進入資本主義，是世界史上一件大事。一個人口六百萬，面積不到六萬方哩的國家，今日實爲小國，但是在十七世紀，還是歐洲大國。這樣一個有農業基礎並且法制傳統堅強的國家，竟能使全國的管制數字化，首尾相應，有如一個自由城市，實在是歷史上前所未有。過去英國的軍事力量，沒有法國和西班牙堅強，航海探險也在西、葡各國之後，商業組織，也讓義大利和荷蘭占先。至此，它以最緊湊的組織作本錢，竟在效能上超過上述諸國，因之稱雄於世界達幾個世紀。

馬克思雖沒有直接引用資本主義這一名詞，他的寫作中，到底已經指出了一個資本主義的體制。揆諸事實，他的敍述，和英國資本主義形成的歷史最爲接近。〈共產主義者宣言〉所勾畫的階級鬥爭，在英國歷史裡，也並不是沒有根據。只是三兩句文字的勾畫，不足以概括幾個世紀變化的曲折。

一九七八年我離開英國的時候，李約瑟博士和我的一片好奇心，總算獲得局部的滿足。前面已經說過，我們涉入這問題的動機，是要解釋何以現代的科技產生於西方，而不產生於中國。多年摸索之後，才知道這問題不能局部解答，要解答也應由兩方社會的組織與運動間找尋線索。有了上面這一段經驗，我們更深信和歐洲中世紀的社會比較，以至與中國傳統的官僚主義[36]社會比較，資本主義社會是一種現代化的社會，它能夠將整個社會以數目字管理。因之社會裡的成員，變成了很多能互相更換（interchangeable）的零件；更因之社會上的分工合作可以繁複。法律既以私人財產權之不可侵犯作宗旨，也能同樣以數目字上加減乘除的方式，將權利與義務分割歸併，來支持這樣的分工合作。這在推進科技的發展中，產生了一個無可比擬的優勢條件。

但是這未定的結論，純粹係相對於歐洲中世紀及中國傳統社會而言，並以十四世紀到十七世紀（大致與中國明朝同時）的一段時間為限度。當然，這不是我們對現今政治的見解。李約瑟博士對當今政治的見解，已有他在各處發表的文字和演講闡明。此公有他無可仿傚的獨立作風，也用不著我代為畫蛇添足。

並且我寫這篇論文的動機，乃是不久之前，我在紐約發表了一篇文章，提及中國近一百多年來對外界的挑戰，不是一錯再錯，而且其反應是和世界長期歷史上的合理性相符的；這篇文章曾引起有些年輕學者的質疑。這篇文字最後一段，即提到歐洲資本主義的形成，所以應由我個人負責，將我現下對這問題的看法提出，作這篇論文的結論。

我們在二十世紀末年，提到資本主義，有幾點值得提醒所有學人注意的地方。我們從技術角度（不以意識形態作出發點）看來，資本主義不外一種國家的組織，通過社會經濟諸因素，有如亞當・斯密所說，施用「商業的系統」(system of commerce)「去增進國民的財富」。在這大前提之下，就不期而然的包含了一個個人「有識見的私利觀」(enlightened self-interest)，倘非如此，其下層機構就組織不起來。所以私人財產應有保障，以及私人財產在公衆生活中發生龐大的影響，都成爲必然的趨勢。

這種組織由地中海傳播於北歐，穿透過英國，表現著從小國到大國，從水中的國家到濱海的國家，從沒有農業基礎的國家到農業生活方式組織相當嚴密的國家，成爲世界一般趨勢。以農業組織作國家基幹，注重凡事維持舊有的均衡；以商業組織作國家基幹，則注重加速交換(exchange)。時代愈進化，後者愈能掌握科技，而前者的弱點更爲暴露，其國民對其政府之無能益抱不滿。我敢說從一七八九年法國大革命之展開至一九一七年俄國之二月革命，都仍由這基本的原因發動。

從威尼斯到荷蘭民國到英國，我們也可以看出一個國家放棄中世紀的立場去組織資本主義的體制，不是一件容易的事。每個國家都要透過它歷史與地理的特點，暗中摸索一段時期，而後不期而然的找到它的方案（如荷蘭採取聯邦制度，英國利用司法）。在這裡，我們也可以用英文的 constitution 一字解釋。Constitution 一方面是憲法；一方面是一個有機體的功能組織和結構。寫一紙憲法，是相當容易的事；改變一個國家的功能組織和結構，有時等於令一隻走獸蛻化爲飛禽。在農業國家尤難，這因莊稼之事，關係人民的生存，稍一不慎，可以引起普通的饑荒。通常我們看不到這樣的困難，則因美國歷史及日本歷史有些特殊的地方，令人發生錯覺的緣故。

美國之殖民地時代，土地占有牽涉極少的封建因素，一般土地都可自由買賣。普通法和公平法的結合，也大致已在英國完成。美洲殖民地裡，只有極少數地區有兩種法庭同時存在。所以自始至終，農業的組織就能和工商業合流。又能將這一組織，在一個空曠的地區，跟著科技的發展而推展到兩洋的沿岸，但卻也仍有「佘家叛變」（Shays' Rebellion）、「威士吉叛變」（Whiskey Rebellion）、各州不承認聯邦通過的法案（Nullification）及四年內戰。又因組織銀行、發行貨幣、管制工會，取締托拉斯和協定各州間的商業（interstate commerce），發生無數糾紛。總之，這好多糾紛是在美國的成長的長時間內發生，所以一般人並未想像到各事業蝟集在一處，又有一個舊社會在後面作祟，又沒有空間作轉圜的困難。

日本是一個海洋性的國家，在德川幕府末期，已經有了諸藩（封建諸侯）的「藏元」（財政經理）、「諸仲間」（各種商業集團）、「問屋」（批發商），和「迴船」（定期航線，並帶有保險業務）等等的組織。政府缺乏中央集權的傳統，商業組織和商業資本卻早已在繼續成長之中。明治維新，表面上好像是突破時代的改革，實際則是以一個新的高層機構擺在一個已經規模粗具的低層機構上。我們不審察這特殊的情形，則以爲日本能如此，其他國家都應如此。

然而特殊與否、困難與否，這種改革成爲世界趨勢，已無可避免。資本主義有很多令人不滿的地方。也不待馬克思說明，亞當·斯密著《原富》時就指出英國商人的私利觀，缺乏有識見的度量，在對付殖民地時，有很多不公平及短視的事。就像對現代經濟學作過實質貢獻的凱因斯男爵（John Maynard Keynes）和前述的羅賓生教授，也對現代資本主義曾有過極苛刻的批評。在這些地方，我們應該想到孫文所說，對現代經濟組織採取「病理家」的地位，一定和一個「生理家」的地位迥然不同。現代的社會主義，也就是糾正錯誤，給改革過遲的國家一種自衛的手段。但是在以商業的組織使全國能在數目字上管理，承認個人的私人財產權，提倡資金流通，人才活用，技術因素共同使用，基本上仍與資本主義相同，只有程度上的區別。英國在第二次大戰之後，有時候資本主義的重點強，有時則社會主義的重點強，也用不著作體制上的更變。美國爲當今資本主義發展最高的國家，其政治措施有時仍帶有社會主義的色彩。這中間的奧妙，則是資本主義在三百年前組成時，和歐洲當時的習慣信仰大相逕庭，所以要在學理上造成一個絕對的地位，才能無懈可擊。今日之世界則無此需要。況且那絕對的立場，技術上也不容易維持，卽有如人類之性善或性惡、定命論的眞實性格，屬於宗教上的問題。又有如洛克的「勞力價值論」在十七世紀形成。當日生產方式簡單，要說某人能將自己勞力混合於自然的資源之內，卽將這一部資源當作他的私產，還講得通。而今日最有商用價值的廣告事業，以無線電的電波在空間廣播，則就要使前謂勞力價值論作硬性的解釋，發生困難了。

所以我認爲針對今日中國的改革作辯論，一定要澄淸這是資本主義或社會主義的體制，只有宣傳上的效用，沒有學理上的意義。一個尙待開發的國家，連最基本的現代組織都未完成，就奢言實行共產主義，甚至完全否定個人私利觀，那才是顚倒歷史。我們也看到對這後項運動作學理解說的著作，總不免包含著錯用名詞、不顧世界歷史發展程序諸種辦法，結果是與時代不合節，只能再度造成中國傳統裡「金字塔倒砌」的結果。

注釋

1 二十四史中的〈食貨志〉鋪陳「食貨」，實際是將國計民生綜合的解釋，也有時間上流動的意義。如《明史．食貨志》提到明代「役曰里甲，曰均徭，曰雜泛」就牽涉到不同世紀的制度，只是缺乏邏輯上的緊湊，容易使學者誤解。英國學者中強調中國思想係動態而非靜態的，有A. C. Graham，他從宋代理學的辯論和唐詩的修辭裡看出來這種特徵。李約瑟之評朱熹，說他：「沒有達到牛頓的宇宙觀之前，先來了一個愛因斯坦式的宇宙觀」，也和這所說的特徵相印證。文見《中國科學技術史》各種不同版本的卷二。

2 關於黑死病與英國土地制度的關係見 Theodore Plucknett, *A Concise History of the Common Law 5th ed.* (London, 1956), pp.32–33, 311. 聖尼亞茲的事蹟，見 Joan Thirsk, ed., *The Agrarian History of England and Wales*, IV, 1500–1640 (Cambridge, 1967), pp.502–503.

3 Braudel, *Civilization and Capitalism 15th–18th Century*, III, *The Wheels of Commerce*, Sian Reynolds 譯自法文 (New York, 1982)，pp.237–238. Clark, *The Seventeenth Century*, 2nd ed. (New York, 1947) p.11.

4 這些要點見於 *The Protestant Ethic and the Spirit of Capitalism*, Talcott Parsons 譯自德文 (New York, 1930)，p.22, 48 括號內二段依次序見於 p.50 及 p.36，以及「作者自序」p.25。

5 Frederic C. Lane, *Venice: A Maritime Republic* (Baltimore, 1973), pp.20–21.

6 Lane, pp.252–253; John Julius Norwich, *A History of Venice* (New York, 1982), pp.257–258; Jacob Burckhardt, *The Civilization of Renaissance Italy*, S. G. C. Middlemare 譯自德文 (New York, 1958) Vol. I, p.86.

7 M. M. Postan and E. E. Rich, ed. *The Cambridge Economic History of Europe*, Vol. II, (Cambridge, 1952), p.351, 393.

8 Edward P. Cheyney, *The Dawn of Modern Era* (New York, 1936), p.11.

9 Cheyney, p.42; Burckhardt, *The Civilization of Renaissance Italy*, p.99, 102; Oliver C. Cox, *The Foundation of Capitalism* (London, 1969), pp.143–144; Leonardo Olschki, *The Genius of Italy* (Oxford, 1949), p.169.

10 參見 Lauro Martines, *Power and Imagination: City States in Renaissance Italy* (New York, 1979), pp.251–254. 他的解釋是指出佛羅倫斯各種複雜的政治思想與文藝復興的關係。

11 Braudel, *Afterthoughts on Material Civilization and Capitalism*, Patricia M. Ranum 譯自法文 (Baltimore, 1977), p.69.

12 Cox, *The Foundation of Capitalism*, p.81; Charles A. Conant, *A History of Modern Banks*, 4th ed. (New York, 1909), p.10 Norwich, op, cit., p.108.

13 Norwich, pp.155–156; Lane, pp.51–52, 414–417; Braudel, *Afterthoughts*, p.22; Lane, *Andrea Barbarigo, Merchant of Venice, 1418–1449* (Baltimore, 1949), p.18, 98, 112.

14 M. M. Postan, E. E. Rich & Edward Miller ed., *Cambridge Economic History of Europe*, (Cambridge, 1963), Vol. III, p.102, 117; Cheyney, op cit., p.16, 29. 但治外法權似係兩方互用，英國領事也在義大利裁判案件，詳 E. Lipson, *Economic History of England*, 11th ed. (London, 1956), Vol., p.590.

15 J. A. Houtte, *An Economic History of Low Countries, 800–1800* (London, 1977), p.29. 低地國家內封建力量薄弱可見同上，pp.74–75; M. M. Postan, ed., *Cambridge Economic History of Europe*, Vol. I, (Cambridge, 1971), p.337.

16 John Lothrop Motley, *the Rise of The Dutch Republic* (London, n. d.), Vol, I. p.51.

17 Motley, Vol. I. pp.113–114, 254–257 ∴其實查理五世已於一五二九年發出類似通令，惟其時尚未任皇帝，見 Emile G. Leonard. *A History of Protestanism*, Joyce M. H. Reid 譯自法文 (London, 1965–67) , Vol. II, pp.77–78.

18 Herbert H. Rowen, ed., *The Low Country in Early Modern Times* (New York, 1972), pp.221–222.

19 R. H. Tawney, *Religion and the Rise of Capitalism* (New York, 1926), p.238; Rowen, p.116.

20 Motley, Vol. II, p.277. 此文係針對反對西班牙之物品銷售稅而言。

21 Rowen pp.215–216; Harold J. Grimm, *The Reformation Era* (New York, 1954), p.443.

22 Lawrence Stone, *The Causes of the English Revolution, 1529–1642*, (London, 1972), p.29.

23 Plucknett, p.159, 539.

24 Thursk, p.304；參考 Plucknett, p.538.

25 Plucknett, p.665, 677；參考 Edward Jenks, *The Book of English Law*, 6th revised ed. (Athens, Ohio, 1967), p.268, 285.

26 關於十六、十七世紀英國皇室阻礙工礦投資見 B. E. Supple, *Commercial Crisis and Change in England, 1600–1642: A Study of A Mercantile Economy* (Cambridge), p.227; William Rees, *Industry Before Industrial Revolution* (Cardiff, 1968), p.386. 關於英國礦產開拓公司見 Rees, pp.526–530.

27 J.S. Bromley, ed., *Cambridge Modern History*, Vol. VI, (Cambridge, 1970), pp.285–286; Maurice Ashley, *England in the Seventeenth Century* (Cambridge, 1977), p.175.

28 Thirsk, pp.648–668; Stone, p.73.

29 Tawney, "The Rise of the Gentry, 1558–1640," *Economic History Review*, 11(1941), pp.1–38.

30 G. W. Southgate, *English Economic History* (London, 1970), p.108. 參考 G. E. Mingan, *The Gentry: The Rise and Fall of a Ruling Class* (London, 1976), p.173.

31 Plucknett, pp.690–691.

32 同注（31），p.246。

33 Clark, *The Wealth of England from 1496 to 1760* (London, 1946), p.114.

34 在這題目最有用的參考，乃是 John Giuseppi, *The Bank of England: A History of Its Foundation in 1694*, reprint (Chicago, 1966).

35 Giuseppi, p.35; P. G. M. Dickson, *The Financial Revolution of England: A Study of the Development of Public Credit, 1688–1756* (London, 1967), pp.42–46; *Cambridge Modern History*, Vol. VI, p.285.

36 我的一篇論文，對中國官僚主義，有初步的解釋，見〈明《太宗實錄》中的年終統計：李約瑟博士所稱中國官僚主義的一個例證〉，載 *Explorations in the History of Science and Technology in China* (Shanghai, 1982), pp.115–130. 英譯載 Ming Studies, 16(Spring, 1983). 現收入本書。

第八章

中國近五百年歷史爲一元論

在過去幾十年內，我曾花費了一段時間，參閱明朝財政的情形。如果一定要指出這制度上數一無二的最大特徵的話，我就要說這政府之中層機構缺乏後勤的能力，實在是令人驚訝。唐朝和宋朝的轉運使在各地區間活動，手中有大量的款項及物資周轉，由中央的指示，廣泛的行使職權。[1]在大體上講，明朝放棄了這樣的做法。

在後者的制度之下，全國財政資源，分成無數的細枝末節，由最下層的收支機構側面收受。經常納稅人出入省區交兌物資，其會計責任，也落在他們頭上。與之相似的，在漕河裡交納漕糧的總旗小旗，對糧船上收納之數，要向中央政府所轄的倉庾負責。這樣一來，全國蓋滿了此來彼往短線條的補給線。一個邊防的兵鎮，可能接收一、二十個縣分的接濟；一個縣分也可以向一打以上的機構繳納財物。[2]因此明朝的戶部不是一個執行機關，而是一所會計衙門，其龐大無比，當日也無出其右。

這種基本上的組織，會使今日的讀者聯想到它對中國現代的發展所產生的一種負作用。以上政府後勤的制度不改變，國家經濟裡帶著服務性質的部門卽無法伸足前進。交通與通信是交納的輪軸。現在物資旣沒有集中收發，也就用不著此種車輛了。銀行業與保險業也無法抬頭，它們是商業的工具。現在最大的主顧——卽政府衙門——做事如此，尙不照商業辦法，其他也可想而知。法庭與律師的服務當然更談不上，因爲倚靠它們的商業活動尙未登場。

針對上述情形，我們也要指出，在經濟發展先進國家的成例，私人資本有賴於公衆性質的事業開端。義大利銀行家以替教皇收納匯款而繁榮，日本的商人替各大名經理軍需而發軔。明朝的財政，半由創業之主的專心設計，不開此進出之門。政府自己本身既不需要此種種服務，大小衙門官僚，當然無意替私人的經營著想了。而以上服務事業又不能不由正式立法或類似的程序維持，得以自己打開局面。

無可否認的，明朝開國後五百年，這局勢有很多的變化。一至十六世紀，白銀流通，使政府稅收的帳目，在某些方面綜結成爲「一條鞭法」的改革，鹽商開始抬頭。而清朝更有廣州的十三行。清朝政府也提出不少的改革，最重要的是雍正帝之「火耗歸公」。一八〇〇年後，山西票行已見活躍。十九世紀後半期，新式的稅收有如進出口關稅，以及在討伐太平天國時所產生的「釐金」，好像已從過去的財政辦法挺進而推陳出新。

然則，實際上前述各種改革與變化，無一能使中國在君主制度的末期改頭換面。即一條鞭，我們也可以沿用梁方仲的修辭，從未放棄「洪武型」的財政。清初的整頓，紀律與技術的方法長，組織與制度的體系短，火耗歸公由美國一位作者研究，只有短期局部的改革效用。[3]明代鹽商、山西票行，與清朝的十三行也沒有產生決定性的力量，足以改變中國商人資本的整個形貌。新式稅收也不能使內地的經濟有劇烈的改進，而影響到全般財政的經營。而且關稅一開始就受列強操縱，以後收入大部只能支付賠款及外債。因爲缺乏決定性的新因素，淸朝的戶部仍是按行省設司，與明朝的組織無異。其收入零星，缺乏總攬其成的國庫，也是五百年如此，一直遺留到本世紀初年。[4]

我作此文，可以說是沒有詳細的事實根據去支持一種廣泛的批評。可是雖如此，我們也可以用大眼光的邏輯推行，補救這缺點。我們必須看淸：如果要將明淸的制度，改革爲有現代性的合理化，勢必要由中央政府在各行省之中設立帝國財庫之分庫。那就要將中央的收入與地方收入分劃爲二，亦卽是要取消傳統的一元政治。如果責成政府扶植商業，勢必又要責成文官組織分門別類的各就專長，既影響到科舉制度的吸引人才，也影響到吏部的斟察考核與訓練遣調。要財政經理確實，又必增強司法機構，使司法官專業化，也會促成他們與其他文官分離。而最重要的，企望政府的服務性質周密有效，勢必增加行政的開銷，而最初這增加又只能由納稅人擔負，而當時大部納稅人則爲農民，至此不得不增長他們的教育程度。以上需要在改革之前所行各種準備，若從大處或長遠之處看去，也就與戊戌變法的目標無異。而戊戌變法僅在淸亡之前十三年才提出，雖有光緒帝君臣的提倡，他們的提議卻很少可以付諸實施。再說得不好一點，卽雖至今日，中國尙沒有全部完成上述措施。

一個現代化的國家與中國明淸體制有一種基本不同之點，則是政府能直接參與國家經濟的伸縮。它利用中央銀行及證券市場的影響，可以左右商業的趨向。它的金融政策，可以使投資及雇用數量增減。它可以發行公債，用借貸的方式支付開銷。它可以出賣國營資產，使貨幣回籠而信用緊縮。它的稅收不僅光爲收入著眼，也有管制的力量。此外它還有其他影響經濟的辦法。如果這些方法逐漸增善，政府即可以放鬆籠罩在人民頭上的統治，而以服務代替警察權。明清之體系，無此可能，已不待言。而最使今日讀者仍感扼腕者，則此體制，尚無誕生現代國家各種因素之基礎的可能性。

創立這體制者爲明太祖朱元璋，亦即洪武帝。他出身爲貧農，這背景對他以後的政治哲學不無影響。但是他對宋朝王安石企圖將財政局部商業化，而且改組又失敗，存有反感，影響更深。[5] 洪武在位時，很多擁有土地的巨家大室都受到打擊。等到各種案件結束之後，全國以自耕農的戶口爲主，一般賦率至低。即在十六世紀各種附加已將稅率相次增高，而稱全國負擔最重的南直、蘇、松地區，平均付稅人所出也不過其收入百分之二十。其他一般都在百分之十以下，還有不及百分之五的地區，這種情形迄至清代未變。[6]

那麼爲什麼各種文獻之中又有汗牛充棟的呼籲，總是說稅重民貧？其答案則是一般稅率雖低，這稅率是不分大小，向全民抽取的。即一個貧農有五畝田，也和一個富農有五百畝田依同稅率納稅。事實上即因稅率之低，使各處產生無數的貧農納稅人，他們欠稅不繳，作爲其他納稅人拖欠的憑藉，官僚爲之蹙額。還有一個因素，即是當日管制無法與實地對照，付稅的責任可以與地產分割。富裕的地主可以重價購入賣方的產業，而只接受其稅率之一部。他們也可以將地產的小部分廉價出賣，而分割以納稅責任之一大部。一般情形之下，其未被賦稅徵取的收入，並未付之投資，而只鼓勵很多人倚靠同一地產維生。中國十五世紀以來人口大量增加，生活程度有退無進，不能說與這串相連發生的事蹟，沒有關係。

洪武傾心於本地自給自足之農村經濟，也可以從他所訂「役」之各種辦法窺見之。他的賦率雖低，各納稅人又集體的向政府擔任差役。凡各衙門值數算的書手，下至守門的工役，大部無傭值的向民間徵來。衙門所用文具紙張、桌椅板凳、器皿等物，以及公務旅行的供應，官廨修理整備的耗用也依既繁且細的規定由里甲承奉，以後這些繁瑣的差遣大部折爲銀，而以附加的方法併入田賦，是爲一條鞭由來的主因。但是這改革行於十六世紀後半期，去明朝開國幾二百年，而且其改革，不能全面的徹底，也是在這題目寫文章的沒有仔細提及之處。[7]因之洪武型財政跨越明清。

什麼是「洪武型」的財政？簡言之，爲缺乏眼光，無想像力。一味節省，以農村內的經濟爲主，只注重原始式的生產，忽視供應行銷以及質量上的增進。過度注重短時間的平等，不顧投資爲來日著想。歷史家以今日眼光檢閱十六世紀的資料，很難同情於當日多數作者，他們總幻想著一個十全十美的洪武時代（是爲官方標準的意識形態），這些歷史家反而會讚賞當日少數不被人重視的議論，他們卻已指出徵稅過輕，長時間內反爲民害。[8]

直接向全民抽稅，及於億萬的小自耕農，是爲中國帝制期間的特色之一，明清相率沿用。但是洪武之後，大規模之土地重新分配，迄至本世紀無之。有些治史者，根據無嚴正性數目字的片言隻語，強調明末土地集中，駭人聽聞，其以訛傳訛，缺乏實際的證據，不難指駁。[9]並且純粹從質量上的發展著眼，眞有如此的集中，較全面人人占有小塊土地也要高出一籌。而實際的情形，則土地所有權的分配，五百年內似有一個極爲平穩的定型，此即佃賃與土地分割零星使用相始終。大地主擁有兩千畝以上，總是例外情形。中等地主，自此數下至每戶二百畝，也不可能占大多數。因爲他們數目膨脹則稅制及地方政府之行政必受影響。但是向低水準看齊的平等，不能革除貧農及小自耕農彼此之間放債收租，有的獲有親戚鄰舍地土的債權，有的卽淪落爲佃農及半佃農。二十世紀初期土地占有的零星情形（見附錄）和幾百年以前的情形，有很多相似之處。這些條件使我們想像政府的財政政策，幾百年內把整個國家當作一個多數農村拼成的大集團，缺乏中層經濟上的組織與交流，迫使中國經濟的發展只有單線條數量上的擴充，缺乏質量上的突破。只有畝數並不太大的耕地其領有權不斷的換手，這樣也能使整個體系沿襲至久。

一個像明與清「先現代」的社會，朝代初期所訂的財政制度，等於一個固定的預算，其影響所及，也略等於一種不成文憲法。它一方面固定了文官組織的功能，規劃了軍事組織的性格，詳情以下還要提及。另一方面則是土地稅一定，其收入總數卽有最大限額。因爲稅後的淨收入，決定了各地地價、佃賃關係、勞工工資和當地利息。如果稅制行使多年，其稅率也受上述各因素的影響和拘束。主要的原因是一般情形之下，剩餘的利潤，缺乏他處投資的機會，種田的也無別處可以借貸，總只有遠鄰近親。這也就是說土地的收入，除了政府取得的一部分之外，已爲多數獲有權益的人戶瓜分，以後再想調整，便極爲困難。[10]

一個值得注意的事蹟，則是永久性的全面增稅，未曾在明清或清朝通令施行。明代十七世紀因遼東用兵的遼餉，據稱爲一種臨時性質的田賦附加，由朝廷將總額分配於各省，而各個省自定內部分配的辦法。這並不是中央政府放棄全面按畝加稅的特權，只是它自己懷疑，這樣水平線的加稅可能行不通。果然在一六三二年全國三分之一以上的縣分，對中央政府應繳的賦稅連原額及加額欠繳一半以上，內中一百多個縣全部拖欠。[11]在這種情形之下，我們也可以說是財政機構脆弱，因不敷重荷而先告破損。

滿清入主之後，雖說朝廷宣稱，明末所加餉一律廢止，實情並不如此，其加餉一般已成定例。[12]其如何生效尚不見於明文。大概清初用兵，軍事期間的事例，成爲沿革。又編撰《賦役全書》時，也可以將加額添入。除了以上事例之外，加賦總是臨時的，有地方性的，無組織計畫和不正式的添改。加賦不能突然，一個機構增加收入，也和另一個機構的關係產生不平衡，所以卽增其爲數不能太多，與全面財政的關係輕微。所以清末田賦之收入，與清初相差無幾，而其人口至少已增加兩倍半。[13]政府想全面丈量田土，作調整賦稅的根據，總是因各地方作梗而失敗。明代張居正當政的時候如此，滿清康熙帝在位的時候亦如此。[14]從側面看來，以這大多數的小塊田地，長期受多數農村經濟的力量左右，恐怕事實上要整頓也極爲不易。

政府的功效，不能不受所配發的經費而限制，這兩者都由田賦總額而決定。我們批讀當日文件，就可以發現如用今日的標準評斷，所有的衙門，都以人員短少、經費拮据爲常態，其經費亦僅夠維持傳統衙門的開支，有的尙不足。很多現代作家提供了額外加徵、薪水之外官僚自肥的情形。但是基本上一個預算不足，只能延長傳統官僚政治的癥結，卻很少被提及。

一個敏感的觀察者自此卽可以猜想中國君主時代末期各地方政府的消極體制；而且這消極態度五百年連亙不絕。[15]除了抽稅及維持秩序之外，地方官吏無非中央政府派來的一種使節，對各村鎮的集團，敷行數不盡的各項儀禮。卽以此時期的法律而論，也可以表現其絕端的保守主義。明律根據唐律而修成，後者更以漢代之九章法爲準則，清律也循著同一的規範。所以除了少數的增減出入，及積聚各項律例之外，中國的法律在最後五百年一成不變，而西方在此時極端的進步，中國卻一心一意的要保持兩千年來的傳統。

這種法律觀念認爲皇權的行使，等於將宇宙的氣質表現於人間。強迫執行儒家道德的節制，則帶有自然法規的力量。以實際的情形言之，則人類各種關係雖複雜，要不外不識字的人聽讀書明理的吩咐，女人受命於男子，幼輩恭順於長輩。家屬的親疏，又有喪事時「五服」的詳細規定，這種社會制度，自公元前以來卽有政府的維繫。概言之，法律的作用，無非以刑罰加諸違反這一束觀念之冒犯者。[16]最理想的境界，則是法律毋須施用，也就是社會上的領導者及親屬的領導者，帶有半官方的身分，使在他們領馭下的位卑者及齒幼者，人人遵守一成不變的社會秩序。這種氣氛之下，卽再有發展民法的念頭，也用不著提起了。

在此我也要承認：在一種制度史的長期範圍內，常有因果互爲循環的現象。因爲預算有限，政府的功能必簡單；政府的功能簡單，也要不了大量的經費。但是我的目的，在於敘述中國傳統國家與社會的特色，卽使因果倒置或因果循環，與我想勾畫的目的無傷。而這種情形，也可以看出以文人做官和這環境符合。這文官集團內多數的位置已性格相同。整個制度的設計就是要避免技術上的複雜性。在還沒有提及之前，各地地方性的經濟因素，或被擯斥不提，或雖提出又仍加以限制。官僚們更能以他們傳統教育的整齊畫一，提倡文化上的凝結一致。強度的中央集權也無困難，因爲施政時，已經採用最低級的技術因素作爲全國標準，而不高攀於高級的技術因素。

這種安排更便利於考試制度。官僚的選拔既向一種通盤性的職守著眼，則考試的內容可以簡化，雖說外表形式不妨繁複。[17]然則在這種平衡安定的局面下，中國要付絕大的代價。今日我們已可看出，考試制度是社會上向上流動性的主持力量。通常考試成功則做官，做官則名利雙收，事實上，也就是以非經濟的方法逐獲經濟上的利益。反觀之，在這樣的社會裡，利用經濟條件也好，非經濟條件也好，沒有一種方案能保險不向下流動。[18]如此一來，聚積資本在中國至爲不利。在自覺的或不自覺的情形下，社會上各種體制只支持面積不太大的地產經常換手。更有實力的產業或更有商業精神的事業總是例外。因此沒有一家如此的產業能像同時期日本的資本家一樣能在歷史中起得作用。這也不是如此富裕的人家無人豔羨，只是在這社會中，所有公衆事業處處都在農村經濟後面作事的條件之下，他們缺乏一種除非他們出面即無法行使的功能。他們既富裕則陷於孤立，他們愈成功，更會遭妒忌。稍一不愼，即會垮臺。多數情形之下，他們的子孫，也不知如何處置其龐大的產業，只有揮霍一途。[19]

十九世紀後期的「官督商辦」也不能改變此種趨勢。現在看來，官督商辦要能成功，務必由官方給商方以特權，使他們不受任何歧視的待遇，而突出於法制的功能之外。也就是政府的左手，要防制政府的右手向商業利益濫用職權。而實際的結局則是右手以通常的方法取勝。

迄至最近，若干中國史學者盛稱明末中國發生「資本主義的萌芽」。這種論調用了無數缺乏全盤組織的例證，提出商品農產物的出現、手工業的抬頭，以及勞工之進入城市等。[20]在我看來，這些例證，已在它們自身的重量下擠垮了。而無法產生一種結構，是其弱點。這也就是說，某種例外的和不能協定的經濟活動絕不能造成一種系統，遑論及領導社會，影響其政治，決定其思潮。

法國史家布勞岱爾的研究，馬克思及亞當．斯密均未曾使用「資本主義」這一名詞。這名詞刻下的用法，似由十九世紀蒲蘭克開始，而在本世紀又有桑巴特的廣泛介紹。[21]英國史家克拉克爵士則如此說：「用資本主義這一名詞，去籠括現代經濟制度，是十九世紀中葉社會主義者所創行的辦法。其所解說的一種社會形態，內中最有權威的乃是擁有資本的人。」[22]

這段文字之中顯示著一種組織。

因之我們想像現代經濟制度必使剩餘的資金以私人貸借的方式廣泛的活用，產業人也不拘人緣的雇用經理，其監視程度，才超過個人及家人的耳目之所及，而且技術上的支持因素，有如交通通訊保險法律顧問等還由多數企業共同使用，才使業務範圍更突出於各自辦理的程度。如此一來，其所有權及僱傭的羅網愈來愈大，而產生了很多多方關係，與過去一束的雙方關係有別。但是以上三個條件，即資金流通、經理僱傭、技術公用，全靠信用才能站得住腳，而信用不能沒有法律的保障。這也是說它們之能成功，是在法制之前所有契約都能全部強制生效。

資本主義在經濟先進的國家裡立足的時候，即有逐漸將商業法律施於全民的趨向。不僅家庭關係及遺產之繼承必須符合現代需要，而有關於欺騙、監守自盜、頂當、破產諸端也要與商業習慣吻合。倘非如此，社會的下層機構就組織不起來，無法支持高高在上的企業組織及其大羅網。資本主義的性格在地中海濱興起的時候，威尼斯是它的先進。這一所城市，就儼然像一個大公司。後來荷蘭民國取得領導地位，則採用聯邦制，因此荷蘭省能夠繼續發揚它經濟先進的地位，而不致爲落後的部分牽制。英國在一六八九年完成光榮革命的時候，已成爲資本主義國家的優秀成員，普通法的法庭即開始引用商業習慣去處理牽涉商人的案件。[23]

中國在明或清既無能力，也沒有任何企願想要走這條路。可見得一方面是全社會以家族權威作主，另一方面是根據私人財產權及城市特權所組成，兩方有很大的差別。勉強的拿出一方的經濟衝動當作另一方的萌芽，連他們相反的性格和目的都視而不見，也只算是有意的張冠李戴。

提到明朝的開國，一位美國學者如是指出：「首先就有一三四〇年間的傳染病症流行，又有水災、饑荒及人口損失。一三五〇年間更產生了全帝國的民變。於是在一三六八年，才在這個坩鍋之內產生了一個在中國歷史上最大的、頂中央集權的、頂專制的朝代政權。再經過半世紀，這政權才長期的衍化出來一種穩定的制度型式。而這型式一經穩定，就支持中國的文化，迄至一九一二年最後一個朝代的覆亡爲止。並且在較爲陰沉而不露面目的狀態之下，其影響所及則至今未止。」[24]

中國帝制下的權威，在西方人士看來，總是專制和中央集權。因爲西方還沒有一個類似的組織，能夠如此抹殺各地區間的個別性格，忽視其自然之所賦予，而一意在一個龐大的地區上提倡文化上的協調。然則作者提及明朝在歷史上持久的影響，甚具隻眼。以今日之眼光看來，我們應注意這影響的負作用。

又因爲中國歷史包羅之廣，有很多時候會出現好像是自相矛盾的地方，尤其是片面取材，與主文相離的時候尤然。當一個朝代草創之際及隨後的一個階段，它可能表現精力充沛，突然猛起的姿態，這姿態卻不一定要與這朝代的生理狀態相符，在明清時也如此。提到明初，前述美國作者又提起：「在皇帝的命令之下，一個國都突然在意料不到的地方出現。邊疆和海港今日開放與外人互市，明日全部封閉。在皇帝可否之間，有些經濟部門或者被全力支持，或者被通盤禁斷。龐大的軍隊進出於蒙古及越南。艨艟的艦隊游弋到非洲東岸。這樣的事情，好像以手掀動自來水。在這水管上一掀則開，向反方向一扭則閉。」

以上所說的各種非常活動，在財政上大部是以額外徵派支持。[25]中國人可能首先發現在朝代草創之際，戰時之動員，可以代替組織與制度之不足。最低限度在短時間之內，其軍事行動可以使新朝代插身於一些經常不能的事業。但是這樣的突出並不能促成其財政體系的健全和合理化。況且它要撤退時尚要矯枉過正，不必要的牽扯拖倒一些事物，有如上段再三提及。

永樂皇帝可能比他的後裔萬曆皇帝要能幹，乾隆皇帝也可能比道光皇帝有計謀，然則一個學者比較這些帝王用兵之際，不能將後面國家組織及社會環境置之腦後。明代的衛所制度，仿效元朝的做法；[26]滿洲的八旗又大概接替明代之衛所。這些制度的目的是將軍籍與民籍劃分爲二，使前者保持武藝精神，後者不受動員徵調的擾攘。明初與清初的軍事力量，大部係這種設施尚在新生狀態之故。但是制度一設立，以後缺乏繼續不斷的經濟支援，以致衛所及八旗同樣的歸於退廢。至於爲何不接濟，則本文所敘的各種因素都有關係。

從長處與大處著眼，明清的國家體制，不能使中國適應於現代科技，西方的經驗，科技因經濟體制之活躍而增長。後者促成社會的分工繁複，鼓勵各地區發展其專長。換言之，整個社會因自然賦予的不平衡而繁榮。這些不平衡的因素，互相競爭之後，終至分工合作，雖然在合作途中更產生下一階段的不平衡，所以循是不輟，各方都有繼續的長進。與之相較，明清的社會，可謂由一個偉大的農民設計，專心一致的要保持傳統所尊重的均匀；也就是事前就產生了一個低水準的人造平衡。

我們讀過不少資料，涉及一八九四至一八九五年間的中日戰爭。黃海之役中國的北洋艦隊橫著以一彎新月的陣容與日本海軍交鋒。戰事緊張之際也不知道這艦隊係受提督指揮，或者是英國顧問指揮，還是旗艦艦長指揮。大口徑的砲彈則急遽的短缺。黃海戰役之後日軍由陸地抵威海衛之背，奪取中國海防砲台，轟擊退避海港內中國船艦。我們也讀過一八四〇至一八四二年間，鴉片戰爭的事蹟。當日清軍以傳統武器對付英國之輪船和新式槍砲。英人魏黎翻譯之中文書，更使我們知道清軍反攻寧波之際，總指揮離前線九十哩。他的幕僚很多係文人而缺乏軍事訓練，反攻前十日，他們作文比賽，預作勝利的報告。反攻之時，主力驅至英軍之埋置地雷的區域。[27]這些糊塗事已不能令我感到驚訝，因爲我自己研究明末一六一九年的遼東戰役，內中有一個明軍指揮官放棄火器而以步兵倉促應敵。明軍分爲四路，在一個弧形上展開逾一百五十哩，給努爾哈赤以各個擊破的機會。明軍用火器時，其效率之低，使滿軍膽敢以騎兵密集隊形衝入陣地，終至明軍全軍覆沒。[28]

這三段事有什麼相同的地方？指揮官之無能，雖屬可信，不是全部的解答。後勤供應不力，也還沒有深入這問題的癥結。一個國家的軍事組織，應當和它的社會結合爲一，有如以骨骼、血脈、筋肉和神經系統相牽連。這就是說要使海陸軍發生效率，不僅人員裝備的供應須經常不斷，即軍事技術及軍事思想也要和支持它們之社會的水準不相上下，這樣才算是成爲一個有機體。以上的情形，軍隊都是社會以外的「外界體」，明與淸也沒有區別。楊鎬的軍隊，給努爾哈赤各個擊破之前，由全國增賦而支持，其增派遍於各行省，只有貴州除外，有孤注一擲的樣子。[29]並且白銀抽出於它平日行使的地方，投至邊疆。鴉片戰爭時揚威將軍奕經，沒有集中的軍需處，他在蘇州、杭州、紹興之間設立了四個銀櫃，接收中央政府的撥匯。來款或四處均分，或一處匯交，事後發覺，總數無法核對。[30]中日戰爭，有時視作李鴻章的戰爭。他的北洋艦隊會接受各省區的接濟，但是李卻沒有掌握這些省區的財政職權。而且各省區在國內國外分別購買船艦器械各自爲政，也由來已久。[31]

以上所述並非隨意翻出的史料。此三段戰事對以後的發展都有決定性的影響。它們雖相去好幾個世紀，即明與淸，中國皇帝或滿洲入主，都無區別。財政配施是暴露組織與體制最直接的辦法。假使戰時出現鬆懈的聯繫，即可揣測其平時連這種聯繫也不存在。如果軍事指揮違反常情不顧基本原則，則其文官組織可能也有問題。歷史家光是指斥當事人腐化無能，公正與否不說，只是他自己就還沒有完成闡明歷史的責任。以上各事橫亙幾百年，如果有一樁頂不對的事，則必爲國家之組織機構與功能。這也就是說：中國在對付非常事變時，只能倉皇動員一個大數目，其中缺乏質量的管制。

我承認以上的描寫，只是粗枝大葉。但是概括明清時，我們已涉及其稅收、土地所有、地方政府、傳統教育、社會價值、各種儀式、科舉制度、社會上之流動性、法律內容、軍備概況，而同時以財政貫穿各部門，至少我們也可以斷說這政治體系爲西方之所無。況且明清之「內向性」及「非競爭性」尚與漢唐宋遺留下的傳統也有別。恰巧西歐在這五百年拚命現代化之際，中國則閉門造車，完成了一種獨特的制度，政治上中央集權，經濟上因各農村單位而自給自足，文化上全國一致，足能漠視各地區的各別情形。只到中外兩種體系全面衝突時，中國缺乏架構上的堅韌性才立卽暴露。

又有些歷史家習慣性的稱民國前之中國爲「封建」。但是一方面大堆農村被籠罩在一個帝國的衣襟之下，另一方面是一種制度其政治威權從不放棄其基層的土地所有，這中間就缺乏共通與相似之處。其實與中國的形貌游離相比，封建制度倒有一種長處，此卽它的權力機構在國家生產工具中保留了從不放棄的經濟利益。日本在德川幕府時期，各領主既爲地方首長，也算是地主，明治維新之後，新政府也能承襲以前的辦法，抽土地稅達地產收入百分之五十。迄後多年此收入仍占新政府收入之大宗。[32]倘非如此，其發行票幣公債必難如斯的順利。

再有歷史之後端，英國在一六九四年英格蘭銀行之成立才開始有國債，新銀行貸予政府一百二十萬鎊，爲後者借債度日之始。但是還少有提及的，則兩年前，即一六九二年，英國第一次全面抽土地稅，不用中間經紀，得款二百萬鎊，全數繳入國庫。[33]與以上兩事相比，中國一九一一年之革命可謂是雙手空空的勝利。滿清皇室雖被推翻，國庫卻空無所有。中國之土地稅是一張鶉衣百結的破布襖。很少人能了解它的眞性質，遑論及提供收入作新政府的財政基礎。它的局部收入在好多地方只能供本地政府維持傳統功能的開銷。（但是四川軍閥有預徵二十年之說。）國民政府定都南京即對土地稅全部不問。[34]以一個農業大國竟不能從耕地提供收入，也是世界罄有。又民國初年之政治不穩，不能與這財政困難一事無關。當日很多糾紛即發生於向外借貸。

這組織機構與功能的問題，卻不是寫出一篇文辭華麗、理論周密的一紙憲法可以解決的。我在不同的地方曾發表一種見解，竟不怕文辭粗俗的直稱民國前中國是一個「潛水艇夾肉麵包」。上面是文官集團，大而無當，下面是成萬成千的農民，也缺乏組織。保甲是一種官方指派的行伍，只能傳達簡單的命令。民國成立之後，前清的社會秩序，亦即「尊卑男女老幼」的原則，已失去意義。況且這潛水艇夾肉麵包上層與下層的流通，全靠科舉制度。自一九〇五年停止開科取士之後，這國家的上層機構就與被治理者失去聯繫。

假使這時候土地領有的形態簡單明瞭，那麼要改造也比較容易，但是實際情形並不如此。顯然的，土地小塊分割，農民負債，佃農數量各地不同。放債及押當以極微小的程度行之，總有好幾百年的歷史。這中間的如有爭執，通常由各地族長村長排解，甚至都不驚動地方官。[35]倘非如此，則食糧之生產必成問題。只是新型的政府卻始終無法與為數百萬千萬的農民直接碰頭。它的行動範圍有限，也可以下面一事窺測之。直至一九三七年對日作戰之前夕，國民政府之全年收入，主要來自商業稅收，為十二．五一億元，以三對一折算，約為美金四．一七億元，[36]這與它希望從事工作相較是微乎其微。

這些資料有何用處？這篇文字的目的何在？

中國近代史包含了很多群衆運動，不能片段的處理。很多問題的因果關係，延伸到我們短視界及窄狹的專科範圍之外。在中國近數十年空前的掀動之下，我們不得不作一種綜合檢討，將歷史歸結到今日為上。在這情形之下，我建議：

一、中國現代史的基線向後推轉五百年，包括明朝。這長時間的視界使我們了解最近中國所遇困難的淵藪，同時也看清好多問題互相連鎖的情形。

二、中國最近百年來的奮鬥，在歷史上的主題為完成國家社會架構上的改造。雖說這龐大的改造史無前例，在「解剖」的方面看來，和英國十七世紀的情形有相像之處。英國在一六八九年完成光榮革命時，改造了高層機構（議會至上，皇室只有象徵的意義，事實上政教分離，初型的兩黨政治及內閣制度），再造了低層機構（逐漸廢除「抄本產業人」，土地集中，屬有權明朗化），以及加強這兩者間有組織的聯繫（國民權利、普通法庭接受公平法和商業習慣）。這中英兩方大小不同，事隔幾個世紀，其動機及程序不可能相同。只是從技術觀點看，兩方都不自覺的取得一種「能在數目字上管理」的地位，因之從過去以農業背景為組織的基礎，蛻變而為以商業習慣為組織的基礎，則在兩方都講得通。這樣一個主題，要比憑空辯白資本主義出生於封建制度更有意義。

三、從上述路線修撰一部「大歷史」，如能集思廣益的集體創作固好，不能則個人單獨工作，中國在一九八〇年代一定和一九二〇年代有不同之處。那麼已經收有成效的在什麼地方？原因何在？這重要的問題尚待解答。歷史家伸張他們的眼光深度並放寬視界之後，應當能夠報告讀者何種變化為短時性的，何種改革有永久性。

四、大學教程內加入大歷史課程。這種路線採取歸納法，與普通用分析法如作博士論文的行徑不同。但是這不是說後者要廢止。宏觀的研究可以為微視的研究開出路，又待微視的研究糾正錯誤。

有些同事可能認為這種建議過於急躁，過於浮泛。而我所恐懼的乃是與他們顧慮的相反。我們已經處於一個前無古人的環境裡。世界的變化如斯的迅速，今日有很多政治家、戰略家以及企業家甚至旅遊者都不待我們的眞知灼見採取行動。我們若再猶疑，則以後所著書，恐怕全沒有人看了。

注釋

1 關於宋朝「發運使」及「轉運使」的職責，見《宋史》卷一六七〈職官志〉七。明朝的「都轉運司」及「都轉運使」係鹽官，見《明史》卷七五，〈職官〉四。後者的職責遠較前者為小。

2 沈榜，《宛署雜記》（北京，一九六一翻印本），頁四九－五〇是一個很好的例子。

3 關於清朝的改革，見 Frederic Wakeman, Jr., *The Great Enterprise: The Manchu Reconstruction of Imperial Order in Seventeenth–Century China* (University of California Press, 1985), vol. I, pp.454–465; vol. II, pp.706–707, 852, 854, 856, 909–910. 關於雍正火耗歸公的改革只有短期的效用，見 Madeleine Zelin, *The Magistrate's Tael: Rationalizing Fiscal Reform in Eighteenth–Century Ch'ing China* (University of California Press, 1984), pp.264–266.

4 陳恭祿《中國近代史》（臺北，一九六五增訂本），頁二三八－二三九、六六五－六六六、六八七－六八九。又參考 E–tu Zen Sun, "The Board of Revenue in Nineteenth Century China," *Harvard Journal of Asiatic Studies*, 24(1962–63), pp.175–228.

5 《明實錄．太祖實錄》（臺北，一九六二翻印本），頁二一四一、二六八一－二六八二。

6 Ray Huang, *Taxation and Governmental Finance in Sixteenth–Century Ming China* (Cambridge University Press, 1974), pp.170–174.

7 同上，pp.118–122.

8 同注（6），pp.186–188.

9 同注（6），p.157. 黃仁宇，〈明《太宗實錄》中的年終統計〉，*Explorations in the History of Science and Technology in China* (Shanghai, 1982). pp.119–120. 英譯載 *Ming Studies*, 16(Spring, 1983), pp.39–66.

10 Huang, *Taxation and Governmental Finance*, pp.159–162.

11 《崇禎存實疏抄》（北京，一九三四翻印本）卷二，頁七二－八九。

12 《大清實錄》內的年終統計可以為證。見 Ray Huang, “Fiscal Administration During the Ming Dynasty,” *Chinese Government in Ming Times: Seven Studies*, ed. Charles O. Hucker (Columbia University Press, 1969), pp.121–122. 亦見 *Taxation and Governmental Finance*, p.365, note 7.

13 Yeh–chien Wang, “The Fiscal Importance of the Land Tax During the Ch’ing Period,” *Journal of Asian Studies*, 30:4 (1971) , p.842. 同上觀點也見於王氏之 *Land Tax in Imperial China, 1750–1911* (Harvard University Press, 1973).

14 見西村元照，〈清初の土地丈量について〉，《東洋史研究》卷三三，期三（一九七四年十二月），頁四一－六四。

15 參照 T’ung–tsu Ch’u, *Local Government in China Under the Ch’ing* (Harvard University Press, 1962).

16 Ch’u, *Law and Society in Traditional China* (Paris and the Hague, 1961). Derk Bodde and Clarence Morris, *Law in Imperial China: Exemplified by 190 Ch’ing Dynasty Cases* (Harvard University Press, 1967), pp.76–112.

17 鄧嗣禹，《中國考試制度史》（臺北，一九六七），頁七三。

18 Ping–ti Ho, *The Ladder of Success in Imperial China* (Columbia University Press, 1962), pp.262–266.

19 Ho, “The Salt Merchants of Yangchou: A Study of Commercial Capitalism in Eighteenth Century China,” *Harvard Journal of Asiatic Studies*, 17:1–2(1954).

20 見石錦〈中國資本主義萌芽：研究理論的評介〉，《知識份子》卷二，期四（一九八六年夏季號），頁三七－四五。

21 Fernand Braudel, *Civilization and Capitalism 15th–18th Century*, Vol. II, *The Wheels of Commerce*, trans. by Sian Reynolds (New York, 1982), p.237.

22 G. N. Clark, *The Seventeenth Century*, 2nd ed. (New York, 1947), p.11.

23 Theodore Plucknett, *A Concise History of the Common Law*, 5th ed. (London, 1956), pp.245–248, 664.

24 John W. Dardess 評 Edward Dreyer 所著 *Early Ming China* 之書評。載 *Ming Studies*, 15 (fall, 1982), p.9.

25 見以上注（9），〈明《太宗實錄》中的年終統計〉內的說明。

26 Romeyn Taylor, "Yuan Origin of the Wei-so System,"見以上注（12），*Seven Studies* pp.23–40.

27 Arthur Waley, *The Opium War Through Chinese Eyes*, (Stanford University Press, 1968), pp.158–185.

28 Ray Huang, "The Liaotung Campaign of 1619," *Oriens Extremus*, 28(1981), pp.30–54.

29 《明實錄．神宗實錄》（臺北，一九六六翻印本），頁一〇八六一－一〇八六五。

30 Waley, *The Opium War*, p.179.

31 John L. Rawlinson, *China's Struggle for Naval Development: 1839–1895* (Harvard University Press, 1967), pp.131–132, 138–139, 142, 184.

32 John K. Fairbank, Edwin O. Reischauer and Albert M. Craig, *East Asia: The Modern Transformation* (Boston, 1965), pp.235–236.

33 J.S. Bromley, ed. *Cambridge Modern History*, Vol. VI. (Cambridge University Press, 1970), pp.285–286.

34 Fairbank 等，*East Asia: The Modern Transformation*, p.700.

35 Martin C. Yang 提供著若干例證，見 Yang, *A Chinese Village: Taitou, Shantung Province* (Columbia University Press, 1945).

36 Arthur N. Young, *China's Nation-Building Effort 1927–1937: The Financial and Economic Record* (Hoover Institute Press, 1971), pp.433–439.

第九章

中國歷史與西洋文化的匯合

五百年無此奇遇

我們一般的觀念，美國中央情報局（Central Intelligence Agency）總是一個特務機構。它做好事及做壞事的各種傳奇式的情節，一經渲染，成爲小說電影的題材。可是這機構還有一種功用，沒有爲一般觀察者重視，則是它也蒐集無機密性而有學術價值的資料。例如中國每年氣候的紀錄，「中情」製有圖解，即供學術機關的緘索。現在在我案頭的乃是CIA所作的一份十二頁的簡明報告，題爲「中國在一九八五年內經濟上的成敗」（China: Economic Performance in 1985）。原文由「中情局」於今年三月十七日向國會參議院和衆議院聯合組成的經濟委員會提出報告，報告完成之後憑公衆緘索。我的這一份則是寄出一個明信片之後，在回程的郵件內獲得。

針對一九八五年，這報告一開始就指出中國經濟上近來所出各種弊病，例如穀物生產量低於一九八四年約百分之七，工業生產由於中央控制放鬆，各處加工趕製，交通供應不及，造成多處擁擠及脫節的現象，通貨膨脹爲過去紀錄三倍，國際貿易則產生大量的入超，因之外匯存額降低。

可是這篇報告的大旨，卻又不是幸災樂禍，說明中國立將垮臺。其中提及的各種「負因素」大致已由中國當局自身公開承認，見諸書報。即是中情局的分析，仍指出每種負因素都有它內在的原因，也即是全面改革期間之所應有，而且也與「正因素」不可分離。例如穀物生產降低半由天災，但是歷年存糧仍綽有裕如，一九八五年中國雖向外購買穀物五百四十萬噸，同年也向外間輸出穀物九百萬噸以上。同年內中國工業生產總值超過一九八四年總值之百分之十八，鄉村工業生產量超過一九八四年百分之三十五。農民放棄耕地參加工業生產也是穀物生產降低原因之一。通貨膨脹雖加劇，一般人民生活之程度仍較前提高，外匯存底降低雖因輸入消費品，但大部仍因輸入生產工具及原料例如鋼鐵。

這篇報告的結論則是指出中國當局針對上述負因素已決心將經濟發展的速度降低，根據趙紫陽一九八五年九月的報告，中國需要約兩年的時間作各種調整，以增進宏觀經濟的控制技術。中情局認爲這種管制的辦法，應以間接的經濟工具爲主，例如稅收及借貸的利息。其實中國已經在這些方面著手，例如一九八五年的預算，減縮政府的支出，國營企業拋售物資使貨幣回籠，中央銀行則緊縮貸款數額並增加利息。

我所學的是歷史，我讀這篇報告的觀感，則是證實了以前的看法，中國一百年來的革命，已於一九八〇年代完成。其間最大的一個收穫，則是今後這國家已能「在數目字上管理」(mathematically manageable)。因爲這突出的發展不僅中國近代史需要重新檢討，中國通史也要重寫，而且因爲中國歷史的重新檢討，甚至也能影響歐洲史、美國史、日本史的新看法。人類的歷史既已逐漸一元化，以前歷史家從短距離近視界所作的，自此可以因爲新的事實存在或強調而更具體化，或予以增減而使之更符合時代，這些機緣是五百年之所未有。

我提出這種說法，驟看起來，好像有多少浮誇之處。

豈非胡說八道？

今日中國國民收入之低，不僅較先進國家瞠乎其後，而且不是幾十年之內可以迎頭趕上的。人口管制，也是左右爲難。增加工業農業生產，則發生土壤及水陸空汙染等等問題。就像千家駒（本篇爲歷史論文，對提及人物避免尊稱，以免顧此失彼，無意中落入傳統作者「褒貶」的圈套）在《知識份子》卷二期二發表文章所說出的，目前中國物資價格體系極不合理，煤炭之購於自由市場的，其價格在國家供應的六倍至七倍之間，鋼鐵廠造出標準的鋼材，由國家收買，價格低廉，其不合式的銷售於市場，反獲價四倍以上。還有許多幹部抱著「寧左毋右」的立場，有意阻礙國際貿易。全國文盲及半文盲則占人口百分之二十三，有些也是共產黨員。又根據前任上海市長汪道涵對《紐約華語快報》記者陸鏗的談話，市長仍等於一個「經濟沙皇」（economic czar），既管到行政費用，也管到工廠員工的薪給，又還干涉電視工廠以分期付款賒賣給員工的電視，基於這種情況，我創言中國已能在數目字上管理，豈非胡說八道？說得嚴重一點，卽不能避免自欺欺人的指責。

所以我一開始就要申明：我說中國已「能」在數目字上管理，並不是就「已」在數目字上管理，尤其不是說已經「合理的」在數目字上管理。我的說法是由「大歷史」（macro-history，此與 macro-economics 相差很大，所以不用「宏觀」字樣）立場出發，注重社會組織體系，對於國家行政的機能目前是否具備此種條件當作次要，因爲後者總是依賴前者，假如前者基礎穩固，後者遲早必摸索而得之，有如宏觀經濟失控，以兩年期間調整、研究考察可也。

在這時候我就迫不及待要製造一個大歷史的疇範，則由下列情形說明：中國傳統社會輪廓龐大，政府實際控制有限，所以一切以一成不變爲原則，中國歷史的發展也因之而遲滯，與歐美社會、日本現代社會輕便靈活不能同日而語。我們光是抓著兩方一人一事率爾比較，是比較不出其所以然的，又如前述千家駒文章內提出另一點：東京和北京人口相差不大，但是日本首都有大小餐館十七萬數千家，中國首都卻僅有五千多家，這一方面固然如作者所稱，乃人民共和國成立後左傾思想之所導致，但是在基本的立場上講，都市餐館數目相差如此懸殊，不僅表示雙方經濟體制之不同，也由於社會背景之不同，我們更追溯回去，則可以斷言其根源還是由於雙方歷史的差異。東京的繁榮，不難追溯到江戶時代的町人生活，時至今日，我們還能利用當日藝人留下的黃表紙文學和浮世繪木刻作見證。由於日本社會的基本組織繼續存在，東京能自第二次大戰後迅速恢復舊觀，而超過以前的規模。十七萬多家餐館不過是這大都會商業組織的一個小環節而已。

我們可以偶然提到北京餐館不足的原因，就要牽扯出喜多川歌麿和安藤廣重的畫筆作見證。這樣的穿插歷史，不是太繁雜而贅累？據我在美國教書的經驗，就常感到這種因果關係局部解釋，瑣碎游離，創建一個大歷史的模型，實有必要。

當然，這製造的方式很多。我採用的辦法，是將西歐史、美國史、日本史仔細重讀一遍，特別致意於它們與中國史不同的地方，也將中國歷史自春秋戰國迄至近代溫習一遍，從二十四史裡的〈食貨志〉造成綱領，然後旁及各史志傳以及今人所作各種通史及各種專題論文，也專注於它與外國史不同的地方，在兩者中都不放棄重要特點的連貫性，企求能看到千百年的事蹟如發生於一日。這多年讀書的經驗，覺得中國百多年來所遇到的險阻艱辛，實在是一個長期間大規模的改造，能使中國歷史與西洋文化匯合。到中國能在數目字上管理，這種改造可算成功，其詳情由以下節目簡述之。

大歷史另外的一個好處，則是在長時間大環節的規模下看歷史，必以社會組織結構以及群衆運動爲主題，不全部依賴領袖人物的言行。現代歷史中的大規模事件，經常牽涉好多因素，尚不是當事人所能全部洞悉。第一次世界大戰開始時，可以說是大日耳曼主義與大斯拉夫主義在巴爾幹衝突，影響到好多西歐國家的集體安全。可是終戰之日德奧既敗，沙俄也敗，其結局似乎和一九一四年提哀的美敦書，動員宣戰的原因毫不相干。最重要的一個發展則是專制皇權（autocracy）跨地過廣，組織結構不符時代，通被清算。第二次世界大戰在歐洲發生時，由於希特勒提倡他的人種優秀說，他還一定要在東歐造成一個日耳曼民族的生存地盤（lebensraum）。這運動一失敗，不僅納粹人種優秀說瓦解，而全人類平等成為世界公認原則，即沒有被戰禍波及的地方也要清算殖民地，使本地各民族獨立自主，此種因果，絕非希特勒當日所能想像，也非張伯倫、邱吉爾所能預測。

中國近百年來的歷史，也逐漸牽引了很多群衆運動，雖與以上國際戰爭的情形不同，但是大波瀾之後，社會變化，以前不平衡的地方，趨向平衡，最後決定大局的因素為低層機構（infrastructure）而非高層機構（superstructure），其間因果關係只能從大歷史的範圍內解說得明白，不能在張勳的傳記和閻錫山的演講集內找到答案，也與曹錕賄選、段祺瑞馬廠誓師關係至微。

只是筆者提倡中國已能在數目字上管理，中國歷史與西洋文化全面匯合，五百年無此奇遇，在很多讀者看來，帶有煽動性和挑戰性的色彩，況且「人是我非」，在傳統作史者看來，是一種離經叛道的劣行，即在歐美言論自由的環境之下，一個學者侵入另外一個學者專長的地盤內創造不同的論調，也是吃力而不討好的事。基於不得已的情形，只好先將筆者的本人背景和盤托出，即以前在《知識份子》發表的一部分，也不厭重複：

- 我現在是美國公民，這篇文章及我寫作的中國大歷史，從全人類的歷史著眼，不受國籍領域的限制，否則即不可能成為「大歷史」。
- 我曾在中國抗戰期間入成都軍校，以後也在國軍任下級軍官十年多，既可以說對農村市鎮有過親身切眼的觀察，也可以說是向千百個大小人物提出過訪問。
- 我年輕的時候認識了當日很多左派名流，他們當日即或已為中共黨員或後來為中共黨員，有如作人民共和國國歌的田漢、作過《人民日報》社長和新華通訊社社長的范長江、在文革期間首遭挫害的廖沫沙、參加過韓戰的田海男（田漢長子）、現在上海市政協會的陸詒，及南京市委鄧健中等，從他們的思想談話再參考官方及非官方各種理論報告和分析，我對中共運動及其理論與體系，有了一個內外觀察的機會。
- 我曾在從軍時留滯於印度、緬甸，也到過東北和臺灣，後來也居留日本三年，居留英國一年，曾旅行於韓國及歐洲大陸，對於各國歷史與社會之不同曾耳聞目見。

● 我的一本專著爲《十六世紀明代財政及稅收》（劍橋，一九七四），籌備七年，參考各地方志約四十種，曾將《明實錄》現行影印本一百三十三冊從頭至尾讀過一遍，我對中國迄至現代不能在數目字上管理（mathematically unmanageable）的觀念，肇始於此。

● 我除了在密西根大學的學位之外，也曾畢業於美國陸軍參謀大學。這階層的軍事學術，尤其是動員及後勤的各部分，對於學習歷史的人員講，是一種訓練思想的好機會，它強迫我們衡量一件群衆運動或公衆事業能否有適當的人員物資和組織在後面支持。以這種看法研究歷史，就知道有些事之可行與不可行，有客觀因素決定，用不著過度歌頌或無端謾罵。

● 我曾在英國劍橋以及美國好幾間長春藤大學作過研究工作，也參加過集體研究工作、思想史研究工作。只是在美國教書則全在低階層的大學，因之得到了一種難得的經驗，深知將先進研究工作的成果，按照現有教材報導於一般讀者的困難。反言之，要是放棄成規的束縛，另起爐灶確較容易。

中國人注重外表謙虛，實際以吹噓作進身的工具仍所在多有。美國社會提倡進取，容許作廣告性的自我介紹，可是在幕後各人對以自身作商品，勉強要人接受的則又嗤之以鼻。我只好承認以上縷述，在兩方都犯忌諱，但是無非說明文章裡有龐大的結構，實際並非天馬行空，作者已在不同的方面作過「蝸牛式」的地上準備。有了這段交代，下文盡量減少附注，務期達到和編者預約字數內交卷的希望。

「一窮二白」

毛澤東曾說過中國是「一窮二白」，我起先沒有想到這二因素有互相關聯之處。至於說到貧窮，我倒有切身的經驗。我自小至大，看到家裡遠親近友，和小學、中學、大學以及軍官學校的同學，後來在國軍任軍官的同事，以及我知道的長官和高級將領，和做共產黨的朋友，除了極端少數之外，家裡無一不窮，要能維持到一個工業國家中等家庭生活的可謂絕無僅有，卽是名人傳記、小說雜著，也多以貧窮爲題材。抗戰期中重慶、昆明、貴陽、柳州間，一片貧窮現象，觸眼皆是，卽有所謂「發國難財」的，今日想來，亦未必超過貧窮線甚高甚遠。至今還有在臺灣的作者，在回憶錄裡提到西南聯大學生生活，確實在飢餓之中掙扎。抗戰結束後，內戰踵繼，我那時在美國陸軍參謀大學上學，一九四七年三月，國軍攻占延安，當日電視尚未普及，電影正片開場前則有新聞短片，延安攻占不久新聞片卽已到美，所看到的無非茅茨土階，一列列的窯洞，也是住宅宿舍。美國人問我們，你們窮到這樣爲什麼還要拚命的打內戰？我們幾個中國軍官學生面臨事實，顲頇無辭以對。不料四十年之後富裕的國家，仍是國泰民安，而發生內戰的國家，仍是貧病多難的國家，這事實就供給了我四十年前不能供給的答案。

「窮」也和「白」相關聯。我記得一九四一年在國軍第十四師當少尉排長，軍隊駐在雲南馬關縣，和占據越南的日軍對峙。我們行軍全賴徒步，有時從縣境東端走到西端，看不到一條公路、一輛腳踏車、一具電話、一個籃球場、一份新聞紙，和一間診病室。也就是很多現代的人文因素，統統都不存在。其後面的背景則是哀牢山間的居民，一片赤貧，無從支持現代商業，大多數農民自耕自食，即要交換物品，市場趕集以玉蜀黍換布換鹽至矣盡矣。重慶的國民政府至此已捉襟見肘，當然也無法資助。這缺乏服務性質（service）的機構（包括交通通訊、健康、娛樂等）是待開發國家的一般現象，也與上述北京在一九八三年底有人口九百三十四萬，只有大小飲食店五千多家的情形相印證，既窮則白，既白則窮，一方面衣食未周，一方面又缺乏組織能力。

美國的歷史家也有些對這問題注意。如費維愷（Albert Feuerwerker）作盛宣懷傳，就提到中國在十九世紀，不能在農業方面「勉強的」節省，去投資工業，是坐讓日本占先的主因。

其實亞當·斯密在法國大革命之前夕，草寫《原富》，他就提到中國貧窮的原因。他說：「中國歷來就是一個最富裕、最肥腴，耕耘完美，操作勤勞，世界上人口最眾多的國家之一。現在看來，它在長久期間之內，就已在停滯狀態。馬可·波羅五百年前蒞臨該土，就提到這國家農業、工業及人口眾多的情形，和最近旅行者所描寫幾乎毫無出入。這樣看來，似乎馬氏之前很長遠時間內，這國家卽已到了它法律及各種機構容許它致富的最高限額。旅行家的提供材料雖有衝突之處，他們對中國勞動工資之低，卻眾口一致，他們都承認中國勞工，不容易維持一家生計。」（《原富》第一卷第八章〈勞工工資〉。原文勞工〔labor〕也包括農民血汗。）

斯密的議論言之有物。我們看到各朝代出土文物及歷代繪畫，其中涉及勞動生產士庶生活的部分，顯然的兩漢就已有先進狀態，唐宋之間亦有進步，但程度不高。明清之際，可稱停滯。和西歐近世紀相比，彼方每個世紀的文物都不同，繪畫上一眼卽可看透。兩方相去之遠也不是由於中國人民懶惰，地土肥腴用罄之所致，根據斯密的解說，我們應能在法律制度機構中找到答案。

中國政體與西歐、美國、日本有一個基本不同之處，則是長期的中央集權。在我用原始資料解說之前，不妨先介紹另一位美國作者。

瑞特弗戈 (Karl A. Wittfogel) 原來爲德國人，也曾加入歐洲的共產黨，在二次世界大戰前夕來美，以後他脫離共黨，成爲反共先鋒，並以暴露共黨及美國左派人士自居。他的著作以《東方的專制》(*Oriental Depotism: A Comparative Study of Total Power*, Yale, 1957) 最享盛名，全書意識形態濃厚。費正清 (John K. Fairbank) 說他認爲「抽象的理論卽是事實」。瑞特弗戈書中結論蘇聯爲「俄國之亞洲復活」，毛澤東爲「眞正的亞洲復活」(頁四三八－四四三)，西方必須以戰鬥姿態，迎擊他們的全體體制，才能保障傳統的自由。此書刊行時值韓戰停火未久，美國各學術機關正集中資源加工提倡研究中國歷史之際，作者的議論，對美國的漢學家有很大的影響。卽像牟復禮 (Frederick W. Mote)、何炳棣、陳志讓的著作內或否或臧，都提到此人此書。

瑞特弗戈認爲東方諸國而以亞洲爲盛，農作物需要灌溉，而灌溉則要興建大規模的水利工程，其全民動員之後造成了一個管制的中心，此卽是「東方的專制」的起源。他有些時候也稱這爲「水利社會」或「亞洲社會」，但是他的縷述「亞洲」，卻又涉及埃及和秘魯，而不包括日本，其原因則係日本雖種水稻，無大河流域作文化的基礎，其灌溉亦規模甚小，因之領導權屬諸地方，而日本也缺乏東方的專制，它的社會不屬於水利社會。

因爲生產關係不同，亞洲歷史與歐洲歷史有別，原來是馬克思的見解。但是，馬克思除了偶然提到大河流域之關係之外，卻又沒有再繼續闡述。瑞特弗戈的「東方的專制」可以說是牽引馬克思的見解，也可以說是他的修正，其間最大的毛病，則是他將事實上無法歸併的事蹟，勉強湊成一團，雖稱比較，實則做選擇性的挑剔。以致將個人政治見解，混入學術之內。例如他說水利社會的宮殿陵墓「用了極多的材料和極少的思想，去達到這些建築物的美觀成分」，直到回教勢力將希臘的美術設計帶到東方，這些地方才有了新建築及新紀念堂廟（頁四四）。他供給的證據是埃及的金字塔、美索不達米亞的皇陵和中國的城樓。最近在驪山發現的秦俑，每個壯貌鬚髮衣飾甲胄全部逼眞，不像埃及的鳥頭人身，也不像印度的三頭六臂，更不像波斯大流士（Darius）宮廷上裝潢人像的每個千篇一律，如自模型翻砂塑成，可見得中國的中央集權，自始卽有完整的文官組織撐持，也不缺乏思想、技術及藝術上的特徵。詳情仍後涉及，總之已不在瑞氏範疇之內。

然而，瑞特弗戈的著作也不是全無事實。他提到灌溉之外，也側面提及防洪。我們也可引用公元前六五一年，齊桓公會諸侯於葵丘的一段史事引證（《左傳》僖公九年）中國的中央集權確與防洪有關。當日春秋各小國建築堤防時只顧本身利益，不計鄰國禍害，齊桓公係霸王，也係盟主，他和各諸侯盟約之一，在不同的古籍裡稱爲「無曲防」、「毋曲隄」，「毋雍泉」和「無障谷」。而《孟子》一書中提到治水十一次之多，這與他所說「天下惡乎定？

定於一」相表裡。孟子又和白圭說：「禹以四海爲壑，今吾子以鄰國爲壑。水逆行謂之洚水，洚水者洪水也，仁人之所惡也。吾子過矣！」這都表示水利在小國家裡發生的糾葛。秦始皇統一全國後，碣石立碑，自稱「決通川防」，他又改稱黃河爲「德水」，又稱秦爲「水德之始」（《史記》卷六，〈秦始皇本紀〉），也就是認爲他自己領導防洪的功績，是他做皇帝的本錢。（以上有力的證據，瑞著《東方的專制》全未提及，他僅說出秦始皇曾興建大規模的水利工程〔頁四〇〕。）

瑞特弗戈稱水利社會的專制政體本身不受任何限制，卻不能控制人民生活的全部。因之在各村鎮間留下空隙造成「乞丐式的民主」（Beggars' Democracy）（頁一〇八、一二六）雖然用字挖苦，我們卻無法辯駁，而且這觀點也與我們想討論的重點接近。

《東方的專制》還有一個有意義的見解，則是說明這種專制政府，「繼續不斷的向全部平民提出財政上的要求」（頁七〇）。這也就是說大部稅收都是直接稅，既不像封建制度一樣由諸侯附庸進貢的方式支持皇室，也不像現代政府一樣以公司所得稅、間接稅、累進稅作收入的大宗。向中央政府直接供應人力物力的負擔的乃是全部平民。這種特點，也是中國歷史上頂有決定性的因素之一。用這方式作財政基礎，官僚政府務必鼓勵人民開拓荒地，資助耕牛及農具，這種重農政策，對中國歷史初期的發展，不能說是沒有積極的功效。可是現在看來，這種措施是最近幾百年來最能妨礙中國進步的一大主因。基於這財政上的布置，中央政府要竭盡其力，扶植無數的小自耕農，防制「兼併」。一方面技術方面執行困難，一到兼併盛行，政府財源阻塞，引起政局不穩，甚至朝代傾覆，另一方面即使整個設計全盤執行無誤，這無數的小自耕農，從入僅敷出或甚至入不敷出，也不是增進生產技術，提高農業工資，由農業「勉強的」節省去發展工商業，使全國經濟多元化的辦法。

這種財政組織方式也不在秦朝開始。《漢書．食貨志》有這下面一段記載：

> 陵夷至戰國……李悝為魏文侯作盡地力之教，以為地方百里，提封九萬頃，除山澤邑居三分去一，為田六百萬畝，治田勤謹則畝益三升，不勤則損亦如之。地方百里之增減，輒為粟百八十萬石矣。……今一夫挾五口，治田百畝，歲收畝一石半，為粟百五十石，除十一之稅十五石，餘百三十五石。食，人月一石半，五人終歲為粟九十石，餘有四十五石。石三十錢，為錢千三百五十，除社閭嘗新春秋之祠，用錢三百，餘千五十。衣，人率用錢三百，五人歲終用千五百，不足四百五十。

這數目字各朝代不同，但是基本方式兩千多年來未變。很多帶著理想主義的歷史家，總是隨著古人所說，反對兼併，或者責罵古人，反對增稅。殊不知既不兼併由私人組織，又不增稅讓政府組織，只好讓所有服務性質的事業都沒有人做。其平等的悲劇，也就是長時期有系統的在歷史上製造全面窮困。

「微管仲，吾其被髮左衽矣！」

防洪治水，還只是引起中國中央集權地理因素之一。季候風與農產的關係，也是促成中國早期中央集權的主要原因。中國農產區百分之八十的雨量，都下在夏季三個月內。季候風由菲律賓海方向向西北吹來，全靠由西向東的旋風（cyclone）將這海風吹至高空，其含水量才凝結為雨。要是這兩種氣流經常在某一地區上不斷的碰頭，其地必有水災，要是經常不碰頭，則有旱災。以中國幅員之大，有時水旱並至。前述美國中情局的氣象圖解，即標示中國有些地方下雨量超過平均雨量兩倍或不及一半的情形，經常有之。我們可以用古籍證明。《史記．貨殖列傳》說：「六歲穰，六歲旱，十二歲一大饑。」《漢書．食貨志》接著說：「世之有饑穰，天之行也。」在春秋的時候因為氣候及穀物災害之所致經常發生戰事，有如《左傳》裡提及的「取禾」、「取麥」、「阻糴」、「卹鄰」諸情節。要不是很多國家為災情逼迫，戰國時的戰事，亦斷不至如斯的劇烈。這種情形之下，也只有大國能夠控制大量的地盤與資源，才能接濟災民，有如梁惠王之語孟子：「河內凶則移其民於河東，移其粟於河內，河東凶亦然。」秦始皇統一中國事在公元前二二一年，其滅六國期間之公元二三五年，「天下大旱」，公元二三○年及二二八年，均是「大饑」（《史記．秦始皇本紀》）。所以始皇自稱「振救黔首，周定四極」，雖有政治宣傳的動機，仍不乏歷史上的邏輯。茲後統一的中央政府，也以救濟災荒爲其本身重要任務之一，根據《周禮》，稱這種事務爲「荒政」。

下雨量不僅在中國腹地因過多過少而使穀物收成無定，而且它在北部西部還使農業達到不能逾越的界限。中國的「萬里長城」就大致與「十五英寸的同雨量線」（15 inch isohyet line）大致符合。這也就是說，越過這線之外，迄北迄西，每年下雨量在十五英寸以下，無法耕耘，總是游牧民族出入之區，他們一遇饑荒，或乘中國缺乏堅強的政府或有力量的防禦軍之際，總是大舉內犯。孔子生於公元前六世紀，他還說：「管仲相桓公，霸諸侯，一匡天下，民至今受其賜；微管仲，吾其被髮左衽矣！」亦即是說如果沒有中央集權的保障，中國的一般民衆，都要受蠻夷戎狄之所制，強迫改換服制，當作順民。可是我們至今還不能確定他所暗示蠻夷戎狄的眞實性格。一到公元前四世紀之末，也就是公元前三百年之前不久，游牧民族開始利用騎兵戰術，以前小規模的流動性，演進而成大規模的流動性。[1] 所以始皇得天下之後，令蒙恬以兵三十萬伐匈奴，收河南，築長城，但這還不過是一個序幕，以後漢民族的多數民族與滿蒙回藏等等少數民族在華北及草原地帶沙漠區的廝殺，無朝代無之，無世紀無之，也很難在十年二十年內無之。這種事蹟影響中國歷史的關係至巨至深。最顯然的，則是籌劃邊防，中央集權不能放棄。既有兩千多哩的國防線，也不能採取精兵主義，於是動員作戰人事後勤都以數量重於質量爲宗旨。軍政既如此，民政也只好同樣籠統處置，純樸雷同成爲最先考慮的因素。

我們寫作於二十世紀的末期，當然要避免大漢「沙文主義」(chauvinism)的作風。我們看到漢武帝的匈奴政策，眞有今人所謂「滅種」(genocide)的趨向。而明朝人之所謂「燒荒」，將游牧民族的生計全面破壞，也不免讀之心悸。然則勾畫大歷史的目的，志不在褒貶。我們這裡所考慮的長期歷史上的性格，則是在中國地理的特殊情形之下，多數民族，反要放棄主動，絕對的受少數民族的影響(因爲中原能占領，沙漠不能占領)。我們讀至《舊唐書》和《新唐書》裡面的〈回鶻傳〉、〈吐蕃傳〉及〈突厥傳〉，看到少數民族進出長安之無忌憚，成千成萬掠去人民之慘傷，公主和蕃之令人憫惻，又即在武后統治下的所謂盛唐時代，河北官兵不能抗拒契丹，一到寇退之後，又加罪於無辜百姓，動予殺戮。只賴女主英明，親自萬機獨斷，才能採納忠言，制止冤酷(《舊唐書》卷八九，《新唐書》卷一一五，〈狄仁傑傳〉)。

可見得中國的中央集權，包括了很多技術上的因素，當日的政府，缺乏適當的工具可以合理的解決各種龐大的問題，於是不顧人情的將問題簡化。眞理總是由上至下，只要能追究到「責任」，就符合到施政的邏輯。少數民族可能本身無辜，也可能他們自己也就是地理上的犧牲品。但是他們之成爲歷史上的工具，則是在中國還沒有找到適當之技術去對付之前，先以大數目課予漢民族以難題。

中國中世紀的華北，是一個很多民族混合的大熔爐，詳細經過，尚待現代作家整理。但是《遼史．食貨志》稱馬與羊不許入宋。而張擇端所畫的〈清明上河圖〉即示十二世紀初期汴京的大車以水牛吊連駢排拖拉。而同史又稱遼之受制於金主要原因之一，爲戰馬不能補充，都顯得地理因素之可以影響歷史，有時出人意料深刻。遼之制度蕃漢分治，但是漢人編爲「鄉兵」及「轉丁」，配屬於契丹隊伍，每個戰鬥序列都有一定數額（《遼史．兵衛志》）。金制女眞戶與漢戶錯居。大概四、五十戶稱爲一個「謀克」，八個謀克，編爲一個「猛安」。謀克戶及猛安戶都只許女眞爲之。他們就等於保長甲長，管理所屬戶口的兵役及賦稅（《金史．食貨志》）。所以元朝稱這久被遼與金管制的漢戶爲「漢人」，而在華南未經「蕃化」的漢戶則爲「南人」（馬可．波羅稱之爲「蠻子」〔manzi〕），不無根據。而後來朱元璋開始明朝，他所手訂的《大誥》（現在臺北學生書局的《明朝開國文獻》已複製）有「胡元制主」

的一段。這文獻也可以說是以漢人的民族思想，去合理化他開國時的一段恐怖政治。歸根結柢，則是中國歷史上的中央集權，與西北邊防問題相始終。

朱元璋的民族政策是少數民族不許同類通婚，所以他們在明朝必有大規模的漢化（《大明會典》），中國又經過元朝和清朝兩次少數民族的入主，所以今日之中國人（ethnic Chinese），卽本文的作者及讀者都在內，絕大多數都是多數民族與少數民族間的混血種，等於今日之英國人爲最先拓殖的土著（Celts）、義大利人（Romans）、丹麥人（Angles）、德國人（Saxons）、法國人（Normans）的混血種；日本人之爲北海道土著、中國（秦）人、韓國人，及史前亞洲騎馬民族的混血種。再要強調何人爲「純粹漢人」，卽屬可能，也無意義。然則在歷史上言之，則中國多數民族與少數民族的結合，不是短時間軍事移民所致，而係聯亙不斷的經常帶著緊張性的一種歷史上的重擔。因此中國傳統政府的作風，一面以儒家思想「柔遠人，來百工」相激勸，一方對於全民統制，始終不能放棄「命民爲什伍」的軍事組織精神，而潛在的支持中央集權的趨向。如果這種作風使中國歸納於「東方的專制」的政體之內，則中國不僅本身是「水利社會」，而且受「草原社會」的壓力至深至遠。

以上從左派右派的言論，中國與外國的資料，古典文章與考古的結果，天候地理的因素，公元前及近代的史蹟，以及教科書上的課題和個人經驗，都匯合的說出中國傳統的中央集權，既係人爲，亦由天賦。其歷史上的長遠意義（這就是「大歷史」的眞諦）則是在技術能力還未完全展開時，中國政府先要對付大數目的難題，只好囫圇應付。因之它一方面一定要企圖在思想上使它的措施解釋得合理化，另一方面它一定要在管制技術上尋覓短途捷徑，有時逃避事實。這篇文章只是一個大綱，所舉例證當然是掛一漏萬，可是讀者可以想像先有了一個籠統的規模，以後塡補文字上的罅隙，並不十分困難，而且這論點，仍有以下各節印證。

金字塔倒砌

《周禮》是一部很奇怪有趣味的書籍。它在劉歆於公元前後之交提出時，即被斥爲僞書，以後它的爭議直到十多個世紀。[2] 據稱作者爲周公，那麼成書應在公元前一千年以上，較中國之使用銅幣還要早好幾百年，可是書裡已經提到鑄錢的組織，也講到市場商品是否眞實，物價公平與否。可是書內又有些節目，反映公元前周朝的制度。我個人對它的觀感，就可以「金字塔倒砌」直截了當的形容它。也就是先造成理想上的數學公式，以自然法規（Natural Law）的至美至善，向犬牙相錯的疆域及熙熙攘攘的百萬千萬的衆生頭上籠罩著下去。當然書內沒有言明，這行不通的地方，只好打折扣，上面冠冕堂皇，下面有名無實。今日的一般讀者，用不著十分認眞去考究這書的作者以及他成書的動機。它一般示範的用途，也就是它本身在歷史最重要的價値。《周禮》有一段短序，在書中再三重複提出：「唯王建國，辨方正位，體國經野，設官分職，以爲民極。」這幾句話也代表中國二千年來政治體系的基本精神。所以韋伯（Max Weber）說《周禮》揭示「官僚合理化領導下的一種極有間架性的國務組織」(A very schematic state organization under the rational leadership of officials.)[3]，是剴切之言。

推而廣之，間架性的設計（schematic design）是傳統中國政治制度裡一種不可拋離的因素。當一個國家剛脫離青銅時代不久，文書來往還靠竹簡上書寫之際，就在一個龐大的地區上實行中央集權，就面臨二十世紀一般的大問題，只好構造一個龐大的官僚機構，將現實理想化，又將理想現實化。再加以中國文字的習慣，自始即受甲骨文的影響，只將最緊要的環節寫下，次要的因素付諸闕如，待讀者猜想後添入。這樣更構成《周禮》及和它幾百年內同時的著作內，有如《禹貢》、《左傳》及《孟子》裡提到制度時耐人尋味之處。

《周禮》說到周朝的封建制度，是從國都「方千里」的王畿之外每「方五百里」劃爲一「服」，共九服，諸侯的采邑因去王都的距離不同，他們的義務也不同，圖解如下。

其實周都鎬，在今日西安附近，也不是地理上的中心，而中國地形，尚且不能容納每面五千里的距離，以當日的技術也絕不可能在地圖上或實地上畫出這樣的方格。但是王畿千里，各服方五百里的抽象原則，卻在幾句簡短的話內說得明白。

傳說中的周朝土地制度，是八家為一井，每家分得田土一百畝。更有公田一區在井之中央，面積也是一百畝，八家共同經營，其收入則為賦稅。

井田制度經過中外作者多次論戰，甚至其有無，在爭論中也成為問題。我曾將隋唐之均田制度、宋朝的財政措施和明清的稅收辦法拿出來比較，所得結論，則是上開原則，不是完全不可行。如果真在平地分田，中國的官僚也真會劃地如切豆腐乾。但是一般最能合理想的處置，也不過如下圖所列，亦即是以實地情形，遷就比擬於一個幾何學上的圖案，只要大概不違反原案的精神，詳細的出入，無礙於大旨。再次之則只有七家六家，也可能為一井，更次之則畸零亦稱之為「鼠尾」，附帶編入算數，日本人之

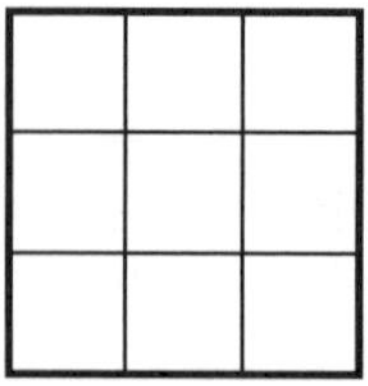

稱爲「龍頭蛇尾」，和我現在所說金字塔倒砌，都可以用之形容這設計施行的實際情形，也就是上重下輕。

這種「制度」，對以後中國歷史的發展有極大的影響。中國社會的下層機構，由上層機構指定造成，整個組織由於「經理上」（administratively or managerially）的原因而存在。官僚行政之用心設計必以保全這組織上之邏輯爲主，不僅下層利害可以保全這邏輯而被抹殺，而很多官僚本身性命亦可以爲之犧牲，有如柏拉茲（Etienne Balazs）之所云。這種設計原則，不僅妨礙民權及地方性質之組織制度的發展，也是將技術上不盡不實之處，壓至下端，使整個國家不能在數目字上管理的一大原因。

三個大帝國

大歷史也是從「實證主義」（positivism）的角度看歷史，雖指出歷史上不如人意的地方，卻無意全盤否定中國在歷史上的成就。再說得乾脆一點，上述的中央集權，既爲拯救百萬生靈之必需，則本文之作者及讀者也要像孔子一樣，雖然個人不直於管仲，對他在歷史上的貢獻卻又要慷慨的說出「民至今受其賜」。假使沒有這樣的中央集權，我們的大多數的祖先都已不能生存，遑論及我們後代。

中國政治社會的龐大組織，是超時代的早熟，它的缺點沒有充分暴露之前，尚爲中外景仰。中國的科學、技術、文哲理論，以及藝術都在早期勝過歐洲。卽講到政治體系不僅歐洲中世紀缺乏組織不能望其項背，卽直到斯密立說評論時，歐洲大陸剛進入於「開明專制」(enlightened despotism) 的時期，中國文物制度，尚爲福勒特爾及富蘭克林景仰。這些事蹟已有中外學者闡釋，也並不與本文衝突。只是本文旨在提供迄至近代中國仍不能在數目字上管理的原因。只能以「負因素」(negative influence) 作根據。以下提及皇權時代的三個大單元，這三個大帝國既然都已崩潰，我們的分析也偏重其覆亡衰落。所以要再三申明：文中強調負因素，係用它們作分析的工具，不是單獨的牽扯它們出來，恣意褒貶。

第一帝國包括秦漢

秦始皇在公元前二二一年統一中國，至二世而秦亡，漢朝取而代之，除新莽的從中插入一段不計外，劉家天下在公元前後各歷時約兩個世紀，前後連亙四百多年，在歷史上和秦朝合爲一單元。我們想要用四千多字既敍述又分析這一個大帝國的特徵，不免爲難。

我的建議是先看它的財政措施，同時先不要被歷史上的數字生出疑難或迷惑。中國歷史上有很多統計數字，其質量與提供這些數字之機構的質量有關，我們看清了後者，就不必一定要追究前者。例如西漢地租十五而稅一，約值收入百分之七而弱，人丁稅以每人一百二十錢爲原則，又分老幼男女平民及奴隸，更有代役錢，以這種稅制在被估計約六千萬人口施行，毫無差錯，難於置信。讀者想還記得人民共和國二十年以前很多統計數字，仍有大批虛冒現象。以上稅制如何可以在紙張都未發明之前（蔡倫造紙在公元後一世紀），文書全靠竹簡、木簡謄寫傳遞下，在據說人口爲六千萬的國家內全面奉行？反過來說要是這稅制全未施行，這帝國又如何維持？我們兩千年後研究其歷史，又憑什麼根據？徘徊兩者之間以後；我們只好說這種稅制也是一種間架性的設計，能推行即照條文實做，不能則任之虎頭蛇尾。

今日因時代過遠，資料不全，我們對秦漢統計數字的眞實性格已無從分析。但是翻閱一般史料，則發現以下的幾個特徵非常清楚：（一）財政體系的效率，有賴皇帝及執行者由上至下加壓力，其工具是政治權威，不是經濟因素；（二）這效率在軍事行動成功時，其成功性的公算高，然則壓力過高也可能引起叛變；（三）緩和壓力時，則又有無意之中鼓勵地方分權，造成割據獨立之可能；（四）這財政體系全靠大量小自耕農作下層基礎，所以質量上無法作突破性的改進。

這以上幾個趨勢，在秦漢之間出現之外，也在不同狀態之下出現於中國全部歷史之中，很多情形之下國富繼續增進，朝代反不能撐持，因之政治體系崩潰。動亂之後，民間經濟也隨之瓦解，只好一切重來。傳統歷史作者，無法透視全部局面，經常以不關痛癢的小事解釋，動輒責罵「腐化」，不能為我們因循襲用。

秦朝承戰國七雄全面動員長期作戰之後，以武力統一全國，秦始皇又做到書同文、車同軌的局面，他自稱「細大盡力，莫敢怠荒」，為他尋仙藥的盧生和侯生也說他「以衡石量書日夜有呈，不中呈不得休息」（以上均出《史記．秦始皇本紀》）。也就是當日木簡為書，始皇以秤權衡書輕重，他預定閱看文書的進度，不到若干斤之前，絕不罷休。我們因之可以揣測他的財政體系，已經在可能狀態之下發揮到最大效率。是以與他陪葬的秦俑，連衣飾上的皮帶銅扣、靴底之鐵釘都照實物仿製，毫不苟且。他生前興建各種工程，大規模移民，自稱「節事以時，諸事繁殖」，然誇大必仍有事實上的成就作根據。

漢朝懲秦之覆亡，採取「雜霸之治」，也就是郡守與王侯分地治理，彼此牽制，加以儒家思想與法家體制並行，經過諸呂之亂及文景之治以後，到武帝劉徹，也就是朝代已進入六十年之後，才重整中央集權的作風。武帝在位五十四年（公元前一四一至八七年）伐匈奴八次，又進兵到今日之朝鮮、青海與越南，司馬遷說他的軍需補給，「率十餘鐘致一石」（《史記．平準書》），以一鐘為六石四斗計，這句話說出糧食之能到達前線供應戰鬥兵員的，不及內地徵集的六十四分之一。雖說這是文人不對事實負責的筆墨，但是我們看到他在位時，丞相、御史大夫下獄自殺之多，也可以想像到當日全面動員的緊張性。

劉徹的武功也與他的加強統治促進中央集權的政策不可分割。漢朝自公元前一五四年吳楚七國之亂後，餘存王國分裂而為侯國已無多大實力，而武帝更是大規模的削藩。漢高祖封侯計一百四十三，其中六十八侯國已在武帝前罷廢，至武帝時存七十五，武帝在司馬遷作《史記》時已罷廢其七十，只存侯國五。呂后及惠文景三朝也封侯三十五，武帝罷廢其三十四，僅殘存侯國一（根據《史記》卷十八及十九，但是武帝自己也仍以軍功封侯）。其罷廢的最大罪名，是「坐酎金」。也就是供應中央政府的資源或不如額，或有差錯。這也就是利用軍事行動，增高財政管理的徵象。

武帝用東郭咸陽、孔僅及桑弘羊理財，不能被我們輕率的視作「商人參政」。他們並沒有利用商業組織及商人資本去增進政府的功能，也沒有利用政府的威權扶助商業之發展以便擴大政府的財源。所以鹽鐵官賣受到文人的指摘，有如《鹽鐵論》之所云。其他如皮幣（強迫借款）、算緡（抽資產稅）、平準和均輸（政府經商）都是短期籌措現款的辦法，而沒有顧及積累資本，因之也很難逃避時人所給予「與民爭利」的指摘。

但是既擯棄封建制度的間接管制，又不能創造商業組織，也就是仍只有大量的小自耕農，而缺乏經濟上的中層機構。在這種情形下，也只好讓皇帝或執行者高高在上，以天命和道德的名義管制億萬軍民。下層機構即一般民衆除了飢寒所迫鋌而走險之外，無法替自己說話。成千成萬的官僚既不能公開的堅持個人本身利益，也不便維護地方利益，只好用非經濟及非法治的名義去維持組織上的邏輯。但是以道德代替法律，賢愚不肖，都出自主觀。而且技術問題，被解釋爲至善與極惡，政爭失敗之後有身首異處的危險，更增加政府的不穩定。西漢政府的功能到武帝時已經到極端，到霍光專政時已難繼續。再次到王莽時代，即不可維持。我們看到新莽的好多布置及號召，不能說他想要與民更始的決心完全沒有誠意。他篡位之後，說到當日官僚積弊爲「拜爵王庭，謝恩私門者，祿去公室，政從亡矣」（《漢書．王莽傳》），就可見得當日官僚私人財產及人身權利沒有保障，以致「走後門」的處處皆是。這些人既得爵祿之後，即置公事於不問，因之農民造反，赤眉綠林，又比比皆是，可是這情形又不是設置「五威司命」及「中城四關將軍」（特務機關）所可以解決的。王莽離不開現有的官僚機構，又憧憬於《周禮》式的全面改革，可以說是沒有看清他自己的歷史背景。

後漢光武帝劉秀曾爲太學生，其微時曾經商，販賣穀米，又替巨閥訟逋租（《後漢書．光武帝紀》），所以精於計算。他自稱以柔術治天下，宣布土地稅額爲三十而取一，西漢所行之各種政府專賣也一併放棄，所以有人稱他的經濟政策爲放任政策（laissez faire）。其實他的紀錄有公元四〇年（建武十六年）「河南尹張伋及諸郡守十餘人坐度田不實，皆下獄死」的一段作見證。可以看出他至少是外柔內剛。而他的兒子明帝劉莊，以學者自居。但是《後漢書．顯宗孝明帝紀》說他「善刑理，法令分明，日晏坐朝，幽枉必達」。而最後對他提出一種帶疑問性的批評：「夫豈弘人之度未優乎？」所以他父子在位亙半個世紀，既以軍事力量重創政治機構，對財政事宜之注重實際，也決非優柔放任所能概括。這史籍上殘留的痕跡，使我們猜想他們和明朝的永樂帝一樣，都是善於製造和利用輿論的君主，而東漢在公元五七年只管制人口二千一百餘萬，到一〇五年就有五千三百餘萬，劉莊的傳記裡仍稱他「吏稱其官，民安其業，遠近肅服，戶口滋殖」。在公元一世紀的四十八年之內，人口能增加到兩倍半以上，已難置信，如果就是實情，要把這人口向上報告列入國家財政數字之上，也要由上至下，長期的施用壓力，才能辦到。

東漢和西漢的作風有一個重要不同之處，則是注重學術。西漢之有賈誼、晁錯和董仲舒等人還不過是單獨的學術人才取得皇帝的信用，任爲顧問。一到東漢，「學而優則仕」，成爲一時風氣。據記載太學有二百四十房，一千八百五十室。至桓帝劉志時（公元一四七—一六七年）太學生多至三萬人。而《後漢書》裡提及名流私人講學吸引生徒數百人或逾千人的資料，俯拾皆是。這在當日政府組織的特殊情形之下，產生一種循環性的不良後果。因爲皇室的提倡，士人又無其他出路，學術不以它本身的發展爲目標，讀書成爲升官發財的機會，甚至數代公卿造成門第。同時又因當時缺乏技術上及法制上評判是非的能力，許多讀書人以「氣節」相標榜，積之則成「淸議」。他們以自己過激的道德觀念，視作自然法規。所以錢穆就指摘他們「偏狹」（《國史大綱》第十章）。

東漢黨錮之患在這情形之下產生，很多案件最初發生於「兼併」。很多富家巨室與官僚勾結，到鄉下放債買田，侵蝕小自耕農，地方官員以道義上的責任，出面干涉，通常發現這些人的後臺老闆爲朝中權要，很多情形之下爲宦官。還有好多宦官自身卽爲皇帝近親，有如中常侍張讓，其媳爲董太后之妹，「賓客求謁讓者，車恆數百千輛」（詳《後漢書》〈竇何列傳〉、〈黨錮列傳〉及〈宦者列傳〉）。其背景爲民間經濟發達，現行法令對中層的經營，無適當的處理，旣不能接受其訴訟，又不能救濟其失田的小自耕農。於是一般被士人標榜的名流如李膺，以義節判人死罪，將張讓之弟處死。又如岑晊，對道德觀念不合的卽格殺之，甚至其對頭已被赦免，其家人賓客一、二百人，也被他格殺。今日我們閱及這些史料，無從判斷其誰是誰非。一個確切不移的事實，則是中央政府按照當日法令制度，已經不能有效的掌管各處地方，農業上積累的資本，無從取得法定的地位，走後門則爲士論所不容，各種糾紛無法解決，技術問題升級而爲道德問題，官僚也不能解決這些問題，才牽涉到女后宦官和外戚。

還有一個因素，卽是漢朝所謂的「選舉制」。其中沿革複雜，最簡明的事例，則是人口二十萬的地方，要按期舉「孝廉」一人，重要的官員，也要「辟」士，也就是薦舉預備官員，以後對他們的服務成績負責。官員的子弟則爲「郎」，以便在宮廷學習，準備做官。這更增加大小官員的關係。「門生故吏」的交道成爲一般風氣。

東漢之覆亡，歷史家或稱「黃巾賊」造反，或稱宦官跋扈，或稱邊軍董卓進京，擾亂紀綱。其實大規模的內戰開始於黃巾已剿滅，宦官已被懲，而董卓已身死之後。但是全國各地區，由各「名士」組織的私人軍事集團，找不到一個適當的邏輯，維持一個有力而合法的中央政府。公元二〇〇年官渡之戰，引導著魏晉南北朝長期分裂的局面。一方面代表新興的地主階級爲袁紹。此人七世祖袁良以學《易經》起家，曾爲太子舍人，將他的學術傳及孫子袁安。袁安舉孝廉，爲郡太守，爲司空（工部大臣）司徒（財政大臣），自此沒有一個袁家子孫不是東漢顯官，袁紹爲袁安五世孫（《後漢書·袁張韓周列傳》）曾任虎賁中郎將，司隸校尉（監察院長）。袁氏四世三公，門生故吏遍天下，他進軍官渡率眾十萬，給養自河北以大車十萬輛供應（王仲犖，《魏晉南北朝隋初唐史》，一九六二年，頁二一四）。抵抗他的乃是曹操，曹操這時尚想維持東漢的中央政府。他的義祖父曹騰乃是宦官，由黃門從官侍從皇太子

（順帝劉保）讀書，桓帝時封費亭侯。曹操之父曹嵩乃是曹騰養子。而曹操也曾被舉爲孝廉（《後漢書．宦者列傳》，《三國志．魏書武帝紀》），他的軍隊大部由黃巾降人組成，給養則得之屯糧，也就是人力物力都產生於現存體系之外。

這樣以學閥而成軍閥，在世界史上爲特出。也可見得人類的私利觀總應讓它在公衆生活中有適當的門徑，作限度內的開展，否則卽如壅水。一旦水勢超過積土，局勢就不可收拾，詩書和孝廉的名位，都可當作滿足私利的工具。隋朝以後放棄設辟士的辦法，採用考試制度，也可以說是在這地方著眼。

第二帝國包括隋唐宋

自漢朝在公元二二〇年「禪位」於魏，中國進入魏晉南北朝長期分裂的局面。晉朝雖然在二八〇年滅吳，一度統一全國，十年之後，就有「賈后矯詔」，引起「八王之亂」，內戰十五年之久，到三一七年長安繼洛陽爲匈奴攻陷，東晉偏安於江左。直到隋朝於公元五八九年滅陳再重新統一中國，這分裂的局面超過三個半世紀，在中國歷史上空前絕後。我們從史籍之記高層機構的資料中很難把局勢看得清楚。例如傳統歷史家稱賈后不僅行動淫虐，而且面貌醜陋。他的丈夫晉孝惠皇帝司馬衷，則謂百姓餓死「何不食肉糜」，如在法國大革命時傳聞皇后說「何以不食糕餅」如出一轍。其實這長期間內，分裂的局面，問題的重心尚不在高層機構，我們看到楊聯陞、唐長孺、王仲犖等諸人的著作涉及社會的下層機構，倒容易對當時的問題，能夠從側面得到一種了解的機會。

簡單說來，自從東漢之末，華北各地居民由巨家大室領導，築塢（土碉堡）自衛。他們攻則不足，防則有餘，這時期經過「五胡亂華」以游牧民族爲主體的華北政權，也很難將他們一一削平，例如公元三五〇年左右，山西太原迄北，有這樣設防的村落三百餘，包括「胡、晉」人口十餘萬戶。四〇〇年左右，陝西有「塢壁」三千餘所，他們也有統主，相率結盟（唐長孺《魏晉南北朝史論叢》，頁一七八—一八一，引用《晉書》卷一一〇、一一四及一一五）。而隨著晉朝南渡的移民，也是被巨家大族所壟斷，既如在四三三年以叛逆罪被殺的作賦名手謝靈運，「因父祖之資，生業甚厚，奴僮既衆，義故門生數百，鑿山浚湖，功役無已」（《宋書．謝靈運傳》），可以代表當日望族半吊子的獨立。

所以重新統一中國的政權，必定先要胡人漢化，能夠引用他們傳統的軍事力量，尤其是以騎兵作核心。又要重創一個官僚組織，不受中國巨家大族的壟斷，也不受少數民族首領的影響，才能以清一色的文官組織，引用傳統的政治哲學作執行的綱領，而最重要的也要再造一個以獨立的小自耕農爲基幹的下層機構。因爲這些條件之難，其經營才曠日持久，但終以北魏拓跋氏領先，而楊隋殿後的完成。

拓跋係鮮卑種，也是游牧民族，在四世紀之初晉代衰落的時候進踞山西北部，人口不及一百萬。他們有系統的俘虜其他部落全部人馬，而將他們強迫改爲農戶，原來部落裡面的酋長或貴族不問老少一律處死，部民卽計口授田。五世紀初期北魏的紀錄說明下屬農民的人種區別已不可分辨，他們如果曾一度爲國家農奴，從這時頒布的稅制看來，他們已變爲獨立的小自耕農。拓跋的勢力膨脹，他們更將高麗及慕容（也是鮮卑）人口移殖於今日之河北，先造成一個清一色農業生產的基礎，力量不鞏固之前，不問鼎中原（詳情有唐長孺的介紹，大部材料取自《魏書》）。

公元四九四年北魏自山西大同遷都洛陽，是中國歷史裡的一件大事。其實半個世紀之前，太武帝拓跋燾已給漢族的巨家大姓如崔、盧、柳、郭很大的打擊（《魏書．世祖紀》須與〈舊本魏書目錄序〉並閱，又參照王仲犖著頁四〇二）。北魏皇室則不斷漢化，孝武帝元宏漢族血液濃厚。華北人口也在過去不斷的被吸收於北魏版圖。此時改用漢族語言衣飾姓名，不過是水到渠成，而且比這遷都更重要的則是四八五年行「均田制」，原則是所有耕地國有，全民計口授田。四八六年又立三長。卽全民五家爲鄰，五鄰爲里，五里爲黨，所有鄰長里長黨長由官方指派。這種法令不可能全部做到，但是以前「禁網疏闊，民多逃隱」和「雜營戶帥遍於天下」（均《魏書・食貨志》），及「五十、三十家方爲一戶」（《魏書・李沖傳》）的情形，有了一番整頓。概言之，北魏是從漢亡以來第一次將中國傳統間架性的設計和金字塔倒砌的辦法大規模的付諸實施。拓跋氏不僅胡人漢化，奠定了再統一的基礎，並且替中國重創了一個低層架構，好壞不說，因爲如此以後隋唐的兵役和稅制，才有了一個可以因襲的規模。

可是北魏遷都，短時間內將洛陽造得富麗繁華，有如《洛陽伽藍記》之所說，仍使很多企望保持鮮卑傳統的人物不滿，他們的根基則是山西長城內外的騎兵組織。很多混血種將帥的去向，也是一個因素。這些情形使洛陽經過多次的政變。拓跋魏終分裂而爲東西，不久東魏蛻變而爲北齊，西魏蛻變爲北周，經過的情形複雜。但是我們站在大歷史的立場，即可以確切的看到，第二帝國的低層基礎粗胚已具，這時間的變亂，總是高層機構自身調整迎合新局面的辦法，結果則是隋朝創業之主楊堅，本身是胡漢混血，做了北周皇帝的岳父，先替北周吞併北齊，回頭篡北周之皇位，再舉全國之力，下建鄴，這也就是「六朝金粉」的金陵，今日的南京。

這統一的情形由北而南，由西而東，由基本組織單簡統一的政府經濟體系擊敗成分複雜的體系。這時候我們更可以注意到北周處於關中，它受漢人巨家大姓及鮮卑貴族的控制較其他地區低，又曾用蘇綽爲度支尚書（財政部長），此人帶有佛教思想，但是「博覽群書，尤善算術」，他曾對北周的制度作過實質的貢獻，所憑藉的書面知識則爲《周禮》。北周的軍事行動，自此又都倚仗水軍，非鮮卑貴族之所長。隋文帝楊堅利用了這些有利的因素，才重新統一中國，一個現代的學者曾將他與歐洲的 Charlemagne 對比。[4] 然則他還是要殘殺北周宗室，才能保障自己帝業的基礎。奪取建鄴的戰鬥雖然輕而易舉，其明年卽公元五九〇年，江南漢族的巨家大姓全部叛變，只是他們沒有整個的團結，才給新興的朝代消滅（《隋書・帝紀高祖下》，《資治通鑑》也有記載）。這樣看來，統一的中國全靠大多數淸一色的小自耕農爲基幹，替朝代當兵納稅，不爲私人的中層組織所遮斷。劉漢之覆亡由於這個條件失去掌握，楊隋之興起於它能重新造成這個條件所支持的局面。

隋煬帝大興土木，進攻朝鮮，將一個新興朝代的力量使用殆盡，終不能持久，只能爲人鋪路，使唐之踵隋，如漢之繼秦。然則我們參考前後事蹟，如隋文帝之孤僻寡恩，唐太宗李世民之骨肉相殘，則覺得問題尙不在煬帝楊廣一身。在技術尙未展開，民智尙屬眇昧之際，要倉促組織一個大帝國，也難免不走極端，除了全面動員，進入動態之外，我們自己就想不出一個短時生效的辦法。

李唐統治中國近三百年（六一八—九〇六），在歷史上好像展開了一個燦爛光輝的局面。

落在它頭上一段好處，爲其他朝代所未有。中國經過三百多年的分裂局面，統一途上的障礙，逐漸爲七世紀前的小朝廷掃除，因之唐朝能實際利用《周禮》式的管制辦法在廣大地區內推行，並且逐漸將它牽涉的人口增多。租庸調的稅制，簡言之卽是向全國人口以水平稅率抽稅，稅率低，計算便利，有均田在後支持，如行不通則又願意接受「括戶」政策的妥協方案。因之貞觀（七世紀初期）時之三百萬戶，擴充至天寶（八世紀中葉）之所稱九百六十一萬戶，而由上至下之壓力，除趙宋之外較其他朝代爲低。但是這種控制大量小自耕農的辦法，也只能施行於一個原始而簡單的國民經濟才有實效。一到經濟開展，人文因素複雜，則不僅耕地無法供應，卽官僚組織，從來就仿傚一般小自耕農的淳樸與雷同，它本身的人事後勤，也以簡單均一爲基礎，至此已趕不上最前進的經濟部門。新舊前後之間只造成其內部的分裂。[5]

外國史學家經常引用公元七五五年爲唐朝的分水嶺。乃是因爲安祿山的叛變，不僅是一段軍事行動，並且表示唐朝財政及組織體系發生變化；租庸調的稅制靠均田，此時政府已無田可均。還有一個因素就是中國的南北兩部已經不容易由同一政權統領。安祿山反於范陽，「兩京倉庫盈溢而不可名」（《舊唐書．食貨志》），「司空楊國忠以爲正庫物不可以給士，遣侍御史崔衆至太原納錢度僧尼道士，旬日得百萬緡而已」（《新唐書．食貨志》）。也就是兩個經濟體系，當中沒有平時的交納工具（delivery vehicle），戰時無從動員。等於明朝輸白銀於遼東，費力而不討好，而後來南方又仍遭受「揚州十日，嘉定三屠」的慘劇，也等於美國不能封閉波士頓交響樂團（Boston Symphony）及紐約大都會歌劇院（Metropolitan Opera）去支持越南戰事。

公元七八〇年楊炎的「兩稅制」，並沒有明白放棄租庸調制，但是後者早已與均田並成具文，而兩稅也說不上是一種制度，實際上這是讓地方官自動抽稅，「以為進奉，然十獻其二三耳」，這樣連中央集權也不能維持。於是藩鎮世襲，到五代以來的軍官主政，地方政府自定稅制稅率，成為一連串因果相循的事蹟。

五代連亙不過五十四年，沒有大規模繼續不斷的戰事，不能與魏晉南北朝相比，因為不受中央政府壟斷，各地區的經濟發展，反較統一的朝代下有顯著的進步。[6]各地區自動抽稅，在始皇統一後為創始（這紀錄不能在正史裡面看出，但是各地方志常有記載，例如一五六六年的《徽州府志》）。後來宋朝即將各地軍備與民政從上端歸併，所以唐與宋雖為分割的兩個單元，下層機構卻是長期的衍進，沒有劇烈的脫節。[7]但是五代期間，契丹之遼進占燕雲十六州，包括今日的北京。漢族所受外患，歷西夏、金和元，以至朱明王朝建立，迄四百年未止。

談到宋朝，它在中國財政史上特出的地方非常顯著。它開始就以最前進的部門，作中央施政的基礎，對於造船、鑄幣、開礦、榷稅、酒醋專賣非常注意。無意重新分配耕地，自始即用募兵。宋太祖趙匡胤「欲積縑帛二百萬易敵首」（《宋史．食貨志》），也就是企圖利用南方經濟的前進部門作骨幹，去和北方經濟落後的少數民族抗衡。如果這政策成功，中國歷史可以整個改觀，而世界歷史，也不會發展到十九世紀的狀態。因爲北宋始終沒有放棄這政策，所以我們可以用王安石的變法，解釋這表面上似乎不可能的原因。

王安石在神宗趙頊的信用之下行新法，原來希望加強經濟和財政的基礎，去驅逐北方的契丹和羌人，但是不但契丹之遼無法降伏，連與羌人之西夏對峙，宋軍也不能取勝。軍事失利之餘，新法成爲論爭的焦點，當初技術問題，至此變爲道德問題，使頒布的法律一改再改，至汴京淪陷，北宋傾覆爲止。

以今日眼光，王安石新法之失敗，不難了解。新法之重點，無非加速金融經濟，使財政商業化。但是要這政策通行，民間的金融商業組織也要成熟，私人財產權之不可侵犯，更要有法制的保障，這樣才能重重相因，全面造成凡物資及服務都能互相交換（interchangeable），其帳目也能彼此考證核對。這辦法在西歐也要經過很多奮鬥，在思想、宗教、法律上經過相當的準備，才能通行。而傳統中國的法制，眞理在官僚組織中由上而下，不容駁辯。管理大批農民，衙門又以「息爭」爲原則，無意將是非斷得一乾二淨，況且在法律上維持公平，也不是以中國貧窮的小自耕農作對象的財政條件下之所容許。宋朝的新法一頒布，等於政府與民間交易。而傳統的理財方法不能避免，包括由上至下施用壓力的老辦法。於是技術上行不通的地方，被壓至下層，以致「方田法」在汴京附近，二十年尚未能施行。「免役法」強迫的在農村中實行金融經濟，這金融經濟在城市裡反不能展開，「市易法」無從集中於批發業務，以致執行者成爲零售商，到街上去賣果賣冰，「青苗錢」無銀行在後面作根本，無法監視借債者權利及義務，縣官以整數借款，交給若干農戶，而責成他們彼此保證，也不管他們願借與否，而強迫他們秋後連本帶息一併歸還。有些地方並未貸款，也責成交息，即係無名目的加稅（以上大部見《宋史．食貨志》，詳細頁數見臺北《食貨月刊》卷十五，期七、八）。

宋朝（九六〇－一二七九年）三百多年與北方少數民族的朝廷時戰時和，軍事史與財政史不可分割。這所說王安石新法不過是一個顯明的例子，而它用經濟最前進的部門作財政的基礎，技術上不能與大多數的小自耕農的低層機構融合，則終朝代如是，直到南宋末年，賈似道在江浙強買田地，才有了一點更變，但是爲效亦至微。宋朝財政數字無法核實，發生大量的虛冒現象，也可以在《宋史》的十二章〈兵志〉中窺見，如提到士兵逃亡，軍士行乞，無人應募，比比皆是。這時候中國市民的生活程度，可能較世界其他各處爲高，而不能與北方人口少、經濟文化低的國家抗衡，也是世界史上所罄見。主要原因爲北方草原地帶之簡單純一，動員無技術上的困難。他們以同一方法管制漢人，也仍能保持這簡單統一的優勢。只是進據中原日久，他們也受多元經濟的影響。如遼之置鹽鐵、轉運、度支、錢帛諸司，「至其末年，經費浩穰，鼓鑄仍舊，國用不給」。最後則是「上下窮困，府庫無餘積」（《遼史．食貨志》）。再傳而至女眞（直）之金，其情形更出人意外。金占領汴京後印發大量紙幣，結果其通貨膨脹達六千萬倍，創造當日世界紀錄（彭信威《中國貨幣史》，一九五四年，頁三八四—三八五）。

第三帝國包括明清

在中國財政史上講，元朝百年不到（一二七一—一三六八）的統治，只是第二帝國與第三帝國間的一個過渡階段。這也就是說，蒙古的統治者始終沒有對南北之不同，商品經濟與金融經濟無法統籌經理的問題作切實的解決。如一面印製紙幣，以回紇（鶻）人承包稅務，一方面「凡諸王及后妃公主，皆有食邑分地，其路府州縣得薦其私人以爲監」（《元史．食貨志》），一方面又在江南大量減稅，又編印《農桑輯要》達萬冊。卽是稅收也是南北不同。有如〈食貨志〉之所稱：「其敢於內郡者，曰丁稅，此仿唐之租庸調也。」這也就是以同一水平線的稅率，向戶及口抽取。「取於江南者，曰秋稅，曰夏稅，此仿唐之兩稅也。」這也就是原則上按地田面積及收成抽取，而經常由地方官按總額承包。

一三六八年朱明王朝的成立，這在唐帝國發展的背景上看來，實係「大躍退」。第三帝國與第二帝國根本不同之處，則係其性格「內向」，缺乏競爭性。以小自耕農作國家的基礎，非常顯著。趙翼（《二十二史劄記》）稱朱元璋效法漢高祖，不無根據。

我們參照世界局勢，覺得朱元璋全面的不合時宜，但是看到第二帝國試驗的失敗，則又只好覺得他重返傳統的重農政策，以經濟因素的落後部分作全國標準，印鈔只作賞賜及賑災之用，盡量保持低水準的雷同與均衡，並不是沒有他設計的心眼。而他以南方作根據，由南向北的統一全國，也在歷史上無前例。所以站在大歷史的立場，我們無從褒貶，只好說中國的歷史中，地理政治（geopolitics）的影響非常濃厚。其需要中央集權，平時的體制作戰時的準備，數量重於質量，非大歷史不能解釋得明白。並且也只有這樣的解釋，才能使公元前的大事和現今情勢前後貫穿，歷史不是朝代的循環，而是一個直線的發展（linear progression），雖然內中仍有曲折。

朱元璋雖然未曾以有系統的辦法去重新分配耕地，他曾以「官田」的名義向蘇松的地主課以重租。又利用各種刑事案件，大開法網，打擊巨家大族，致「民中人之家，大抵皆破」（《明史．刑法志》）。一三九七年的戶部報告，全國有田七百畝以上的只一萬四千三百四十一戶，其名單都可以供「御覽」（《太祖實錄》）。商賈之家不得穿紬紗，全國居民不許下海。政府所用一部吏員及衙門斗級皂隸，都係民間差役，即器皿弓箭，文具紙張也係無代價仿傚造成。

這樣以小自耕農作國家基礎的體制，不僅不能容忍私人在上層機構及低層機構中創設樓閣，並且政府本身也不涉入，唐宋間財政的收支，已漸有總收總發的趨向，如各路設轉運使，南宋有經制錢及板帳錢。明朝則自洪武（朱元璋年號）將全國資源分成無數細微末節，讓經理的機關或者甚至民間的糧長里長側面交納收受，戶部因此成了一個龐大的會計組織，也等於一個電話總機，只使兩方接頭，本身不參與談話。因之政治上極度的中央集權，對財政的措施卻又不集中其職責。這當然帶著很顯明的收斂作用，所有政府衙門彼此牽制，不能輕易增加其收入，因之也無從擴大其職權。民間的商業機構，就不期而然的受到限制。考之經濟發達國家的先例，商業上起先最大的主顧總是政府衙門，洪武財政措施，既本身不需要這種服務，它也更無意爲商人著想。朱元璋這種設計，也可以視作他對王安石實驗的一種反動，從他自己的言論中提及王安石部分，可以見其端倪。

明朝財政制度，經過十六世紀的「一條鞭法」，有了一段改進，但是仍不能將權責集中，所以梁方仲稱這種改革「只能暫時緩和舊制度解體的危機」，而改革之後，「洪武型」的生產關係並沒有多大的變動（《嶺南學報》卷十二，期二）。十六世紀之末，很多地方全面用銀之後，上述將資源分割，側面收受的情形依然存在（例如沈榜之《宛署雜記》所載）。而這「洪武型」的財政系統，雖然在清朝有些更動，其基本組織的方式，一直維持到二十世紀（見陳恭祿《中國近代史》，一九六五年，頁六六五、六八七）。所以講今日中國之改革，其歷史上的對象，是明朝遺留下的社會經濟系統，並非過分。

滿清入主中國，固然牽涉到歷史上的機遇。李自成的大順已得天下，而崇禎帝朱由檢寧死不作傳統上的妥協與禪讓。華北軍民倉促降清，華南縱想抵抗，也爲時已晚。但是滿清也確實能填補中國的缺陷。以八旗代替明朝的衛所制度，減輕了國防經費。白銀用於華南，不與民間經濟衝突。而滿人文化之低，正符合了明朝向來提倡的簡單樸素，而且容易使征服者接受被征服者原來的制度：被征服者只須接受征服者所創造的「典章」。

所以滿清的改革與整頓，紀律與技術上的成分多，組織和制度上的成分少。開國以來各部尚書侍郎滿漢各半，康熙帝玄燁以一七一一年的丁額爲永久丁額，以後丁田歸併，雍正帝胤禎成立軍機處，使皇帝與重要官員經常接觸，減少官僚制度裡的拖延，並且執行「火耗歸公」，即是將歷來收稅時，在白銀部分以熔耗爲名所收的附加稅，向來爲經手者侵奪的當作正當收入，公開核算，合法的分配用途。除了這幾項措施之外，我們找不到更多的事例，算是清朝在制度上的重要創舉。

火耗歸公最近已由一位美國學者詳細研究。[8]作者指出雍正帝希望以這種措施，增強皇帝與各省總督巡撫間的直接聯繫，減少收稅時的貪汙，增加地方的正常收入，使政府除了「管理」之外，也能參與「服務」性質的工作。但是這改革只在短期內生效，而最大的障礙，卽是以大多數的小自耕農作稅收對象，稅額無法確切的提高，縱使皇帝與臣僚有心改革，也無法突破環境。況且清初人口大量增加，一般人民生活艱難，更使措施困難。一到一八〇〇年前後，火耗歸公的改革已無意義。明末的不良狀況又已重現。其重點則是低層機構不更變，上層機構想改弦更張，也無濟於事。其癥結也仍是「一窮二白」。

官僚政治

以上所述中國傳統的政治經濟社會體系，也有大量的哲學思想與文物支持，不屬於世界歷史中的任何系統。很多現代中國的作者，稱之爲「封建社會」，並且以此將它與歐洲的 feudal system 相比擬，其結果總是尷尬。

歐洲之 feudal system 被稱爲 feudalism 起源於法國大革命之後，當日作者以此名詞綜合敍述中世紀一般政治及社會的特徵，並未賦予歷史上的意義。縷列這些特徵，使 feudal system 給人以明確的認識，還是本世紀的事。迄至一九五〇年間美國多數學者商討之後，才覺得這種組織制度，包括中國之封建制度在內，有以下三種特點：（一）威權粉碎。即封建制度行時，雖仍有中央皇室的殘型，其實稅收之徵集與支付，民法刑法之裁判，以及兵役的區處，全由地方首腦就地方作主，可以說是集「地方分權」之大成。（二）公衆事宜變爲私人產業。裂土分茅必須固定，所「封」的方域，全部成爲被封者的家產，通過遺傳，永爲恆業。皇帝的寶位不算，其他下至各鄉邑，全部出諸遺傳，都爲私人產業。全民都處於不平等地位，都有尊卑上下的次序。所以歐洲的 feudal system 就使土地不得出賣，如果土地出賣，社會流動性大，其組織制度就無法維持。（三）武士傳統。以上條件，全民都在金字塔的形狀下，已有軍事精神，於是武士與地主及政治力量，凝合爲一，職業軍人就是騎士，也是貴族。參與討論的一位漢學家，指出在前述的定義下，中國的封建制度只有古代商周間的一段。一到魏晉南北朝，雖表現若干封建因素，已不成爲一種制度。[9]

徵之中國傳統文獻，「封建」也與「郡縣」相對，所以將漢唐宋明清的大帝國、中央集權、文人執政、土地可以買賣、社會流動性大的郡縣制度稱爲封建，更比擬爲歐洲的 feudal system，就把寫歷史的大前提弄錯了，以後的結論，不能爲有識者認眞的注意。

至於照馬克思的用詞，稱中國體制出於「亞洲的生產方式」（Asiatic mode of production）也容易混淆觀聽。馬克思自己就沒有說明什麼是亞洲的生產方式。上面所說的中國以小自耕農爲骨幹的生產方式，自成特色，就和印度村莊內，耕作及木匠、製陶、洗衣各種行業全部出諸遺傳，人力物力的交換也以集體方式爲之，實行所謂之 jajmani system 有絕大的區別，也不能併爲一談。

我覺得以上縷述中國的三個大帝國，看到它們以皇室統治，大規模的全民抽稅，不在中層插入經濟管制的因素，造成一種「官僚政治」。它有下列各種特點：（一）官僚政治自認自然法規已被它籠致無餘，如以「褒貶」寫歷史，不引用經常改變的客觀上及技術上因素作根據。好像千古定論，都可以由它自定的道德標準一手包辦。這和希臘思想家認爲自然法規須不斷的發現才能不斷的展開迥然不同。（二）與中國君主制度不可分離。中國君主制度帶有宗教色彩，與歐美近代的「政教分離」不同。如群臣稱皇帝出名的文書爲「聖旨」，皇帝的面目爲「天顏」，他的發言爲「玉音」。也就是假借自然的至善至美作人間組織的主宰。因之君臣務必要全面合作，融爲一體。歷史上強有力的君主以臣僚爲他們的工具，多數的君主，則爲群僚的工具。官僚制度做到最好處則是兩者都不堅持本身利害，只維持體制的完美，事實上這極難做到。唐太宗稍近之，但是他就要屠殺兄弟和姪子。（三）這種制度，常借力於思想上假設的成分。例如十歲兒童的皇帝被群臣稱爲「君父」，在明朝也不設攝政。皇帝爲愚頑，群臣稱之爲睿智，皇帝暴虐，群臣仍稱之爲慈愛。明朝的永樂帝朱棣爲暴君，有不少文字可以側面證明，但他仍被謚爲「啓天弘道，高明肇道，聖武神功，純仁至孝文皇帝」。也就是以天下之至美至善作他威權的背景，而官僚也藉這標榜發號施令。有時自知至美至善事實上不可能，寧可在實質上打折扣，表面文章絕不放棄，甚至以儀禮代替行政。(四)這制度以上級理想爲原則，不以下級實情爲準據。是以經常要由上至下加壓力。因之整個制度上不盡不實之處，積年累月的壓至下端。其頂要發生功效的地方可能爲頂不實際的地方。傳統作者稱其末端爲「腐化」，係揭露其果，而忽略其因。(五)基於以上原因，中國官僚政治有其獨占性，其稱「天無二日」，也就是理想上之至美至善不容第二者抗衡，而它的本身，也無能力與比它更爲合理的機構爭長短。所以它經常防制其國民對外接觸，保持內向。隋文帝禁民間三丈以上的大船。永樂帝令鄭和下西洋，但是又將民間的海船統統改造爲平頭船，以防制其泛海，都出於這獨占性的需要。

中國之官僚政治有了這些需要，思想上帶有宗教色彩，先有唯心趨向。其理想行不通，不針對下層作實際的改革，而自稱「體」與「用」不同，亦即是姑息違法。

從中國歷史的大眼光看來，統治階級「剝削」被統治者，不是問題的最要點。因爲官僚制度必以大多數的小自耕農爲財政基礎，不能以武士階級和貴族作中層機構，也不能以商人作行政的工具（明朝官廳與商人做生意，令商人跪下聽令），就不能創造一種剝削的系統。歷代的科舉制度，尙且全面的吸收人才，在社會裡造成流動性，更不能使剝削的成果，凝結持久。

而且中國的一窮二白，尙不是道德問題，而是技術問題，從以上官僚政治的組織結構上看，其中最大的弱點，卻是不能在數目字上管理（not mathematically manageable）。也就是由於技術能力尙未展開之際，先要對付龐大的軍事政治問題。

「資本主義」一名詞，已不適用

如果我們說中國不能在數目字上管理，則遲至一六〇〇年前後，東西洋國家，也沒有一個能和現今的一樣能在數目字上管理。四百年之前，很多現代國家如美國和蘇聯都沒有存在，即存在的，如英國、法國、日本，其體系也和現在有很大的差別。在世界歷史上講，這中間最重要的一個因素，則是所謂資本主義的興起，它能使好多國家在數目字上管理。這新興的國家，以商業上緊湊的組織，加壓力於以舊式農業爲組織原則的國家，有如荷蘭之加壓力於英國，英國之加壓力於法國，歐美之加壓力於日本。以致所有的國家都要根據它們歷史與地理的背景，造成一個全能在數目字上管理或大致能在數目字上管理的組織。在重創國家機構時，如用私人資本為主要因素，則成為資本主義，如以國家資本滲入，則成社會主義。這也是世界現代史上一種最重要的題材。

這中間一個極大的困難，則是「資本主義」這一名詞迄今還沒有一個確切的定義。考諸史實，馬克思雖引用「資本家」、「資本家時代」及「資本家的生產方式」諸名詞，即從未提及「資本主義」（capitalism）。有如法國史家布勞岱爾的研究，在十九世紀對此名詞作有意義的使用者，為法國社會主義者蒲蘭克，而在本世紀初期將這名詞廣泛使用者則為德國國家社會主義者桑巴特。

本文作者與英國漢學家李約瑟覺得在技術的角度看來，資本主義的組織，無非首先注重資金活用，剩餘的資本才能通過私人借貸的方式，此來彼往，產業所有人又以薪金聘請經理，超過本人足以監視的程度，而且技能上的支持因素（即前說服務）如交通通訊，共同使用。初看起來，這很容易，但是將這情形全面做到，也要在每個國家的思想法制與社會有整個的改造，才能組織這樣一個大的經濟羅網，將全民生活整個籠罩。很多歷史作者，不客觀的注重這組織在每個國家內發展的時間上的程序，首先將「好」與「壞」的觀念滲入，也就是以道德觀念解釋技術問題，有似於中國作史者的褒貶。

現有的資料，分析並批判西方資本主義的可謂汗牛充棟，但是以每一個國家為畛域，又用時間作線索的敘述，可謂絕無僅有，本文作者不揣冒昧，已經草擬了這樣一段綱要，在《知識份子》卷二期四發表，（編者注：即本書所收〈我對「資本主義」的認識〉一文）其中全部情形，不再贅述，這裡只將此綱要，再扼要的提及：

首先創造西歐資本主義的先進，為義大利之自由城市。他們在神聖羅馬帝國與教皇爭權之中，取得獨立的地位（但是能否視作現代國家，則甚成疑問）。其中以威尼斯最為其中翹楚。它最大優越的條件，則是本身在海沼之中，受大陸的影響小，海水又不便製造，於是全力經商，原來的貴族，也成為商閥，以徵兵制組成的海軍兵員，占全人口十分之一左右，全部民法，帶有商業性，商船由海軍護航，即匠工寡婦也可以投資加入股份經商，因之它的政府，即像一個大公司，全部人口也算是大小股東，所以威尼斯不費氣力自然的成為一個資本主義的國家，一三八〇年它打敗熱內亞，成為地中海的海上霸王，事在中國明朝洪武年間。

繼之而為西歐資本主義的先進則為荷蘭民國，共轄七省，荷蘭不過七省中之一省，但脫離西班牙而獨立時占全國人口三分之二，又供應聯邦經費四分之三。這國家地處北海之濱，在歐洲軍事、政治及宗教以大陸為重心，而地中海才算水道要害的時代，不是值得注意的地方。因此境內有無數城鎮，取得半獨立的地位。荷民過去無自己組織國家的經驗，因之全境缺乏中央集權的先例。十六世紀奧地利與西班牙聯合的哈布斯堡王朝（Hapsburgs）想在今日之荷蘭及比利時利用反宗教革命的口實，執行中央集權，引起兩國人士全面抵抗，荷蘭民國亦因之獨立。長期戰爭的結果，使很多經營織造及五金業的工商領袖匠人，匯集於荷蘭。阿姆斯特丹又像北歐貨幣交換中心，這新興國家乃以商業法制作它組織的骨幹，宗教上皈依卡爾文派，政治體系採取聯邦制，以便維持昔日半獨立城市的傳統。荷蘭海軍也是五個海軍單位併成。荷蘭的農業也重畜牧而不全重耕耘。這些條件，都使這國家能以聯邦的姿態實行資本主義。荷蘭宣布獨立爲一五八一年，在中國爲明萬曆九年，但須候至十七世紀，才爲各國承認。

繼荷蘭爲資本主義先進的乃英國。英國亙十七世紀內外的困難，前後沓至。今日看來實爲由農業組織蛻變爲商業組織中的必然趨向。其中兩個因素最值得注意：一是地產主權經過十六、十七世紀的變動而規律化。二是公平法（equity）漸爲普通法（common law）所接受。兩者都使這國家以前不能由數目字管理的情形今後能在數目字上管理。

關於英國十六、十七世紀土地領有的改變，本世紀初期的研究，集中注意於處置之不公平，帶有馬克思主義色彩。最近二十年的綜合報告，才著重初期缺少組織與系統。到十七世紀末葉，一方面是領有漸趨集中，一方面土地的使用才漸有條理。[10] 缺乏組織的詳情，對我們研究中國近代史極有作爲借鏡的地方。譬如英國十六、十七世紀，最大的困難，即是「抄本產業」，他們都是以前穡夫的子孫，既不能說他們是領有土地的業主，也不能逕說他們是佃戶，有時候業主也不知自己家產在何處，而所收佃金，由昔日莊園制度遺留下來的產物，全係以前穡夫對莊園主人應盡義務之折金，各處千差萬別（十七世紀皇室的土地出賣時索價爲佃金的一百年總值，可見得佃金低，耕耘者仍有佃金外的義務）。因之經過內戰復辟等等劇烈的變化，才漸將局勢澄清。

普通法是英國中古時代的遺物，絕對的遵守成例，毫無彈性，只適合於舊式農業的社會，十七世紀迫於情勢，對公平法讓步一二，後來積少成多，這讓步的辦法也自創成例，於是兩種法律對流，農業的經理管制，受商業的影響，全國經濟成爲一元。這在光榮革命（Glorious Revolution）之後，這些條件都已具備，英國自此能在數目字上管理。光榮革命完成於一六八九年，在中國爲清康熙二十八年。

可是「資本主義」這樣一個狹窄的名詞，去解釋世界上各國現代化的程序，就有它力不能盡之處。例如法國大革命，掃除貴族僧侶在政治上的勢力，企圖用全國地產作保障發行鈔票，以境內山河重劃行省，最後通行拿破崙法典，實在有從一個不能在數目字上管理的國家進展到能在數目字上管理的趨勢。大革命之後，法國也比較容易的接受資本主義的各項因素。但是如說法國大革命就是推行資本主義，則不免把資本主義看得太大，而把法國大革命看得太小。要說法國在十八世紀末年和十九世紀一開始就推行社會主義，卻又太早。況且自世界第二次大戰之後，英國有時資本主義的重點顯明，有時社會主義顯明。美國可算作資本主義先進的國家，但有時政治措施上仍帶社會主義色彩。卽在西方過去之解釋資本主義者，都著重其短處。將資本主義當作一種完美的制度，據我看這是東西冷戰後的一種特殊趨向。

所以今日中國的改革，不是所謂提倡資本主義，而是統籌中國歷史與西洋文化的融合（過去只有接觸和衝突，沒有全面匯合）。除非中國能在數目字上管理，不能避免一窮二白的命運。所以須改革的也不僅是經濟體制，也不是所謂封建制度，而須革除傳統的官僚政治，包括金字塔倒砌的作風。不過草創伊始，縱在二十世紀的末期，仍要在保障私人財產權著手，否則下屬經濟基礎就組織不起來。因之也不能對歷史上的資本主義視爲畏途。況且好多先進資本主義國家的成例，有如荷蘭之用聯邦制，使兩國以上經濟發展不同的區域同時維持他們的成就，英國之不注重以立法和行政的「通令」狀態去推行某種制度，而經常利用司法機構，在眞人實事的情況下推敲，集少成多的創造成例，甚至能將兩種相反的觀念調和融合，都可以給新中國爲借鏡。

並沒有多費時間

我看到很多海外中國人對近代中國歷史的寫作，當然有不少積極性的建議和中肯的批評，但是也間雜著呻吟與謾罵的文字。我想其主要的原因，乃是這些作家沒有看到中國近百年所面臨各種問題的龐大與嚴重。

讓我再舉出我於一九四一年當排長時的一段故事：第十四師原來是國軍裡精銳部隊之一，到滇南後士兵拖死逃亡，兵數不及原額編制之半。當時需補充壯丁，由重慶的軍政部指令，由湖南的一個「師管區」撥補。其實國民政府的徵兵制度僅在抗戰前一年以法令公布，所謂兵役機構，不過紙上文章，各種後勤機關也都付諸闕如。只好由我們師裡指派官兵，組織「接兵隊」。實則徒步行軍至廣西乘火車至湖南，將槍兵分散，在村莊裡和保長甲長接頭，再按戶搜索。當時人謂之「捉壯丁」。捉到的卽禁閉到廟宇之內，等候積得總數再行軍去雲南，這樣就拖了好幾個月。只是壯丁捉後又逃，逃後又捉，連原來派去的槍兵也有逃亡。接兵隊去後半年多回師部，中途又無食宿醫藥等設備，師管區憑公文說已撥補十四師壯丁二千五百名，實際除了原來就不如額，後來逃亡、病倒、身故、買放之外，到師部不滿五百名，也只有很少數能眞正認作壯丁。

同時我還要指出，當日抗戰的負擔，幾乎全部落在農村人口肩頭上。這樣捉來的士兵，經常十萬百萬的送到前線，其中逃亡的如被拘獲，往往在部隊裡潦草審問，也常有就地槍決的事情。抗戰期間像我這樣曾目睹其事的知識分子，也是成千成萬，這事情必見之於筆墨。

我請問讀者，我們對這一段歷史，應當如何處置？隱瞞，或是提出控訴？是否無法隱瞞又無力控訴，也仍可以付諸口誅筆伐？

這最後的一種方案也就是因襲傳統中直接引用自然法則的老辦法。而且站在道德名義後面，也是最容易使我們自己脫身的捷徑。因爲道德是人世間最高的權威，眞理的最後環節，一經提出，就再沒有商討轉圜的餘地，案情只好就此結束。我眞也好像置身事外的人物一樣，強調我既沒有參加前述接兵隊，在國軍也總是做下級軍官，而且除最短期之外，總是當參謀，這種種解釋都可使我置身事外之後，仍能向旁人作泛漫的指摘。

但是我所學的是歷史，既不能也不願走此捷徑。我們也可以把道德的範圍提高（這不是忽視道德，詳下節），先從技術的角度觀察，則以上捉壯丁之事，我們讀唐詩之「暮投石壕村」已有之，而處決逃兵甚至可以在《孟子》中找到前例，鄒穆公曾以逃兵向孟子訴苦，「誅之則不可勝誅」。這問題的癥結則是，何以一千多年和兩千年來統治者不把被統治者當作人的辦法，在民族解放的戰爭中依然存在？其答案仍不出前面所說，以大批小自耕農作稅收的基礎，收入有限，無法支持現代型的政治。當日中國仍逗留在幾百年前的世界裡。國民政府除了控制抗戰以前的長江三角洲維持現代化的門面外，沒有實切的機構可以和內地千萬的農民溝通，卽戰時也只好借力於傳統的官僚政治。所以我不斷的主張，要徹底了解現今的中國，最少也要把歷史的基點推後四百年。

中國自鴉片戰爭以來對西洋文化的反應，不能算是因循遲鈍。只是因爲兩方組織規模之不同，無法倉促的捨此就彼。所以耆英之將西洋文化說得一錢不值，恭親王奕訢的片面開放，曾國藩、左宗棠之造船製機械，和光緒帝及康有爲的籌備君主立憲，都是與外間不斷接觸後才逐步的放寬改革的範圍。以雙方距離之大，這梯度式的反應也不能算是不合理。後來的事實卻證明一改就都要改，無法半途煞車。所以放棄兩千年的君主制不算，連代議政治也造不成，軍閥割據亦仍沒有出路。以今日的眼光也可以看出，當日之草擬憲法，只顧到上頭，沒有看到腳底，好像寫下一紙文書，就可以命令一個走獸，立卽蛻化而成爲一個飛禽。舊的制度既已放棄，新的又組織不起來，也難怪軍閥割據。這青黃不接之間，也只有私人的軍事力量，才能片面的維持秩序，只是這種力量，仍難能在兩三省外的地區生效。民國初年的人物易被我們看得庸碌，則是他們沒有我們一樣的機會，去考究歷史的縱深，因此他們也無法像我們一樣的把歷史倒看回去，找到史蹟中恰當的材料，證實他們自己的立足點。

中國二十世紀的歷史，令人看得不耐煩，本文作者也有同感。可是我們回想北魏拓跋氏到隋唐的改革，以及英國詹姆士一世到威廉瑪琍間的改革，則知道其間問題龐大，時間並沒有白費。有些作者不耐煩，或是站在日本和美國的觀點，殊不知日本是海島性的國家，地理上的歷史與中國不同，無中央集權的需要，德川時代後期幕府及諸藩，都逐漸將他們的財政商業化。這也不是未雨綢繆。當時人還以爲這是傳統政治失控，世風日薄，執政者的一時末技，有如好多人的責罵田沼意次。[11]美國在現代科技逐漸展開之際，開拓一個空曠的地盤，事實的困難，有空間的圓轉，也仍有內戰四年等等的奮鬥事蹟。中國的問題則是內憂外患一時蝟集，人口衆多，耕地不足，改革也不能全靠上層領導，下層的農民也只能千萬、萬萬的驅使，其不能令人滿意的地方，也不待這些作家呻吟謾罵早已可以想像得知。

一九一七至一九二一年間的五四運動可以算爲一個劃時代的運動，乃是中國知識分子有了本身的覺悟，他們覺得國事蜩螗，應當由他們自己負責，要改革也只能從他們自己著手。如果我們從這觀點出發，並參照最近狀況，就可以說國民黨和蔣介石組織了一個新中國高層機構，共產黨和毛澤東重新構造了一個低層機構，今日的X－Y－Z領袖集團(包括鄧小平、胡耀邦、趙紫陽，也可以列入李先念、陳雲、彭眞，都從他們名字上的第一個字母)，則是統籌在當中敷設法制與經濟的聯繫。要不是如此解釋，則說不清何以中國之一九八〇年代有異於中國之一九二〇年代，又其間何以能無中生有，又何以五四運動的領袖那般明察，而受他們影響的人，全是壞人做錯事，而在他們下面的人也統統不明事理，爲虎作倀。

如果我們將歷史人格化，則知道「它」不會感情衝動，因我們耐煩不耐煩增減損益，「它」所能利用的工具，也有限制。這種現有主義也似如法家所說天地不會因堯舜而存，也不因桀紂而亡。以這種觀念看歷史才可以把前後看得一貫，縱使當中也有矛盾重複的地方。

很多人還沒有提到的，一九三七年到一九四五年的抗戰，是中國有史以來的第一次大戰，也是過去一百年對外接觸後唯一勝利結束的戰爭（段祺瑞認爲中國參加第一次歐戰戰勝，那不能認眞算數）。開戰前夕，國民政府全年預算，還只有十二億元，[12]以三比一折算合美金四億元，也等於今日美國一個二等大學堂的預算，當然蔣介石也不能以這數目維持陸海空軍，並且供應全國文官及所有機關學校。這也表現他凡事都是勉強掙持，只有現代型的機構，其低層機構一般仍與明末清初大同小異，有如前述十四師及馬關縣的情形。這時候如果還可能有更爲合理的體制，他一定會採取更合理的體制，絕無自己破壞自己事業之理。國民黨也全靠這種忍辱負重的精神，得到列強承認，團結軍民完成抗戰大業。蔣介石的組織只能採取理想上的高度邏輯，因之內中有無數不盡不實之處，現在事隔半個世紀，我們縱不滿意，卻至今還不能在歷史上想出一個代替的辦法。

這高層機構的痕跡至今存在。人民共和國很多的領袖，仍是抗戰期間露面的人物。學校組織制度，也受國民黨執政期間的影響至深，卽人民解放軍，也不能說是沒有國民革命軍的傳統影響。

如果我們以同樣的現有主義看毛澤東和共產黨，則感覺這一段歷史更不能由我們片面褒貶。中國問題的癥結則在農村。巨家大室始終不是糾葛的中心（傳統所謂「膏腴萬頃，田連郡縣」的詞句，總帶罵人的語氣，而被形容的人已被攻擊）。土地革命期間，他們也無從反抗。不可爬梳的倒是農民彼此間的剝削，放債收租，可以牽涉到遠親近鄰。毛澤東的辦法是先用最低身分的貧農在村內鼓動造反，起先用暴力，一到村莊已能掌握，水準較高的共產黨員才進入作較爲合理的處置。田地分了又分，一定要到全部公平爲止。以後農民協會由貧農團爲中心組成，村民大會又以農民協會爲核心組成，所有村內共產黨員又經全體村民審核三次，不同意的不能入黨。據韓丁（William Hinton）所著《翻身》（*Fanshen*）一書說出，一九四七年華北四省土地改革的幹部在太行山中集會討論，曾有一千七百人參加，討論了八十五天（頁二六三）。這些地方都是史無前例。毛澤東開口不離階級鬥爭，喜歡利用人類的壞性格去執行他的革命方針，土地改革，可能犧牲了三百萬到五百萬人命，歷史學家若不將這些事實寫下來，則爲不眞。寫下來之後則更應當說出毛澤東替中國造成了一個新的低層機構，所用標準向最低的因素看齊，與傳統金字塔倒砌的原則完全相反。以後全部土地共有成立人民公社就輕而易舉。現在看來，這些程序，並不是立即推行共產主義，而是創造一個水平而清爽的下層組織，使中國能在數目字上管理。

只是這樣一個低層機構，沒有中層的經濟組織與法制與上層聯繫，容易被領導人濫用，去作違反技術原則的事，有如「文化大革命」。X－Y－Z領導下的改革，則是補救這缺點。大規模商業化的財政措施，不能沒有民間的組織作第二線和第三線的支持，王安石的新法，可爲殷鑒。這種支持也靠保障私人財產權才能生效。宋朝的辦法，「既以絹折錢，又以錢折麥，以絹較錢，錢倍於絹；以錢較麥，麥倍於錢，輾轉增加，民無所訴」（《宋史．食貨志》）。也就是自己破壞自己的系統。只是當日官僚統治億萬農民，缺乏技術上的能力，不能和今日相比。假使我們把歷史的眼光更放大，也知道中國一千多年來較歐洲強，最近幾百年則一直落伍，其中有一個似非而是的原因，則是中國一直不能聽任豪強兼併，而日本的大名政治，則是一種兼併，英國十七世紀土地易主，也是一種兼併。美國地廣人稀，歷史上無兼併的需要。遲至一八六二年，美國的「自耕農屬地法案」（homestead act）還能讓一般公民有條件下購得政府公地一百六十英畝，等於半買半送。這些條件，是這些國家的公民能以私人資本，支持商業財政的資源。而人民共和國自人民公社至農業的承包制度，也仍是一種兼併的替代。豪強的兼併不能放任，技術上的土地集中，合理使用，滲入私人經營的成分又不可少。這些歷史上需要突破絕境的步驟，都已成爲事實，所以我敢於說中國革命業已成功，中國歷史已經開始與西方文化匯合。要不然像十多年前一樣，美國中情局對國會提出的報告絕不會保持這樣同情而又樂觀的態度。像《知識份子》這樣的刊物，尚不能誕生，遑論刊載千家駒的文章，而我這篇歷史論文，更無法執筆。

在這裡要附帶說及的，則是臺灣經濟的發展，不屬於上述範圍。臺灣在日治時，已將其經濟片面商業化，只是屬於殖民地性格。農業產品如穀米、樟腦、蔗糖、水果均大部向日本輸出。國民政府接收之後曾於一九五三年，以「耕者有其田」法案，嚴格的限制私人田地數額，其餘的由政府價買出售於農民，但是價款只有兩年半的收成。付給業主的代價百分之三十是從日本接收之企業的股票，這樣也強迫農業的剩餘投資於工商。一九五〇至一九六〇年間臺北接受了大量的美援，經濟政策不急於向有炫耀性的企業發展，而著重將境內廉價勞工製成勞動力成分多的商品或加工商品輸出，因此能在短時間內實事求是，將一般人民生活程度提高。最近聽說全省外匯存額已超過三百億美元，其私人資本亦必相當雄厚，所以其國富，已有適當的縱深。

道德問題

我提倡大歷史觀注重實證主義，好像犯了一個很大的毛病。即是從這篇論文看來，好像凡有一件重要的事件發生，必有後面的背景，只要它能與以前或以後的人與事互相印證，就取得它在歷史上長期的合理性。那豈不是只要能存在就算數，倫理道德都不重要？可是那種社會達爾文主義（social Darwinism），並不是我寫文章的主旨。

大歷史著重大眾的集體智慧、勇敢和道德，本文雖提到歷史人物，只利用他們生活側面表揚群眾運動趨向，並不是寫他們的傳記。我的目的是勾畫一個歷史的大綱，著重東西的匯合，因此要避免將某種特殊的道德觀念，當作一般標準。包括東方和西方的道德標準，不能預先狹義的定範圍，有如自然法規（natural law），我們只希望能不斷的發現而不斷的展開。也如道家之所謂「道」，既然無所不包，則不能給它下定義。

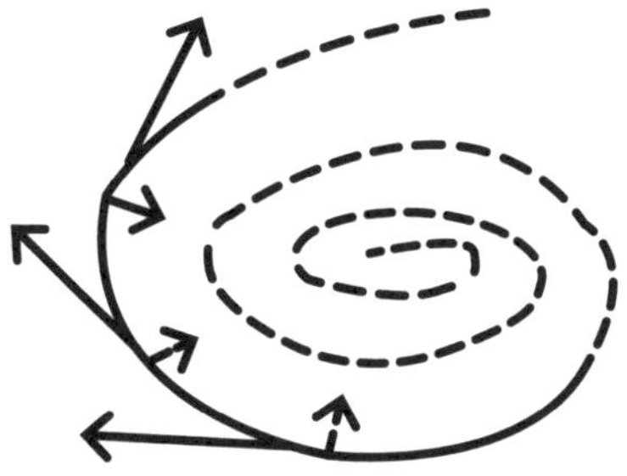

上圖表示這篇論文的思想背景：人類的成文史，以實線弧型表示之。向空間的箭頭，表示我們在某個歷史過程中的希望、宗教思想和道德觀念，但是這種趨向，無法全部付諸事實。個人的私利觀，與猶太教、基督教所謂「最初的過失」（原罪，original sin），包括我們有心無心的過失和前人的錯誤，總要給這些開展的趨向打一個折扣，所以在圖上用內向的箭頭表示。歷史的好壞間的折衷，陰陽間的總和，我們對前的立場無法完全放棄，我們今日做事的始點，卽是前人昨夜息肩之地。而世界上重要的事，也一事只發生一次。我們採取這種立場，從我們的立足點向這弧線倒看回去，雖簡化歷史，也保證不致偏激。

我說中國歷史已和西洋文化滙合，也似乎於兩個航行於空間的太空船，已能在空間聯合，其樞紐則是凡事都能在數目字上管理。目前這樣的局面，還只能借文字上相似的事物（metaphor），牽引解釋。因爲實際的情形，還沒有完全展開，而這樣大規模的滙合，也是史無前例也。

大歷史不能代替各人以不同方法寫成的歷史，等於天文學不能替代微菌學，宏觀經濟不能替代微觀經濟。但是刻下，卻有實切的啓示：它賦予我們一種不同的宇宙觀。這篇文章確實以生存爲重心。要是所說在強調某一種族或某一國家應該較旁人有生存的優先權，如希特勒，才是不仁。我們把歷史打開，當作全人類共同生存的一種借鏡，則雖沒有標榜時下的道德觀念，這立場就有了很濃厚的道德意義。

自然科學家發現了將觀測事物之能力提高到人類目之能視耳之能聽之程度之上，他們就進入了一個不同的境界。寫歷史的人如果也將道德尺度放寬放大，將歷史的因果關係，延伸到個人人身一百年的經驗之外，也會類似的進入一個不同的境界。其目的又不是姑息暴政、讚揚貪汙，只是在重新編排之後，同一被觀測的事物，其面貌已和以前所看不同。讀者縱不能同意後者的看法時，也可以了解何以旁人能有這種完全不同的看法。

如果確實如我所說，中國革命的目的，無非跟隨著世界趨勢，以商業組織的辦法，代替昔日農業生產方式裡以多數小自耕農爲基幹組織的辦法，使整個國家能在數目字上管理，而最後的目的，也不僅是增進國富，而且要使全民能適應現代社會的環境而生存，那麼中國歷史與西洋文化匯合之後，世界局勢，會起怎樣的變化呢？

說到這裡，作者必須表明：我所學的是歷史，至此所解說的，全是已經發生呈現的事物。雖說因今日中國特殊的情形，能夠讓我放肆的將大歷史的精義，發揮得淋漓盡致，然則即放肆也要有限度。人類發源的蹤跡，創世的經過，以及宇宙將來的命運，有的屬於人類學，有的屬於宗教，仔細考究則不可以我們現在歷史的經驗作根據，是以在圖上以虛線表示，有如康德（Immanuel Kant）所云，「超現象」（noumena）不同於「現象」（phenomena）。再說得實際一點，我們對於世界未來的局勢雖然可以根據歷史的經驗預測一二，但是對於事物在時間上的匯集(timing)卻無法掌握，所以只好保證後代，他們也必能生存。至於如何處置未來世界，我們不能比傑佛遜(Thomas Jefferson)講得更透徹：他的宗旨，則是「世界屬於生存者」(Earth belongs to the living.)。

只是如本文所說，中國確切的承認百年以來的革命已經成功，中國歷史已開始與西洋文化匯合，就免除了好多不必要的誤解和矛盾。例如中國之對內，一方面提倡「毛澤東思想」，一方面去批判文化大革命，對外又要由當局者每隔兩三個月向各界保證中國會繼續開放，這就無此必要。同時中國的歷史有了一段長期的奮鬥，只要將這經驗公布，就能對現已在數目字上管理的國家及尚不能在數目字上管理的國家同時明確表示其立場，免除了主義的混淆隔閡。屬於後者很多的國家今日對西方文化的反應，有的尚如義和團時代，有的尚如十九世紀的「中學爲體，西學爲用」的情形，也可以藉中國歷史，澄清局面，減少改造時間的痛苦。因此中國對超級國家對峙的局面下，可以同時對本身利益及世界和平兩者之間作更有效的貢獻。

注釋

1 See Herrlee G. Creel, *The Origins of Statecraft in China* (University of Chicago Press, 1970), cf. Owen Lattimore, *Inner Asian Frontiers of China* (Oxford University Press, 1940), pp.252–254 for the development of "marginal nomadism" to "full nomadism" and Cho-yun Hsu. *Ancient China in Transition* (Stanford University Press, 1965) p.70 for cavalry in Warring States armies.

2 See Li Ch'ang-shu, *Chou-li ku-hsueh-k'ao* (1909) and Sven Broman, "Studies on the Chou Li," *Bulletin of the Museum of Far Eastern Antiques, 33* (1961), pp.1–89.

3 Max Weber, *The Religion of China*, trans. and ed. by Hans H. Gerth (New York, 1951), p.37.

4 Arthur F. Wright, *The Sui Dynasty, The Unification of China, A.D. 581–617* (New York, 1978), contains a considerable amount of material prior to the unification.

5 Denis C. Twitchett, *Financial Administration under the T'ang Dynasty* (Cambridge University Press, 1963), p.97, 112.

6 Mark Elvin's, *The Pattern of the Chinese Past* (London, 1973) makes an extensive use of secondary sources in Japanese to arrive at a synthesis.

7 Gung-wu Wang, *Structure of Power in North China During the Five Dynasties* (U. of Malaya Press, 1963) explains that an integration on the top enables the Sung to achieve a reunification.

8 Madeleine Zelin, *The Magistrate's Tael, Rationalizing Fiscal Reform in Eighteenth Century Ch'ing China* (U. of California Press, 1984).

9 See Derk Bodde, "Feudalism in China" in *Feudalism in History* (Princeton University Press, 1956), pp.49–92.

10 The two sides can be represented by R.H. Tawney, *The Agrarian Problem in the Sixteenth Century* (London,

1912) on one side and volume IV, V.I, and V.II of *The Agrarian History of England and Wales*, ed. by Joan Thirsk (Cambridge University Press, 1967 and 1985) on the other.

11 See John W. Hall, *Tanuma Ikitsugu, 1719–1788, Forerunner of Modern Japan* (Harvard University Press, 1955).

12 See Arthur N. Young, *China's National–Building Effort 1927–1937: The Financial and Economic Record* (Hoover Institute Press, 1971).

第十章

蔣介石的歷史地位

爲陶希聖先生九十壽辰作

我的父親黃震白，號種甦。晚淸爲同盟會會員。他少年時代民族意識之濃厚，單從他給自己的兩個名字上也可以看出。因爲他生於公元一八七八年，在少年時代就逢到中國的甲午中日戰爭、康梁百日維新、庚子辛丑間的義和團事件及八國聯軍入北京等等事蹟，而且新興的報紙雜誌在這期間也廣泛的介紹歐美的社會達爾文主義（Social Darwinism），其重點則是弱肉強食。在這種環境下，他離開湖南的家鄉，由貴州雲南經河內海防而入粵閩，加入革命的團體，並且考入福建講武堂爲軍官學生，以便替同盟會策動新軍，深受社會背景的影響，也算由於歷史上的潮流所驅策。

我父親的政治生涯迄無成就，他最後的十年中，尙輾轉的在湖南的幾個縣政府裡任科長，這也和舞文筆作胥吏的情況相去無幾，僅能維持我們一家低級標準的生活。可是他初年運動新軍，則至有成效。福建講武堂的總教習爲許崇智，就由第一期學生黃震白介紹祕密加入同盟會。這學生的年齡，又比教習還大。不久辛亥革命成功，全國光復，他們彼此飛黃騰達。許崇智在福建爲第十四師師長，黃震白剛離開軍官學校，卽任許的參謀長，並且臨時政府成立時代表福建省出席，因之謁見孫中山先生。

倒袁之役，我父親還曾隨孫中山先生去日本。可是他回湖南活動，立卽爲袁的爪牙拘押，準備械送北京。當時袁世凱以嚴刑拷問黨人，假使北行成爲事實，一定吉少凶多，在這千鈞一髮的時間內他乘看守人鬆懈，逃出虎口。不過從此他就感到心臟跳動不正常，怕受驚嚇，多年的冒險生涯和民國初年的政局都使他意懶心灰，所以他在第二次的革命結束後即立室成家，退居林下，以致晚年爲衣食所迫，他也不願在舊交故友前求助，而甘心作白頭胥吏。而至今國史黨史的紀錄，也沒有黃震白的名字。

我小時候聽到父親講他少年時代的故事，雖說父子之間，我還怕他在敍述之中，帶著一種吹噓的成分。可是一九五二年我在東京遇到國民黨元老戴愧生先生（他的名字也有革命涵義，但比先父的爲含蓄），他就是我父親在中華革命黨期間接近的同志，他不僅證實先父所敍一切，而且又提到他在初期黨內的地位、僑居東京的住處和他自己以後在廣州邀請先父再度出山未果的種種。戴先生歷代僑居菲律賓，在這時候，已入暮年，和我談說之後，也是不勝唏噓，又作小詩一首贈我，而這事至今也有三十五年之久。

我的父親生前既不以追逐名利爲宗旨，我也應該尊重他自己的志趣，沒有將他事蹟拿出來渲染的必要。可是黃震白雖然本身沒有成爲製造歷史的人物，卻在中國近代史展開的時候親身切眼的作過一段比較客觀的觀察，而我自己在先父去世後十二年才開始學歷史，至今也已三十五年，回想起來，我和其他很多學中國史同事最大不同之點，則是我在接受書本知識之前，先已和歷史的實際行動接觸，其所以如此，也是受我父親的影響。

所以這篇論文從他和他的時代開始，以便賦予其應有的縱深。

這論文的主題則爲蔣中正先生。根據一般習慣應稱先總統、蔣委員長。我自己也在成都中央軍校畢業，當日我們的辦法，則據師生關係稱「校長」，並且提及的人和聽到的人，都立正表示尊敬。

但是我現在作文的目的在展開歷史的研究，不是替軍事政治領導人物作宣傳。很多中外作家，寫蔣先生的傳記多注重他爲國家元首，卻沒有想到他一直到易簀之日，還沒有忘記他自己是革命家，而中國人民尚在水深火熱之中。因此把他寫成一個完人，一切都是功德圓滿，也與他自己的旨趣相違。況且中國傳統方式的敬長尊賢，其目的是維持舊社會的秩序，規避與第三者之間名分上的爭執，因之其立場即可能與口頭的尊敬已經有了相當的距離。

蔣先生生於一八八七年，距今百年，今日任何寫歷史的人，也不可能全部繼承他的觀點，當然也不能期望讀我等書的下一代再抄襲我們的見解。即以我近身的事舉一個例：我在十多歲的時候，一天無意之中發現小泉八雲並不是生而爲日本人，卻是英國人（其實是愛爾蘭人，又一度入美籍），只因爲居住日本多年，與日本文化結不解緣，因之取日名，入日籍。我將這事情告訴父親的時候，他就很驚訝的說：「爲什麼這樣的英國人會如此的無恥！」

我於一九七一年入美籍，可以說是爲我父親當日的見解所不容。只是第二次世界大戰之前，人種即決定國籍，已和今日的標準相去至遠。我初來美國時，也仍是抱著昔日的觀念，一直住了二十多年，在此成家納稅教書著作之後，才覺得仍採取僑寓的立場，不預聞本地公民權利義務諸事之不合實際。即使先父泉下有知，我也能向他解說。我們對前一代賦予我們的觀念，如此折衷採用，才能希望我們的下一代能對我們所遺留的觀念也能同樣的按情形斟酌取捨，這才是修撰歷史的使命之所在。

我企盼初步確定蔣先生在歷史上的地位，不僅是他在中國歷史上的地位，也概括他在世界史上的地位。我在海外幾十年讀書的一個心得，則是覺得中國革命業已成功，中國的歷史，已經能和西洋文化匯合。[1]這樣一個重要的發展，至今還沒有爲世人公認的緣故，還是由於我們著書講學的人，沒有脫離我們局部的歷史眼光，過於被時下政治上和社會上的風氣所束縛，因之忽略了我們自己應產生的領導作用。既要依現局徹底修改歷史，則不能拘泥於舊日的習慣。如果在寫論文之前預先就用了局部的和習慣上的見解禁錮自己，則絕不可能另創新論，也不會值得海內外學人的注意。迄今在美行銷書之一，爲艾森豪傳，作者即爲傳記人物之孫，但是書名也不稱艾帥，或艾總統，或先祖父，而逕稱艾森豪（Dwight David Eisenhower）。這中間一個意義，即是歷史學上全民平等，寫書的人和被寫的人不分畛域，也不計尊卑，其記述之所在，與兩者私人關係無涉。官銜只用在文句中有關的地方。蔣介石爲一個全世界衆所周知的名字，其本身沒有被人尊敬或不尊敬的意義。我的論文能用這頭銜出版，也是今日中國已經脫離舊社會官僚習慣的明證。其實這樣也才能符合中國最初寫歷史的傳統。

關於許崇智，哥倫比亞大學的《中華民國名人傳》有這樣的一段記載：

> 一九二五年的夏天，許崇智達到了他一生事業的最高峰。當國民政府於一九二五年七月一日在廣州成立的時候，他被選為十六員政委之一，並且也是五位常委之一。其他常委則為胡漢民、廖仲愷、譚延闓和汪精衛。他又被任為軍政部長和軍事委員會的委員，其資深委員則為蔣介石，他又被任命為廣東省政府主席，亦即是省長。一九二五年八月因廖仲愷被暗殺，廣州也面臨到一個危機。最初高級人員中只有胡漢民被捲入事端，他的堂兄弟被疑是這謀殺案的主使者。迄後則有其他的嫌疑犯被捕，包括廣東「兩」軍的高級軍官。許為此軍的資深指揮官，不能完全置身事外。一九二五年九月二十日，他被免本兼各職。當夜蔣介石派陳銘樞護送許登輪船赴上海。[2]

《劍橋中國史》則於敘一九二五年八月二十日廖仲愷被暗殺後，有這樣的一段記載：

這悲劇出現之後，鮑羅廷立即建議組織三人委員會賦予全權，處置這危機，許崇智、汪精衛及蔣介石構成此三人委員會，而以鮑羅廷為顧問。訊問之下，發覺國民黨內保守派領袖及黨軍內若干軍官有圖謀推翻廣州權力組織中的激進分子。一週之內，很多嫌疑犯被捕，有些即處決，其他參與的則逃走。蔣、鮑決定遣送胡漢民去蘇聯。不出一月，蔣即驅逐了他的競爭者許崇智，亦即是廣東軍名義上的指揮官。[3]

另一本記北伐的英文專著則說：「許崇智在（出師）前一年的夏天被逐放，因據說他和軍閥陳炯明合作。」[4]

黃震白沒有參加一九一七年護法之役，遑論北伐前後的廣州政事，但是他仍去過廣州，也仍與許崇智麾下一些幹部保持聯繫，有些同事，尚是福建講武堂的同學，他對這事的解釋，在旁人面前看來，還可認作道聽途說，在我則為可靠的事實。因在我看來，他沒有增益或減損這故事之中的資料之必要，而他在我面前提及此事時，我還只十三、四歲，也從沒有聽到以上廖仲愷、陳炯明等事蹟，他所說及，已經能夠單獨的存在，是以更為可信。

一九二五年，蔣介石雖為黃埔軍官學校的校長，並且在第一次東江之役建戰功，在軍事組織上他卻是許崇智的參謀長。許在這時候以聲色自娛，又喜歡打麻將，經常好幾天不在家，也不去司令部。蔣已經將內外上下都布置妥貼，才請許去午餐。席間他就說及廣州方面的人事，對「老總」很不利，所以請老總到上海去休養，等到三個月，或半年之後等我將這裡的情形擺布好，再請老總回來。許還推託要到司令部去看視，蔣就說用不著了，所有的公告和命令，都已劃行妥當。許崇智臨到最後關頭，還半央求的說至少要待一兩天回家收拾行李，蔣介石卽說，用不著了，夫人和公子都已在船上了，正在等老總開船。

這樣看來，許崇智不一定與刺殺廖仲愷有關，也難能與陳炯明串通，而是在不經意之間，被褫奪軍權。以後的蔣總司令才能利用改組的粵軍作基本隊伍，完成北伐大業。雖然黃震白這時候抽象的忠心在許而不在蔣，他敍述這故事的時候，卻無形之中表示著他對蔣的景仰。當日還在軍閥時代，部下叛變奪取長官的兵權者，比比都是。蔣介石兵不血刃，能達到這樣的目的，而不出惡聲，能保留他日後與許崇智見面的機會，也可以見得他胸中的城府高人一等了。

世事也眞不能預料，我自己在聽到這故事十多年之後，也遇到一個獨特的機緣，能在近距離之內窺測到蔣介石的一種不見於書刊的性格，同時也體會到中國政治裡的奧妙。

一九五〇年一月，我隨著朱世明將軍去麥克阿瑟元帥的辦公室。那天是否就是麥帥的七十生辰，我已經不能記憶，總之去生辰不遠。我手中捧抱著的一棵盆栽樹，寓有百年長壽之意，卽是在臺北的蔣總統（可是還未復任，詳下）所送的生辰禮品。麥克阿瑟照片上看來光彩白皙，近觀則膚色比較黯黑，臉上的筋肉也不如照片上的豐滿。我將盆栽樹遞交給朱將軍之後，由他手呈麥帥。然後他們坐下談天，這也是他們見面時的常態，我則退出於接待室等候，我出入於辦公室，攏總不過五分鐘。這也算是我做隨從副官一種形式上的工作。

我於一九四九年春天，由阮維新上校推薦，到中國駐日代表團爲上尉團員。阮和我及朱團長都先後在美國陸軍參謀大學畢業，麥克阿瑟則在參謀大學任過教官。他的情報課長魏勞畢（Maj. Gen. Charles Willoughby）做教官時，朱卽是當場受業的門生。朱自己也任過外交部發言人和駐美武官，算是有經驗的外交官。當我們在日本時，國軍已經退出大陸，可是我們在東京仍保留著一個憲兵排，象徵的維持駐領軍的身分。這時候旁人意想不到的則是當時朱團長已被美方監視，對他特別注意的則爲魏勞畢課長。

朱世明是湖南人，自稱有「湖南脾氣」，他的愛國心又特別強，對當時美國政府無意援華，又在公私之間對中國動輒責罵非常憤慨，有時出於言語之間，並且他又間常表示他對毛澤東和金日成的英雄崇拜，如是都容易招物議。

那年秋天，人民政府在北京成立，美國發表白皮書稱援華前後使用美金二十億元，其沒有成效咎在中國。在國內則由李宗仁代理總統，對中共的和談，又沒有成果，李則留滯於美國，都引起中國駐外各使館惶惑不定。駐法大使館的人員就在人民政府成立不久宣布投效北京。朱世明在這時候召集代表團高級人員在葉山團員休假的別墅交換意見。我因爲當時尚係低級團員，未任隨從副官，不知道內中詳情，只在事後聽說法制組的組長吳文藻主張我們也投共。如果朱世明在這時候發表過同情中共反對美國的言論，非常可能。可是這種言論，只能算他在外交場合中不如意而發的牢騷，最多只算失言。以後吳文藻全家回北京。朱則在他辭職之後在日本取得永久居留權，於一九六五年在東京灣附近住宅逝世。

中國駐日代表團是一個不平常的機構，它的人員來自國防部、外交部、資源委員會、僑務委員會、國民黨組織部等各部門。團長主要的任務是對麥帥的聯合軍總部聯絡，內部團員也常向國內各部院他們自己的上司直接提出報告。吳文藻的談話不久，臺北就傳聞朱世明在日本召集「葉山會議」，準備投共。這種傳聞也透入聯軍總部，魏勞畢以前爲德國人，原名爲魏登巴(Karl Widenbach)，他在東京期間，以偵緝國際共產黨的活動自居，著有專書，如此他當然對朱世明加以注意。

在臺北對朱世明特別嫉視的，則爲湯恩伯。湯在這時候有他的一個祕密計畫。他認爲日本的職業軍人，是世界上的超級戰士，如果雇用作爲沿海島嶼上的防禦之用，可能發生決定性的力量，在一九五〇年，很少人能在臺灣反對湯恩伯，因爲陳儀以前曾提拔他，而最近湯恩伯則以暴露陳儀勸他投共的計畫，使陳因通匪而被槍斃，在當日風雨飄搖的臺灣，好像建有不世奇功。但是在日本則有朱世明妨礙他計畫之遂行。

朱首先在招待新聞記者時否認聘雇日人是中國政府的政策，這樣就等於暴露湯的祕密計畫。他又與盟軍總部接洽，防制日本退伍軍人私往臺灣（禁止日人非法出境，也是麥克阿瑟的政策）。而最後湯恩伯自己擬來日本，朱更囑託總部不予他的入境許可，如是湯恩伯恨朱世明入骨，更要攻擊他在葉山會議爲共匪張目的罪名。一九五〇年五月，恰巧也是韓戰爆發前月餘，朱世明奉召回臺北述職，我於半年前被派爲他的隨從副官，隨他赴臺灣。

這時候蔣介石復職爲總統不過兩月餘，朱世明謁見時的談話，我不知悉詳情。但是我從因他吩咐而安排他謁見臺北若干政府首長的序次，和以後與湯恩伯見面的情形，猜想蔣令他自己向各人解說疏通，只要他們諒解，蔣也不加追究。他和湯見面，則由彼此間的朋友招商局董事長徐學禹在餐館設宴而完成，我也在座。這場合以傳統的方式，不提及正題，只是兩造聽東道主言外之意，不再計較近日的嫌隙。這一串的謁見與調解成功，朱世明不再被追究。但是他既已在東京爲美方注目，也失掉了他做外交官的用途，應當由他回日本之後提出辭呈。

如是我們沒有被扣留而能夠登班機返日。只是當日早晨忽接總統電話，總統要接見朱團長，這時候消息傳來，不免令人驚愕。一個可能的變化則是在臺北的安排並沒有如意料，我們仍可能在最後關頭被扣留。朱世明一向膽大，到此也不免色變。他去總統府約一個鐘頭才回，幸虧時間還來得及趕赴飛機場，事後朱自己說，這場會見，只幾分鐘，其目的無非道別，朱曾被任爲浙江省保安司令，也是蔣的故鄉。開羅會議時，他也擔任過蔣委員長的翻譯官，並且他往國外的各種差遣，多時也是蔣介石親自決定。所以他臨走之前仍由蔣總統召見感謝他多年的奔走。這是他們一生最後的一次見面，想來彼此心中明白，只是這場安排出於朱世明意料之外。事後他連說：「這倒沒有想到！」

我想有類似經驗的人，一定還很多。有些爲蔣介石精誠所感化的，類皆出於此種經驗。然則作歷史的人，過於強調蔣介石的溫情和個人道德，又如何解釋蔣之被控訴爲屠殺人民、排斥異己、放縱特務政治的首腦，這種攻擊，層出不窮，魯迅卽寫有「忍堪朋輩作新鬼，怒向刀叢覓小詩」的記事，敍述當時心境。杜魯門則以一九四六年聞一多和李公樸在昆明之被刺殺，曾向蔣介石提出質問。[5] 今日我們提倡確定蔣介石國際上的歷史地位，除非對這些事有所澄清，否則都無法交代。

寫蔣介石的傳記，已不下十餘種，回憶錄和雜文內提到他的更是汗牛充棟。可是一個奇怪的現象，這中間所述的個人性格，加不起來，今人卽算絕對的客觀，極端的容納衆議，再加以適當的選擇，也不能將這些資料綜合。

我在成都中央軍校看見過校長五次。當日蔣委員長主持抗戰，日理萬機，但仍不時抽空向軍校學生訓話。他蒞臨時，我們將教場宿舍打掃一新。我們的隊長最怕我們在校長面前「失儀」，一再訓飭。可是等到隊伍集合，校長登臺致辭之際，仍有好多學生將步槍移在身後，撐著捆綁在身後的背包，使腳尖能提高一兩吋，一定要一睹校長的風采。軍校學生畢業的時候，照例每人領有德國式短刀一把，刀柄上鐫有「校長蔣中正贈」字樣。到我們十六期一總隊快畢業的時候，學校裡決定今後不用校長名義頒發了，只稱畢業紀念。消息傳來，我們全總隊的學生大爲不滿，於是推選代表到校本部請願，一定要收回成命，到後來頒發的軍刀仍有「校長蔣中正授」字樣，才衆心歡悅。這種仰慕之忱，出於英雄崇拜的思想，也不待上級督導。

軍校學生，一般只有中學未畢業的程度，來自社會上廣泛的各階層與部門。當然獻身衛國是我們的志願，但是另一方面則是個人接受了日本侵略中國的挑戰，我們走進去最危險的部門，希望抗戰勝利，此身不死，功名富貴也是分中之事。可是蔣校長到十四期一總隊畢業的時候，就對著擴音機上大聲疾呼：「你們趕快的去死！你們死了，你們的靈魂見了總理，一定會得到極大的安慰。你們的父母，就是我的父母；你們的子女，也就是我的子女！」當時一般學生對這訓辭的反應，可謂冷漠。因爲「不怕死」固然是一般的志願與風尚，但是軍校剛畢業，事業剛開始，就像日本神風突擊隊那樣擔待著有死無生的命運，並不是我們的期望。同時當日軍政部尚沒有我們家屬的名單，又何能對遺屬普遍的周濟。假使我有機會事前貢獻意見的話，一定也不會讓他如此措辭。

我們心目中的校長，是英風爽颯，果斷乾脆，有能力創造奇蹟，此也有當時王柏齡、鄧文儀等回憶錄上的敍述作見證。可是蔣這時候卻在宗教式的畢業訓辭之外，偏要替自己造成一種老成持重、禮儀周到、毫不踰越、按部就班的形貌。有一次他校閱我們的學生總隊，和他同來的有「宋氏三姊妹」——卽蔣夫人、孔祥熙夫人和孫中山夫人。在閱兵臺上最後的一段時間，他偏要孫夫人做首席閱兵官（因爲她是總理夫人）。她堅決不就，於是蔣也不願意居正位。結果在閱兵臺上，三位夫人站在一邊，我們的校長站在另一邊，當中留下一個空缺，我們的隊伍才在軍樂中向閱兵臺正步行進。還有一次，在做紀念週時（實際上是週紀念），校長突然發現校務委員戴季陶站在臺下，他就在擴音機前請他上臺。而戴又偏要客氣，堅不上臺，於是他們在我們幾千個軍官學生面前互相推讓不下五分鐘，直到戴勉如其命的登臺，紀念儀式才開始。

最使我們失望的，則是校長對我們訓話多次，總是以抽象的道德爲主題，也沒有一次講到他自己成功與滿意的事蹟。同時他又叮囑我們注意學習戰術。有一次他說：「老實說：戰略是不學而能的，只要一個人有天才，又有戰術的基本訓練，不怕不會掌握戰略。如果有任何人在這學校裡講戰略，你們就要鳴鼓而攻之！」

這樣的印象，我也和旁的人一樣，總是不能綜合，最好我們再採取給他最苛刻批評的人以及反對他的人所提出的資料作例證。史迪威在和一個中國高級官員談話之後，說蔣是：

他想做道德上的威權，宗教上的領導者，和哲學家，但是他沒有教育！這是何等的可笑！假使他有大學四年的教育，他尚可能了解現代的世界，但是這實情他全不了解。假使他能了解，情形就好了，因為他倒是想做好事。[6]

我們也可以反問，他既沒有教育，也沒有控制知識的能力，如何能使胡適、蔣廷黻、董顯光和翁文灝在他政府裡做事，而且向他表示尊敬？卽是毛澤東，多時把他說得一錢不値，但是在〈中國革命戰爭的戰略問題〉卻提到：「惟獨第三次戰役，因爲不料敵人經過第二次戰役那麼慘敗之後，新的進攻來得那麼快。一九三一年五月二十九日我們結束第二次反『圍剿』的作戰，七月一日蔣介石就開始了他們的第三次『圍剿』，紅軍倉促的繞道集中，就弄得十分疲勞。」[7]這樣看來，蔣之富於組織能力，尚爲他最大的敵手所意料不及，他行動敏活，與有些人所描畫他的遲鈍無能完全不同，甚至與他自己所想表彰的老成持重也有很大的差別。

我在軍校畢業以後，也看到蔣委員長四次，恰巧每次都是他最得意的時期。一九四二年英美承認取消不平等條約，他到重慶機場口去告訴民衆，坐敞篷轎車，沒有特殊的警戒，兩旁市民自動的拍手。一九四三年開羅會議結束，他飛印度視察在蘭伽的新一軍，前後推擁著一大堆隨員。一九四五年的冬天，他曾在上海跑馬廳演講，當日我取得照相員的身分，在近距離拍攝了很多的照片。而尤以一九四六年國軍收復長春，他到大房身飛機場和高級將領訓話並攝紀念照給我的印象最深。那天我在飛機場擔任勤務，不知如何他專機上的人員和地面上缺乏聯絡，他也沒有經過隨從人員開路，也沒有人引導，下機後就單獨一人直在我前面經過。雖莊嚴卻不威風凜冽，步伐也不十分穩重，口裡則連說：「好，好，好」，直到這時候迎接人員才上前接引過去。

我在國軍總是當下級軍官，從沒有爲統帥接見。（蔣召見的人物以萬計，大概上校階以上的軍官都有這機會，有些職位則非召見不能任命。）但是卻認識不少經他召見的人物。從他們之所敍述及以上各種經驗看來，蔣介石引人敬肅的能力，是一種歷史文化上的產物，其周圍的氣息，由於他自己及侍從與面對他召見及被訓話的人集體合作而產生。這也就是說，他之能令人感到凜然可畏，是那些覺得其凜然可畏的人，自己先期已經在心理上作有這種準備，也預期左右同列的人有同樣心理。美國文化上欠缺如此的產物。（美國人以吸引及領導人的力量〔charisma〕給予電影明星。）很多美國人自己既無接受這種處置的傾向，也不能了解這種氣息是當日蔣介石做中國統帥不可或缺的工具，就以爲蔣是自作威福，所有中國人在他下面低聲下氣，都是沒有骨格，偏要揭破這假面具，其結果也不言而喻，倒是日本人，卻沒有這樣的想法。

如此看來，則從蔣介石的個性上分析，不容易寫出好的傳記，尤其不能寫出眞實可靠的歷史（Pichon P. Y. Loh 所作的心理分析，卽只能寫至北伐之前）[8]。因爲蔣的作爲，不一定是他的個性，而有時尚可能與他的個性相反。我們也可以說他之對中國有如路易十四對法國所稱：「朕卽國家」（L'etat, c'est moi），包羅萬象。然則他所代表的卻不是一種固定的組織，而是一種運動。這種運動之成爲一種革命，又需要利用舊社會的生活習慣作工具，造成團結，才能有希望將中國帶進新世界的領域。以新舊兩方距離之大，這領導人就不能避免前後矛盾，而在沒有同情心的人看來，則是缺乏邏輯，傻頭傻腦做不開明的獨裁者，其所以如此則是沒有受過四年大學之故。

所以很多現行寫蔣介石的資料，大概都已局部化，只能代表個人對蔣介石之某種作為的一種反應，頂多亦只能代表他們自己對中國革命過程中的一種企望。如羅斯福及亨利魯斯，則希望蔣的運動成功，邱吉爾則因為與他自己的世界觀相反，禁不住對美國之支持中國為四強之一的做法嗤之以鼻，杜魯門則顧慮美國民意及財政上的浩費，不願在世界二次大戰之後捲入中國的漩渦，史迪威則覺得蔣介石是妨礙他自己獨當一面，以美國的方法解決中國的問題的一種障礙，因此也阻塞了他的事業和前途。如此好多人還沒有把自己的立場解剖得明白，就已把他們局部的印象，寫成或講成蔣介石的歷史性格。

要確定蔣介石在歷史上的地位，務必要將中外歷史全盤檢討，擴大所觀察的輪廓，並且增長其縱深，還要滲入過去不能使用的資料。

中國的八年抗戰，是人類史上少有的大事，也是中國自鴉片之役以來唯一以勝利結束的對外戰爭。並且全民動員，戰火延及南北沿海及內地各省，即對方日本，也從未經過類此的事蹟。且因為中國的戰事不能結束，鋌而走險，擴大而成為太平洋戰事而波及全世界，其影響也至遠至深。如果我們這時還把這段歷史當通常事蹟，以「流水帳」的方式看待，並且考究各人「功罪」，還以一人一時一事對我個人的利害得失作取捨的標準，也可以說是把「我」

看得太大，而把歷史看得過小，而至少也是能察秋毫之末而目不見輿薪了。

我們也可以反躬自問：中國在一九三七年，面積大日本十倍，人口也在五倍左右，又有幾千年連續不斷的歷史，為日本所無，為什麼竟讓日軍侵入，廝殺至十幾省，而不到盟軍參入，不能轉敗為勝？有些人至今還說這是由於中國社會風氣不良，領導人物缺乏團結所致。這種解釋，不是完全不對，但是以道德為重點，究竟是皮相之談。反過來說，中國之決心於持久抗戰，就是要證明這說法之無根據。

即以這問題牽涉之廣泛，也可以令人揣想這後面亦必掀動了長期歷史上和組織制度上的原因，這種種原因透過政治、經濟、法律、思想和社會諸部門，才使中日兩國之間，發生絕大的力量上的不平衡，因之鼓勵強者以他們優勢組織的權威凌駕於弱者頭上。

從經濟的立場上講，這弱者的組織為一種農業的組織，通常其間人與人的關係為單元，亦即你我之間的交往，與他人無涉。強者的組織為一種商業上的組織，人與人間之來往為多元。因為這種組織一切以金錢為行動的媒介，此處的收支進出，直接間接的影響到彼方的收縮盈虧。也有些人稱前者為「封建」，後者為「資本主義」，只是這些字眼含糊，缺乏確切而公認的定義，容易被人濫用。[9]

然則說它是資本主義也好，說它是現代經濟制度也好，這種新型的組織與制度建立於以下的三個原則：一、資金活用，剩餘的資本必須通過私人貸款的方式才能此來彼往，因之得廣泛的流通。二、產業所有人又以聘請方式雇用經理，因之企業擴大，超過本人耳目足以監視的程度。三、技能上支持的因素如交通通訊、律師等共同使用，這商業活動的範圍，才能超過每個企業自己力所能及的界限。從技術的角度上講，在這程序中混入公衆的資本和國家資本，則可使其重點趨向於社會主義，如果堅持私人資本的獨斷則爲資本主義，這以上三個基本條件並不會變更。其中的差別也是相對的，而非絕對的。

日本在明治維新之後，顯然的已具有資本主義的體制，也在當日各強國控制殖民地以便獨霸各處資源與市場的一般趨勢下，與西方資本主義國家衝突。同時一九三〇年間，日本之資本主義之沒有出路，則有北一輝等倡導國家社會主義的波瀾，這些情節，已不是本文重點所在。我們從抗戰前後的形勢看來，日本採取新型的商業組織，其內部財產的所有權（ownership）和僱傭（employment）互相結合構成一個多元的組織，有如一個龐大的羅網，公私利益也無不籠括，因此愈做愈大，這也就使中國難與之匹敵，其物質上的條件如冶金業即可製造兵器，造船業即可供應船艦不說，其間還有一個人事組織上的優勢：此即其社會的低層機構（infrastructure）中各因素能互相接替交換（interchangeable）。因之指揮一個軍事組織，也與經營一個大公司和管理一個大工廠原則相似，其下屬將佐士兵的職責，也與平時日常生活的權利義務互為印證。在兩種組織中，各人都知道他們一有差錯，必波及全體，其責任也顯然。簡而言之，這樣的結構就是可以「在數目字上管理」。

中國人處於劣勢，也不是所謂道德不良，人心不古，而是一個現代化的國家和一種現代化的軍隊，其中凡事都有牽一髮而動全身之感，而神州大陸的民間，卻沒有一個類似的組織，為之配對，而給予支助。

中國的政治制度，在世界可算獨一無二。中國因防洪救災及對付西北方的游牧民族等等事實上的需要，在公元之前紙張尚未發明的時候，即構成一個統一的大帝國，其組織的原則，不是由下端根據各地特殊情形造成一個符合實情的低層機構，而是用《周禮》式的「間架性設計」(schematic design) 作主宰。這也就是說，先設計構成一個理想的數學公式，注重其中的對稱均衡，而用之向億萬軍民及犬牙相錯的疆域上籠罩著去，其行不通的地方，就讓之打折扣，只要不整個推翻其設計，下層不著實的地方，都可以將就。比如古代的井田制度，周朝之所謂「王畿千里」，北魏至隋唐之均田，甚至宋朝王安石之「新法」，近代之保甲制度，大都採用這「金字塔倒砌」的原則，[10] 也就是頭重腳輕。

在這種傳統之下，中國政府的重要統計數字，始終無法覈實，中國官員也沒有產生對數目字絕對負責的習慣。他們對財政稅收的經理的態度尚如是，當然也沒有釐定商業法律、判斷私人財產權的才幹與興致。因之中國農村形成無數自給自足的小單位。縱有全國性的商業，也只能算爲一種有特殊性的事業，既無縱深，也缺乏各種事業間的聯繫。以上所述構成現代商業組織的三個條件，只有前兩個卽資金流通、經理雇用可以在親戚家人之間極有限制的施用，第三個條件，服務性質的設備共同使用，則始終談不上。因此中國的私人資本無法像歐美日本那樣的增積。

明代之後中國原始的農村性格較前更爲顯明，內向（introvertive）及非競爭性（non-competitive）的風格使突破環境的機會更爲渺茫，經濟的發展注重全面扁平而輕於質量。政府的職責注重保持社會秩序，其稅收幅度狹小，也只能維持舊式衙門的開銷。而且法律仍然不能展開，所以其管制的憑藉全靠舊式的刑法。但是刑法的判斷，又著重「尊卑、男女、長幼」的序次，以「五服」爲裁判輕重的標準，也就是政府以它的力量，支持民間的「家屬威權」（patriarchal authority），以便減輕自己的工作分量。並且以這種社會價值（social value）作行政的基礎，毋須注重各地其他不同的習慣以及經濟的消長。如此官僚集團保持其內部的簡單畫一，接近於理想的淳樸雷同。文官的考試及訓練，也不出乎這些基本的原則，所以八股文卽可以作衡量行政能力的標準。[11]

這樣行政當然產生無數不盡不實之處，其下層原始的數字既包括很多虛枉的地方，每到嚴重的問題發生於上端，其責任無法徹底查究。所以只能靠專制皇權作主。皇帝的面目既爲「天顏」，他的命令又爲「聖旨」，則一經他的指劃，即不合理的地方亦爲合理。又因此文官集團只注重他們相互所標榜之邏輯的完整，事實上的成敗好壞，倒可以視爲次要。好在這國家在內向及非競爭性的條件下繼續存在，只要不動搖其根本，各種馬虎參錯，也能掩飾遮蓋。此外以抽象的道德代替工作的效率，以儀禮算爲實際的行政，都有兩千年以上的歷史作根據。

清朝繼承明朝的體制，雖說某些方面在行動上已有改進，但是根髓未除。例如道光帝之責備林則徐，慈禧太后之誅殺許景澄，都談不上公平合理，仍是傳統政治的作風。我們也無法以他們個人的賢愚好壞作結論，因爲這些行動，已是組織制度下的產物。只是鴉片戰爭之後，這樣的組織制度已無法繼續存在。

並且我們從長期間遠距離的立場觀測，歷史的展開，也並不是沒有層次和程序。道光和耆英，雖戰敗仍自高自大，不思改革，固然可以斥之爲反應遲緩，可是以兩方體制作風之懸殊，也牽涉到思想和信仰，並且中國一改革就只能整個解體，一切重來，當初的遲疑，也並不是全無邏輯。一八六〇年間，同治中興號爲「自強」，主張中學爲體，西學爲用。仍以爲西方的科學技術，可以在中國的社會風氣裡培養，今日看來絕無成功的希望。可是當時也非經過一度實驗，不能遽爾的先作結論。又直到甲午中日戰爭被日本擊敗之後才想到變法圖強。卽到這時候康梁的規劃，仍帶著一種機會主義的心眼，指望寫好一紙憲法，編列一種預算，全國卽會恪然景從。殊不知一種法律之行得通，全靠社會的強迫性（social compulsion）作主，也就是其中條款，不是公平（equitable），就是合法（legal），已經有了過去的成例，因此十之八九的情形人民已準備照此條款行事，卽有政府的干預，也不過鞭策領導其一二。要是立法與社會情況全部相違，甚至立法的人和預期守法的人沒有共通的習慣與語言，高層機構還沒有摸清低層機構的形態，就輕率的希望一紙文書，立刻可以命令一個走獸化爲飛禽，那也就是不著實際了。戊戌變法時，其維新志士已有這樣的心理狀態。但是另一方面，從完全不改革到造船製械的改革，更進而爲重組政府準備立憲的改革，則是一種梯度式的前進。以後推翻專制，建立民國，也還是這梯度式進展的延長。

從這些事實的層次，我們也可以了解歷史的長期上的合理性（long term rationality of history），一個古老的帝國，要變成現代的國家，必須組織成爲一種運動，透過政治、經濟、法律、思想和社會諸部門，使全國人民一體捲入，才有改革的希望。鴉片戰爭開始於一八四〇年，《南京條約》訂於一八四二年，到民國肇造的一九一二年，前後七十年，還只推翻了一個防制改革的政治障礙。其工程浩大，費日持久，也非一個人或幾十個人愚頑不肖之故，我在國軍當軍官學生及下級軍官的時候，看到農村裡各種組織制度的痕跡，無非「王氏家祠」、「李氏宗祠」和「松柏惟貞」的節婦牌坊，以及過去人物的「神道碑」。前清中試的秀才舉人，則在門前和祠堂前懸掛「舉人及第」和「文魁」的牌匾。這些組織與統治的工具，無一可以改造利用。(可是文化大革命的主持人要銷毀這些文物，卻又是沒有勇氣面對歷史。)南京、北京和廣州的政府，縱是通電全國的時候把自己的立場說得無懈可擊，仍沒有透進至農村的低層機構裡去，嚴格言之，它們也仍是社會上的游體(foreign body)。

如此我們在背景上的分析，已接近本文開始的一段敘述。我們不怕文辭粗俗的話，就可以說傳統中國是一隻「潛水艇夾肉麵包」，上面是一塊長麵包，大而無當，這就是當日的文官集團，雖然其成員出自社會各階層，這集團的組成卻不依任何經濟原則，而係根據科舉制度與八股文。下面也是一塊長麵包，此卽是全國農民，只要他們不爲饑寒所迫鋌而走險，執政的人難能想到他們的出路與志趣。這種組織最大的弱點，則是缺乏「結構之緊湊」(structural firmness)，是以無從產生「功效上轉變的能力」(functional maneuverability)，並且一九〇五年中國停止科舉制，則上層機構與下層機構脫節。民國初年的軍閥割據，也就是意料中事，因爲舊的已經推翻，新的尚未出現，過渡期間只有私人軍事的力量，才可以暫時保持局面，而此種私人軍事力量，限於交通通訊的條件，又難能在兩三個省區以上的地方收效，而地區外的競爭，尚釀成混戰局面。

如果我們的目的不是發揚個人的情緒，而是冷靜的分析蔣介石的歷史地位，則我想不出任何理由，可以把以上的背景擱置不談。

今日我們研究這一段歷史，逢到一段絕大的困難，則是沒有過去的事例，可以與這連亙一個多世紀的改革作爲借鏡比較。我最近幾年研究一個國家由農業的組織轉變爲商業組織，以至全國能以數目字管理的情形，則發覺其中沿革每個國家的不同，並且一般都極困難，改革的時候也都曠日持久。我們輕率的以爲它容易，則是被日本及美國的特殊情形所誤解。

日本爲一個海洋性的國家，境內物資的交換，通常大量的用水運，足以避免陸運的困難，因此商業發展容易，也能避免各地方政權的留難。並且各大名占據一方，帶有競爭性，而江戶時代又承平日久，他們的競爭性也漸向經濟方面發展。諸藩在大城市設有藏元（財政經理），批發事業則有「問屋」，定期船舶則爲「迴船」，又經營保險。十八世紀田沼意次爲幕府主政時，更全力實施商業政策，如利用江戶大阪的商人資本拓地、獎勵生產、提高對華輸出、經營礦產、幕府掌握專利的事業、以通貨貶值刺激交易等是，所以明治維新前一百多年，日本的商業組織，已經有了粗胚胎的結構，不期而然的與世界潮流符合，維新只是政治法制系統的改組，不像中國所需要的是一個牽動全民的革命。[12]

美國在獨立戰爭前，早已利用英國的法制，使農業的組織與工商業的結構交流，又在一個空曠的地區上長期成長擴大，即遲至一八六二年，還能因「自耕農屋地法案」（homestead act）讓一般人民以極低廉的價格購買公地一百六十英畝（近於中國千畝），然則雖有此優厚的條件，過去仍有佘氏叛變（Shays' Rebellion）、威士吉叛變、各州否決聯邦立法（nullification）及四年內戰等事蹟，此外，迄至近世，也還因銀行的立法、貨幣政策、反托拉斯、跨州商業（interstate commerce），及社會福利等問題，發生無數糾紛。可見得一種體制，牽涉億萬軍民，要使農業也能透過工商業的法制，以致全國都能在「數目字上管理」，並不是一件簡單容易的事。

溯本歸源，則此種組織與制度，即使泛稱之爲資本主義，也不僅只是一種剝削勞工的工具，它的技術因素，經過歷史上長期發展的程序。首之以義大利各自由城市爲先驅，而以威尼斯爲其中翹楚，此城市因爲避免日耳曼民族侵入義大利半島的掠殺而組成，全城在一個海沼之中，在十五世紀之前，與大陸的農業生產無關宏旨，島中鹹水，也不便製造，於是盡力經商。因此它的國家就是一座城市，整個城市，也等於一個大公司，商船隊與海軍，缺乏基本的差別，民法與商法，也無隔閡。因此才將以上所述組織現代經濟制度的三個原則發揚到最高限度。但是威尼斯能因此而做地中海的海上霸王，基於歷史上及地理上特殊的背景，也非旁人可以仿傚。它之能不待整備，可以立卽在數目字上管理，則是由於結構簡單純一。可是沒有堅強的生產基礎，到底不能持久。

到了十六世紀之末及十七世紀之初，荷蘭民國開始執西歐經濟事業之牛耳。阿姆斯特丹銀行成爲國際貨幣中心，很多國家商船的保險業也爲荷蘭操縱。原來荷蘭處於北海之濱，當初不足爲人重視，過去也沒有組成獨立國家的經驗，只是封建割據的力量較其他地區爲淺，各村鎮的自治，早有端倪。十六世紀西班牙的統治者企望在此地區推行中央集權的管制，又以反宗教革命的宗旨屠殺新教徒，才引起荷民全面反抗，戰事曠日持久，各處的顚簸破壞也大。荷蘭宣布獨立爲一五八一年，是爲中國的萬曆九年，到一六四八年三十年戰爭結束，其獨立的地位才被各國承認，事在淸朝順治年間，前後六十八年，也只是因爲長期兵燹，原來貴族的產業蕩然無存，才能引起市民政治的抬頭。並且這新國家卽便採取資本主義的體制，也不能立卽以商業性的民法通行全國。只是荷蘭省爲聯邦七省之一，卻有全國三分之二的人口（有些專家則說只稍在一半以上），又供應聯邦經費四分之三，才能出面推行聯邦制，卽獨立後當日的旅遊者仍發覺荷蘭民國內部仍是千頭萬緒，並沒有整齊畫一的徵象。

我們一般的觀感，新教的卡爾文派以他們的「定命論」作爲荷蘭新國家的意識形態，有促進統一的功效，其實這時候定命論就被當日的政客和學者，作各種不同的解釋，以支持他們刻下不同的眼光。只有執政者莫黎斯王子不爲所動，他對人說：「我也不知定命論是藍是綠。」只有這種不爲抽象的觀念所左右的精神，才能實事求是，先造成一個新國家的門面，才能在長時間解決內部的問題。好在荷蘭利於水運，農業也重畜牧而不重穀物的生產，這些條件都與商業形態接近，其內部的參差不齊，即不致釀成僵局。

繼荷蘭爲歐洲資本主義之領導者則爲英國。英國合蘇格蘭及北愛爾蘭只有中國的面積約四十分之一。在十七世紀它的人口從四百萬增長爲六百萬，尤其微少。可是就當日歐洲的局面講，大於荷蘭五、六倍，仍是泱泱大國。它的農業基礎堅固，但是產品卻以羊毛爲大宗，經常占全國輸出四分之三以上。在新時代環境之下，航海業增進，西半球的金銀輸入於歐洲，引起物價普遍的上漲，宗教革命的影響又波及各處，種種情形都給英國造成一種極不安定的局面。

十七世紀的英國，經過英皇與議會的衝突、發生內戰弒君、在克倫威爾領導下的民國、復辟，和第二次革命的等等事蹟，當中又有因信仰問題的衝突，與祕密外交的黑幕。自一六〇六年貝特 (John Bate) 因英皇不經過議會立法自行抽取關稅，認爲與成例不合向法庭提出訴訟，不經意的展開了以後的各種變亂，到一六八九年的光榮革命成功，才算使各種紛爭告一段落，中間經過八十三年。其中詳情最有供二十世紀的中國借鏡之處，只是今日研究英國史的專家經常尚在細端爭執之餘，也沒有顧及到這樣的一個用途。

我們看清了中國在二十世紀的尷尬情形，則覺得概而言之，這情形不難綜合作結論，認為英國經過十七世紀的奮鬥之後，走上了資本主義的道路，並不算錯。因為光榮革命之後不久，英格蘭銀行成立，其股東成為了英國政府的債權人，茲後持政的「輝格黨」（Whigs）又代表大地主及商業資本的利益。不過光榮革命之成為一種運動，又仍支持了憲法至上（constitutional supremacy）及公民權利（bill of rights）等原則，也不盡是「資本主義」這一名詞所能概括。

一個比較合於實際情形的解釋，則是英國在十七世紀全部國家政治、經濟、法律、宗教等等情形，都已趕不上時代。總而言之，則是這個國家不能在數目字上管理，所以要整個改組，經過幾十年動亂之後，其內部才開始規律化。其下層機構中，地產已有相當的整頓。英國土地所有制，向來根據封建的習慣，只注重使用權，對所有權卻無成法管制，穡夫（serf，在英國通稱 villein，譯為「農奴」極不妥當，今從音譯為「穡夫」）對業主應盡義務，各地千差萬別，而且過去土地已有頂當買賣情事，更在合法與非合法之間。十七世紀初期最棘手的問題，則是穡夫的身分，他們也不能概稱之為佃農，也難能算作擔有特殊義務的業主，況且地產又零割分配使用。這時候迫於需要，英皇要向全部國民抽稅，也就把很多不合理的事情，攤派在自己頭上來了。於是經過內戰，圓頭黨和保皇黨以沒收、拍賣、贖還、勒退等手段加於各處地產，彼此都用武力，當然談不上公平（這也是今日治英國史者論辯的一個重點）。但是大亂之後，局勢有了相當的澄清。一六六〇年後零星的地產逐漸歸併，所有權已能固定，東佃關係，也較前明顯。所以在技術的角度上講，土地的所有已經明朗化，有一六九二年徵收全國土地稅的情形爲證。

下層的組織既已較前合理化，也就用不著專制皇權獨斷的裁決，像中國的官僚政治的辦法，以不合理勉強稱爲合理了。於是高層機構也承認議會至上，司法獨立，英皇失去了統治的力量，只作爲象徵式的元首，以保持歷史的傳統。以後的兩黨政治（two-party system）、責任內閣制都在這些條件下產生。

可是新的高層機構和新的低層機構間，也是有新的聯繫。這一方面是政教分離的趨勢愈爲明顯，教堂不介涉民政之所致。另一個重要的發展，則是普通法的法庭，在一六八九年之前已開始容納公平法。普通法是農業社會的產物，凡事都依成例，以前沒有做的事都不能做。公平法是一種法律的原則，不講求合法（legal，凡合法則必依成例），只考究是否公平（equitable）。如此就給法律帶來了相當的彈性。一六八九年賀爾特爲首席法官，他命令以後有關商人的案件，照商業習慣辦理。是以農業資本能與工商業對流，內地與濱海的距離縮短，全國的人力和資源構成一個龐大的經濟網，英國既能以數目字管理，則資金流通、經理雇用、服務共通的原則都能做到，所以一個人口六百萬的農業國家，也能和威尼斯人口十萬的商業城市國家一樣的牽一髮而動全身，在當日全屬創舉。只是英國能如此做，它的組織力量透過軍事政治的部門，成爲一種壓力，也強迫其他國家都如此做。

即以法國爲例，在它大革命的過程中，開始推行新的度量衡制，以全國的山河爲基礎重劃齊整的省區，企圖以全國地產作保障，發行新幣，又頒行新曆，以後則更創造拿破崙法典，注重民法及商法，種種措施，無一不有以數目字管理的趨向。同時法國革命之前，政府與貴族僧侶重樓疊架的彼此牽制，資本主義無法在這情形下展開；革命以後局勢打開，資本主義的色彩才漸見明顯。然則我們要說法國大革命旨在推行資本主義，則不免把資本主義看得過大，而把法國大革命形容得過小了。倒不如看清其中最重要的一個因素，則是在技術上講，革命成功之後下層機構裡的各部門能互相交換。

爲什麼我一篇寫蔣介石的文章牽涉得這麼多，既提到個人經驗，又是古今中外？我也自知其夾雜與囉嗦，但是在我替自身辯護之前，讓我再節錄一位對蔣作過極端苛刻批評的人物：白修德（Theodore H. White）有下面一段關於蔣在重慶的記述：

有一次新聞局的局長穿著長袍去謁見他。蔣告訴他，他年紀尚輕，不應著舊式長袍，而應著西裝。蔣決定誰可以去美國，誰不應當去。他決定政府公辦的新聞學院的研究生誰可以留美。國立中央大學的學生抗議伙食不好，蔣委員長親自到該大學食堂去吃一餐飯，他結論是飯菜並不差。[13]

這段文字的要旨也是夾雜與囉嗦。但是要是這些零星雜碎的行徑就是蔣委員長的個性，誰又會推戴他作爲中國的領導者，去完成抗戰大業？要是他是這樣的缺乏選擇重點的能力，在西安事變發生時，爲什麼周恩來不設法消除他，而偏要主張立即釋放，使他能主持全國一致局面？可見得有時在歷史重要題材之下，縱是記述得百分之百的確實，也仍可能脫離其發展的重點。然則寫歷史的人也和寫傳記的人一樣，最初又不能不以瑣聞軼事作爲立說的根據，所以本文在提出結論之前，有下面三段的敍述：

一、蔣介石的行爲，包括了很多看來離奇，也好像自相矛盾的地方，我自己的經驗也和旁人一樣，單從這些聽到的和看到的事蹟分析，寫不成眞實的傳記和歷史，一定要使這些資料爲長距離寬視界的背景所陪襯，我們才能體會到這些事情的眞實意義。

二、很顯然的，傳統中國的社會與政治，以間架性的設計組成，理想高尚，技術低劣（所以五四運動要打倒的不是孔子，而是「孔家店」），無法局部改造，以適合新環境。可是一個國家包括億萬軍民，卽在中國革命最高潮時，全國農民還用一千多年的農具拖泥帶水的耕田，學齡兒童還用毛邊紙一字一劃的習字，所以無法要這國家放棄它衣食住行的各種因素，立卽脫胎換骨。

三、中國的長期革命大半由於西洋及日本的壓迫和刺激而產生，我們研究其出路，也要先從西洋與日本的經驗比較。這些國家的一般趨勢，卽以農業方式的組織，改造而爲商業方式的組織，才促使內部諸種因素都能互相交換（interchangeable），以便在數目字上管理。英國的十七世紀雖和中國的二十世紀有風馬牛不相及之處，其長期動亂之後，產生了一個新的高層機構，一個新的低層機構，和一套新的法制，作爲兩者間之聯繫。就技術的觀點（不是意識形態的觀點）言，它的規模和程序，最能給中國借鏡。

本文的重點，則是蔣介石以他自己一自挺當，承受了舊中國舊社會的各種因素，替中國創造了一個新的高層機構。他在臺灣的成就，尚不在以上敘述之內。

這種新的高層機構，還沒有完全組織妥當，並且一九二七年在南京成立以來，還沒有享受過一年和平無事的日子，就在十年之後，擔荷了抗戰大業的重負，當然沒有力量改組低層機構。我們也可以說國民政府在大陸上二十年的歷史，無非卽是抵抗內外企圖分裂和破壞這粗胚胎高層機構的一種紀錄。

我在軍校畢業之後，於一九四一年派在十四師當排長，軍隊駐在雲南的馬關縣，防制進占越南的日軍北侵。我們從縣之西境，徒步走到縣之東端，看不到一條公路、一輛腳踏車、一具民用電話、一個醫療所、一張報紙，甚至一張廣告牌。因為哀牢山的村民，一片赤貧，農村就是無數自給自足的小圓圈，村民能夠以玉蜀黍買布換鹽足矣，不僅現代商業沒有在此處生根，即二十世紀的各種人文因素也統統都不存在。

第十四師原來是國軍的精銳，在松滬之役、江西陽新之役和粵北翁源之役都建過戰功。可是這時抗戰已入後期，軍隊成年整月沒有適當的補充供應，又自脫離鐵道線之後，經常越省行軍，所有裝備全賴士兵手提肩挑，況且廣西雲南很多地方，一遇雨季，道路即是一個泥坑，軍隊人員營養不良，又沒有適當的醫藥設備，在逃亡、病死相繼的情形之下，兵數不及原編額之半。

一九四一年重慶的軍政部指令，由湖南的一個「師管區」撥補壯丁若干名，作為十四師的補充兵。其實國民政府的兵役法，在抗戰一年之前以一紙文書公布，所謂師管區和團管區，大部都是筆墨文章，各種後勤機關也都付諸闕如。只好由我們師裡組織「接兵隊」徒步行軍到廣西搭乘火車到湖南，將槍兵分散，在村裡和保長甲長接頭，再按戶搜索，時人謂之「捉壯丁」，與唐詩所敍「暮投石壕村，有吏夜捉人」，雖前後一千多年，情形大致相似。

蔣廷黻曾和費正清說，國民政府時代，知識分子外向，對西洋各國的情形了解得很清楚，對中國農村內地的情形，倒是糊裡糊塗。[14]今日事後想來，現在雖有蕭公權、楊慶堃、Martin C. Yang、Sidney Gamble、Doak Barnett 諸人的著作，我們也仍可以用魯迅的短篇小說解釋，傳統的低層組織，著重「尊卑男女長幼」，衙門主要的任務，則是保障地方社會的安寧，民國肇造以來，又經過四分之一世紀的上下脫節，則一九三六年所頒布的兵役法，也就是要一千多年以前的組織，擔待現代社會的任務。兵役法的「公平合理」，都是根據理想上的全民平等，各單位都能互相交換的原則推斷而假設其存在。不僅是金字塔倒砌，而且付於實施，也只能從已經被遺棄達四分之一世紀的社會著手。即算這時候的社會秩序，還依傳統根據尊卑男女長幼的原則造成，那誰有能力反抗鄉村的保長甲長？他們縱不自己就是一鄉的地主和債權人，至少也與他們混溷一氣。這時候我們又何能期望年輕的侄輩佃農和負債的及目不識丁的貧農，指摘他們的領導人或他們的叔祖債主爲違法或對法律的使用上下其手？如此只能像傳統社會一樣，眞理總是由上至下。徵兵納稅也全靠由上至下加壓力。實際被攤派義務的人，也是最無能力推排這壓力的人。這情形只有每下愈況，以致以中國這樣一個人口衆多的國家，反抽不出兵來。（一九八六年年底，我在臺北第二屆國際漢學會議主張盡量將這些資料提出，因爲這些情節並不是國民黨的眞實性格。我們愈把這些傳統的弱點隱匿，歷史的發展，愈被解釋得黑白顚倒。）

十四師接兵隊「接收新兵」的經驗，則是捉來的壯丁，禁閉在一座廟宇之內，待積得總數，再行軍去雲南。所被拘捕頂數的壯丁，不是已經接受頂帶的費用，事前就打算逃亡的投機分子，就是不知抗拒、無人頂替的白痴。而且捉過又逃，逃過又捉，連原來派去的槍兵，也有逃亡情事。且冒雨季行軍至雲南，路上又無醫療食宿的接應。師管區說它已撥補十四師壯丁二千五百名，也無人能說實際有若干名。只是除了逃亡、病倒、拖死、買放之外，到師部不及五百名，而且大部係痺瘻殘疾，不堪教練。

我們做下級軍官的人，與士兵一同居處，在戰時已經難能忍受的生活程度下更再降級一二層，又經常與痢疾和瘧疾結不解緣，腳上的皮膚，一被所穿的草鞋上的鞋帶擦破，在淫雨和泥濘之中，兩三日卽流膿汁，幾星期不得痊癒。這些苦狀都不必說，而更難於忍受的，則是精神的苦悶。當日我們既無報紙，除了師部之外，也無無線電機，卽有郵政也一月難得一封家書。而我們和士兵之間，則有語言的隔閡。多年之後，我讀到明朝以諍諫著名的南京右都御史海瑞的文字，才知道連這種情形，也有前例：海瑞一方面爲國爲民，可是這種爲他愛護的人民，是一種抽象的和集體的對象。另一方面他筆下提名道姓的人民，有血有肉，要不是渾渾噩噩，則是狡詐凶狠，毫無可愛之處。總而言之，我們雖是今日的知識分子，也等於昔日的士大夫，口裡說爲國爲民，其爲潛水艇夾肉麵包的上層機構，並沒有對下面這一塊長麵包直接交往，發生魚水相逢的機緣，因爲兩者之間心理上和教育上的距離，已經在好幾個世紀之上。倘非如此，也不會被日本人追奔逐北，殺進堂奧，除了等候美國援助之外，無法取得主動。

我在學歷史的時候，也讀過中外學者不少的文字，責備國民黨和蔣介石忽視改造中國的農村，可以以英國學者 Barbara Jackson 爲代表。當時我還半信半疑，現在看來，則知道這些批評者，也如蔣廷黻之所說，自己就應當先將中國內地的情形看得夠清楚，才根據海外的標準判斷。這中間的一段奧妙，則是因爲傳統社會組織和結構的背景，二十世紀的新高層機構和低層機構無法同時製造。不僅經濟上的條件不容許，卽以人事關係而論，它們最初的組織一定要從相反的原則著手。這也無意之中，表示中國之內戰無可避免。要不然何以早在一九二七年毛澤東就承認反對他的人，稱他的組織農民爲「痞子運動」，卻又堅持所謂痞子，實係「革命先鋒」？[15]韓丁（William Hinton）以聯合國工作人員的身分，看到一九四六年以後山西土地改革的情形，他著的書號爲《翻身》，對中共極端的同情。[16]書中就指出中共在潞城一個村莊裡的組織，起先發動於身患梅毒、吸白麵，帶有土匪性質的流氓。他們進入村莊之內，鼓動村民造反。起先無非以威迫利誘的方式，弄得多數的農民個個下水，當時「打土豪分財產」的辦法，甚至弄得有些共產黨員也爲之心寒。然則這還不過是一種初步的程序。今日我們平心而論，這種程序，也就是宣告過去人類的文化，統統都不存在，既無尊卑男女長幼，也無所謂合理合法。人與人間的關係全部解散，每個人都是原始的動物，也近於盧騷（Rousseau）和霍布斯（Hobbes）所想像的初民狀態，每個人都以堅持自己的生存權利爲唯一要旨，所以有無數凶狠鬥爭的姿態，也只有被社會遺棄的人才能出面領導，可是一到這村莊已被掌握，內外威脅消除，有適當教育的中共人士才整批進入。痞子也好，革命先鋒也好，他們的作爲又全部被檢舉。再度分田時，也不計較過去功罪，而確實講究合理合法。當初鼓勵農民爲原始的動物，這時才重新教導他們爲善合群，如此才造成一個可以在數目字上管理的局面，所以以後成立人民公社、最近的承包制就輕而易舉。這樣的事能夠做得通，也表示中國的舊社會已至山窮水盡。但是縱使蔣介石有此眼光，或者國民黨有此能力對中國農村社會的小圓圈依樣開刀，這程序對他們說來，也不可想像，因爲其邏輯就與他們的立場完全相反。

論文寫到這裡，我也可以照很多人的辦法，以道德的名義作結束。好在罵國民黨也好，罵共產黨也好，總不怕沒有資料。同時也可以站在當中的立場兩邊都罵。在技術上講，我的文章已經和這立場的距離不遠。

但是盲目的恭維不是可靠的歷史，謾罵尤非歷史。以道德的名義寫歷史有一個很大的毛病：道德是人類最高的價值，陰陽的總和，一經提出，即無商量折衷的餘地，或貶或褒，故事即只好在此結束。間接也就認爲億萬生靈的出處，好多國家的命運都由一個人或少數人的賢愚不肖決定之，與其他的因素都無關係，而只有破口謾罵的人看得明白。

我們也可以反躬自問：中國一九八〇年代與中國一九二〇年代比較，其中顯然的已有一個很大的區別。當初軍閥割據，數字全無法查考，有如傳說中的張宗昌，一不知手下竟有多少兵，二不知各處有多少房姨太太，三不知銀行裡有多少存款。今日中國組織上縱有不合理的地方，很多數目字已經能提出檢討。例如有史以來第一次符合現代標準的人口統計已經舉行，人民解放軍裁軍百萬，也能如期完成。這和以前的差別究竟在什麼地方？難道這今昔之不同，則是一人一時一事運轉乾坤之所致？歷史是一種永久的紀錄，我們希望千百年後這種紀錄還有用場，不應當爲現下政策和個人好惡所蒙蔽，也不應當爲士大夫階級的眼光所壟斷。況且歷史是連亙不斷的，其意義不一定是當事人所能全部領略。我過去常感遺憾：我服務於十四師的時候，徒然在雨季於一個煙瘴區待了幾個月，於國事無補，自己則弄得父親於日軍三犯湘北時病危，不能前往訣別。可是今日想來，我們的受罪並沒有白費。如果當日沒有我們在滇南駐防，不僅日軍可以北犯取昆明，至少雲南也還會被龍雲和他的繼承人所盤踞，倘使全國的情形如此，則一九四九年，這省區還不能爲北京所掌握。

這樣看來，蔣介石和國民黨奠定了新中國的一個高層機構，已有歷史的事蹟作明證。將以「忍辱負重」和「埋頭苦幹」的辦法，將原始的及不能和衷共濟的因素，造成一個現代型的軍事政治組織，雖然內中有千百種毛病與缺陷，這種組織也能爲各國承認。他主持的對日戰事，也就分明的指出以初期的犧牲吸引世界的注意，使其他國家無法袖手旁觀，終拖成一個大規模的國際戰事，在這種情形之下，取得最後的勝利。毛澤東和中共，則造成一個新的低層機構。內戰期間，他們也就以蔣和國民政府作爲對外的遮蓋，同時他們自己也不沾染城市文化，甚至除無線電機及油印報紙之外，沒有高層機構的痕跡，如此才能在鄉村中有一段徹底的整頓。如果內戰是中國全面徹底改造的過程中第一階段和第二階段的分野，則「文化大革命」爲第二階段與第三階段的分野。顯然的，以後的XYZ領袖集團（即鄧小平〔Deng Xiaoping〕、胡耀邦〔Hu Yaobang〕、趙紫陽〔Zhao Zhiyang〕，再加入李先念〔Li Xiannian〕、陳雲〔Zhen Yun〕、彭眞〔Peng Zhen〕）的工作，則是在高層機構及低層機構中賦予法制性的聯繫（institutional links）。所謂經濟改革的目的，不僅旨在提高人民的生活程度，而且在這種經濟活動之中，創造規律，才能構成體制。

在以中國特殊的情況爲前提，構成一種可以在數目字上管理的目標之下，一定要考究這種體制帶有多少資本主義的色彩，是否夠得上稱爲社會主義，或者是否與共產主義衝突，在我們看來這些問題大部已屬於摩登學究的領域，與實際情形已無具體的關係。因爲：第一，以上所述「主義」多係一種抽象的觀念，可以在革命過程中作爲一種意識形態；不能在實際建設的時期倚爲藍圖。第二，強調這些主義的人，好像全部問題都已在他們掌握之中，要它向左即可向左，要它向右即可向右。也就是沒有放棄前述「周禮式的設計」，以爲一紙憲法，即可以令走獸化爲飛禽，亦即是金字塔倒砌，沒有顧及低層機構牽涉億萬軍民，高層機構又要與外間聯繫時各種組織與協定的困難。過去六十年的經驗，則顯示中國從二〇年代進步到八〇年代，並不是有很多可以選擇的路線左右逢源，而是遭到內外絕大的壓力，在柳暗花明之中突然開豁的發現生機。很多盲人瞎馬的浪漫主義，都在革命高潮中淘汰。最後牽涉大量人民的群衆運動，與中國的歷史與地理不可分離，其道路則是一條羊腸小徑，也多曲折支離。只能在不斷探索之中不斷的展開。所以我們事後研究，還要用相當的功夫，才能查看得明白。

即算今日一個國家的去向不能完全沒有主宰，我們也仍可以看清：今日中國的建設是無中生有，縱有民族資本和國家資本作臺柱，仍不能由官僚一手包辦，在資金活用、經理雇聘、服務共通的條件下，必須民間作第二線、第三線的支持，同時也要在對外貿易之陪襯下完成。這些客觀條件卽不容我們視所謂資本主義爲畏途。反過來說，歐洲資本主義形成時，以「市民特權」(municipal franchise)作基礎，直到經濟發展到相當的程度，才逐漸將「公民自由權」(civil liberty)賦予全民。中國則在無線電、計算機、航空交通的時代裡完成革命，並且捲入漩渦付出最大的代價則爲農民，而至今農民民智未開，也只能集團的領導，況且中國又不能像先進資本主義的國家一樣向外開拓殖民地，將問題「外界化」，諸如此類條件，技術上就使中國今後的趨向，無法全部抄襲西歐和日本，所以今後發展必帶著濃厚的集體性，也必有社會主義的性格，在這種不能過左也不能過右的場合之下，如果朝野人士對一時一事作政策上和具體上的爭辯，還講得通，要是劈頭劈腦，猶在整個輪廓上以主義爲名，堅持我們個人理想上空中樓閣之整齊完美，則爲不智。

第三，在此題目上論辯的人已經有了歷史眼光，但是仍沒有把自己的立場看淸楚，也就是引用歷史尚未入時。中國爲亞洲大陸國家，要將內中腹地也照商業性的方法組織，技術上遇有困難，因而才有這連亙一個多世紀的革命，也有中共領導下的土地改革，因此喪生的人數據估計達三、五百萬不算過多。（韓丁的敍述，一個村莊內卽有十幾人。）但是到底歷史也有它的選擇性和經濟的原則。（亦卽是不絕對需要犧牲的時候，不會有人願意犧牲。）今日香港也可以說是在資本主義形態之下，也能在數目字上管理，就不能勉強的要它向經濟落伍的地區看齊，況且它的財富，差不多全是地產，以這些摩天樓和寫字間作保障，造成商業信用，這港口的城市才能高度符合到資金流通、經理雇聘和服務共通的條件，成爲一個國際貿易的中心。即是人民共和國在一九六〇年間左傾至最高潮時，仍倚賴香港爲進出口貨物的門戶。中國準備在十年內外收回香港，在這時候國內人士還不虛心研究兩種體制如何可以協助合作，外交立場如何可以保全完整，祕密結社的地下活動如何可以防止，團結的力量如何可以從文化上及歷史上的共通之處培植，偏要爭辯虛有名目的社會體制，也可以說是不智之甚。也等於一個疲憊至極的人，有人牽上一匹馬他還不騎，只因爲馬的顏色，不是他心愛的色彩。

說到這裡，本論文也可以極簡單的附帶說及臺灣的情況，臺灣的條件，當然並非至美至善，但是在數目字管理的情形之下卻又較大陸爲先進，即以其人口爲例：迄今大部居於城市之中。（全島一千九百五十萬，臺北市則超過二百萬，爲百分之十強。一九七九年全省城市中人口爲百分之四十一．九，現今有人估計可能至百分之七十三。）可見得大部人民的生活依賴國際貿易與國際商業有關的工業。其中則有一個很緊湊的組織，才能使目下外匯存底超過六百億美元。如果這優厚的條件能動員爲大陸建設的一種襄助，則爲海峽兩岸人民之福。可是如果不加思索，即以「國家體制」的名目，先想去打擾這已見功效的組織，則又爲不智之甚中之至尤。也就是沒有看清中國需要在數目字上管理的一個大問題的癥結。

我之所以說歷史之引用，尚未入時，則是今日之中國已經打開了一個多世紀的僵局，進入新時代，這規模之大，歷時之久，爲世界歷史之所無。所以今人要引用歷史事例時，也只能抽取其中適用的若干原則，絕不能從頭到尾如法炮製。因爲歷史上的現存事例，還沒有這樣一個龐大的輪廓可供抄襲。我所常舉出的一個例子，則是荷蘭民國成立時，採取聯邦制。聯邦海軍，由五個集團（colleges）拼成。遲至一七五二年阿姆斯特丹還有它獨立的郵政局。有一段時期，荷蘭省甚至倡言，它有獨立的外交主權，能和外國簽約[17]（也是在這種情形之下，莫黎斯王子稱定命論可藍可綠，與四百年後鄧小平所說捉鼠之貓可白可黑無異）。英國在光榮革命前後，所有改革，用立法和行政的程序少，而用司法裁判的多。也是避免以通令的形式，強迫一體照辦，而係針對眞人實事，在法律的面前，按公平的原則斟酌取捨，然後集少成多，造成系統。現代商業的體制，也是從這種實驗範圍之下構成。美國將最基本的觀念寫成成文憲法，而由司法覆審（judiciary review）時決定新法律是否能與之銜接。這些辦法，都可供中國參考。從威尼斯、荷蘭到英國的歷史看來，不論國之大小，一個國家開始以商業組織代替其農業組織時，無不對「國家體制」有了多少創造性的措施，甚至這「國家」的一個典型，也在長期中轉變。中國的情形當然無可例外。這樣的引用歷史，才不至於陷至被動的地位。

讓我再說一遍：這篇文字之夾雜囉嗦，則係因爲題材廣泛，而且其中很多因素，還沒有澄清，更待歸納成爲系統。可是我們若不怕它們的夾雜囉嗦，先將歷史前端現在的趨勢與動向看得清楚，則對其背景，也多一種認識，因之也對歷史更存信心。從這觀點看來，蔣介石的歷史地位是很鞏固的。其固定性由於中國八年抗戰的事蹟之不可磨滅。我們愈把當日的困窘徹底提出，其情勢也愈顯然。邱吉爾對蔣毫無好感，他的二次大戰回憶錄每提到蔣，總是一派輕蔑的態度，尤其不贊成羅斯福之支持中國。一九四四年他行文與外相艾登（Anthony Eden），內中云：「把中國當作世界四強之一，這是一個絕對的笑話。」[18] 當日也不能說他完全不對。只是曾幾何時，即物變境遷，遲早看來，蔣介石及中國之抗戰影響大英帝國顯著。邱吉爾和他過了時的世界觀對中國則關係至微。這一方面由於蔣介石造成了新中國的高層機構，使毛澤東、蔣經國和鄧小平都能各在不同的條件之下發揮其所長。反過來說，後人的繼續努力，也使前人的功績沒有白費。這也是我一再提及歷史上長期的合理性之旨趣的所在。

中國的革命好像一個長隧道，要一百零一年才可通過。在這隧道裡經往的人，縱活到九十九歲，也還不能陳述其全部路程。而只有今日路已走穿，則我們縱是常人也可以從前人的經歷，描寫其道路之曲折。如果我們採取這種觀念，則很多以前對蔣介石的作爲無從解釋的地方，今日都可以找到適當的答案。

從各種跡象看來，蔣介石取得做中國領導人的地位，最先沒有自動的作此打算。和他接近的人提出，他遲至一九一九年，還在打算去歐美留學。[19]最近不久之前出版的一部黃埔軍校紀念冊，在〈黃埔軍校大事記〉裡提出一九二四年二月二十一日，「蔣介石突然提出辭去軍校籌備委員長職務，離穗赴滬」。二月二十三日的記事則稱「孫中山在蔣介石辭職書上批復『不准離職』」。至五月三日則稱「孫中山任命蔣介石爲陸軍軍官學校校長」。[20]從這些跡象中已可看出蔣或因人事摩擦，或因意見不合，職銜未遂，起先就不是在一個十分和諧的局勢中登場。

不論他以何種心情和手段做到軍事政治領導人的地位，他一朝發覺身據要津，事實上很少給他有選擇的機會。林肯曾在內戰極端困難時說：「我的目的則是保全聯邦。要是我能解放全部奴隸而達到這目的，我也願做。要是我能讓全部奴隸都不解放而達到這目的，我也願做。要是我能解放一半的奴隸而保存一半的奴隸而達到這目的，我也願做。」蔣介石與林肯的決心相似，而困窘則遠過之。他已製造成一個高層機構的粗胚胎，卻沒有一個與他新政府銜接的下層機構，更談不上兩者間法制性的聯繫。要是說蔣不擇手段，則是他的手段已由環境代他抉擇，經常他做事時，一種情況，只有一種方法，讓他同時能夠維持他高層機構的粗胚胎。他之沒有系統，則是中國的局面下好幾個不同世紀的事物同時存在，談不上系統。

陳志讓說，蔣之拉攏軍閥與政客，利用感情的激勸，金錢上的策動，和自己的武力作撐持。[21]作者並未有意歪曲事實，只是這些不得已的辦法，出於無可奈何，不能當作蔣的志願與癖好。要是我們仔細考察其背景，則可看出他所能實際控制之至微。一九三七年抗戰之前夕，國民政府一年的預算才十二億元。[22]以當日三比一之匯率計算，值美金四億元，也只能與一個中級公司的資本相比。在軍事上面講，則雖抗戰時仍有東北軍、西北軍、桂系、粵系、山西之閻錫山、四川之劉湘、劉文輝、楊森、雲南之龍雲和盧漢。甚至還有些地方，戰區內重要的軍事會議尚用粵語交換意見。他們的下層既沒有一個全國都能相互交換的公式與原則，則每個集團都是一個地方性的組織和私人組織，那又如何能叫蔣介石與他們交往時，忽視這種私人性格？我曾親自聽到國軍的一位將領訴苦。在他組織一個軍部時，不能任用他想任用的人，此是一難，而有時他又不得不任用他不願引用的人，此是二難。蔣介石的困難，則又數百倍於這位將軍的處境，所以他也只能利用傳統的「忠恕」，去包涵這種私人關係。

蔣所能實際掌握的，則是所謂「黃埔嫡系」，外國人稱 Chiang's own，蔣介石自己對史迪威談話時也提到黃埔學生與他自己事業的重要。他對我們訓話時，也就是期望我們做無名英雄，專心戰術，以便盡瘁於下層工作。（以後我們畢業後，雖在戰時要實際服務六年半才能升少校。）這種訓誨不足，則再繼之以宗教式的呼喚，甚至以必死相號召。上段已經說過我們即做軍校學生時也並沒有忘記個人名利，可見得一種組織之內，要個人完全放棄私利觀的艱難。大凡一個社會和一個集團之內，個人私利已達到一種平衡而可以公平交換的局面，則爲公盡善的精神，能夠發生實際的效用，也比較容易鼓舞提倡。即是黃埔初期學生參加東征之役時，因爲全部生員都未受名利的沾染，與這種理想的情形接近，因之攻惠州時前仆後繼，具有革命軍的精神。以後黃埔學生既爲國軍將領，又與過去的軍閥爲鄰，同時中國的局面也未能做到各種私利能自由交換，個人的功績都被認識的局面，尚要他們保持這種精神，就不免困難了。如是這也產生歷史上一種離奇的現象：蔣介石之不能徹底發揮他的能力，是由於他的成功過於迅速。他還認爲自己是革命軍人，旁人已經認爲他是國家元首，而要他對一個現代國家的功能負責。他之管及庶務，則是因爲下面沒有一種適當的組織。很多人責備他不注重組織，可是又逼迫他準備不及時去對付日本。那他也就只好以個人的力量去拉攏當中缺少法制作爲聯繫的各種因素了。

蔣介石被批評爲縱容部下貪汙，按理他沒有破壞自己的系統之道理。只是當日後勤的組織，實際上掛一漏萬。即軍事上的經理，也部分的採取承包制。例如十四師在馬關縣，附近居民的騾馬，已被我們徵調一空去運送最基本的補給，如彈藥及食鹽。這時軍政部縱有能力供應我們各項需要，也無交通工具使物資能夠下達。所以一九四一年的夏天，我們的士兵每人領有棉布制服一套，此外並無一巾一縷，足供換洗。只能在雨季中偶一的晴天，由我們帶著士兵在河畔洗澡，趁著將制服洗濯，在樹枝上晒乾算數。到九月分，軍政部又發給每人衣服一套。所發的已非實物，而係代金，由師部設法就地採購。其實發下時法幣貶值，錢數也不夠，本地也無處購買。好在我們師裡也是全面缺員，於是師長命令一位軍需，化裝爲商人，往日軍占據的越南，購得白棉布若干匹，回頭用當地土法蘸染爲土黃色，交各村莊裡縫製成短袖短腿運動員式的制服，以節省材料，這樣我們的兵士雖仍無內衣與外衣的區別，總算才不致裸體在河邊等候衣乾了。至於制服是否合式，帳目如何交代，都無從考問。師級以上的戰區和集團軍司令部在這種承包制下半公開的集體經商，更不能禁止。重慶、昆明、柳州間很多的「通訊處」和「辦事處」也就是這些半官半商的堆站和分店。總而言之，傳統中國社會從來就沒有一個能全面動員、對外作戰的體系，這時候無中生有。蔣介石的高層機構全靠牽扯鋪併而成，既沒有第一線、第二線的縱深，有時也官商不分。當然，所有情事尚不是如此簡單，他一定堅持的話，也可能選出一兩件貪汙特注的案件雷厲風行的懲治。只是當時全國都捉襟見肘，承包制又如是普遍，那樣的懲罰也不見得能有功效，而只是徒然暴露自己的弱點而可能使自己更不能下台了。

蔣介石對國內社會的成員，採取兼容並包的辦法，舉凡北洋政府的遺老、已被褫奪兵權的軍閥、社會名流、重要紳商，或在他的政府裡擔任名譽上或實際上的職務，或被他推崇而擁有優厚的社會地位。但是他對於共產黨黨人及左翼作家則毫不假借。並且於一九二七年的寧漢分裂開始，極力排共。這中間雖然經過抗戰初期的一度國共合作，但是除了一段極短的時間之外，兩方總是貌合神離，終至決裂，並且內戰期間兩方的下端都有不擇手段的情事，有些也記入外國作家報導之內。

今日之治史者很難斷定誰是誰非。可是歷史家又不能自命為中立，因為他們的任務，則是闡述各種情事之背景的眞意義。要是他們對衆所周知的事實還規避，那也難能達成他們的任務了。

在這裡我們也可以看出時間因素的重要。捲入國共衝突的人物，自己在歷史後端，把當時事看作歷史的前端，因此和我們的眼光不同。我們則站在他們的前端，連所有寧漢分裂、國共合作、二次內戰都是歷史事蹟，至少有三、四十年的距離。因此他們視為的道德問題，今日我們可以視為技術問題了。

我也要在此申明：所有歷史上的內戰，都只能用技術的角度分析，不能以道德的成分作結論。卽縱是美國的南北戰事，其中有種族及奴隸的問題，牽涉到道德的色彩，可是今日分析南北戰爭的原因，首先就要在技術上考慮北美合衆國這「聯邦」的眞意義，不能首先就說北方都是好人，南方都是壞人。這和一八六一年的觀點，當然不同了。

上面我也說過：道德是眞理最後的環節，陰陽的總和，不能分割，也無法轉讓。當日在這種條件之下，蔣介石以埋頭苦幹、忍辱負重自勉，對內則凡參加他運動的人卽來者不拒，對外則尙要考慮英美各國的區別，而在這時候中共卻提倡階級鬥爭、「痞子運動」，向蘇聯一邊倒，也就是否定他的一切作爲，那也難怪他把他們視作寇仇了。所以內戰期間，他的軍事機構，稱爲「剿匪總部」。他之株連左翼作家，以一九二〇年間「清黨」期間爲尤甚，也是基於此種邏輯，在他看來，他包涵容忍，是一切事物的保全者（preserver），中共以毛澤東爲代表則是一個破壞者（destroyer）。要是他又容納某種分裂運動，則他就難能指揮自己部下的將領和士兵了。

蔣介石表徵著歷史上的一種現象。我們寫歷史的人，可以毫無疑問的讚揚他的偉大，因爲他的氣魄，就代表這種現象和運動牽涉的幅度及縱深。但是不能說他所做的事全無差錯，尤其不能說他所做事都可以爲後人效法。因爲他活動於一個極不平常的環境之內，他的手段，並不一定就是他的目的。同時有些今昔之不同，尙是他自己的運動之所創造的成果。

我所說蔣介石和國民黨創造了一個新中國的高層機構，毛澤東和共產黨創造了一個新的低層機構，首先一定會被人非難的。旁人就可以說這些論調不合於邏輯。毛和蔣不僅在戰場上相見，並且彼此都用最不堪的字眼形容對方，那又如何能說他們在合作？

但是什麼是邏輯？邏輯無非是使一種事物或組織或者一種運動中各項因素，在語言間能夠互相銜接互相支援的一種紐帶。蔣和毛都在革命期間領導一種群衆運動，當然他們都只顧及這群衆運動內部組織與協定能前後一致。他們人身方面（personally）或爲對頭，但是在歷史上他們前後的成就卻能夠加得起來。並且所述高層機構及低層機構也不一定要原封不動的交代，只要具備其社會條件卽可。毛澤東和中共造成的低層機構，掃除了農村間小規模放債收租和官僚政治編排保甲以眞理由上至下的習慣。可是文革期間，他又倚靠暴民及痞子運動去強迫執行他理想上的道德觀念和社會價值，才弄得乾坤顚倒。這農村組織的根柢，則仍可以改造利用，作爲新中國法治的基礎。

總而言之，中國一百多年來遇到的困難，則是問題之龐大，時間之緊迫，以及內外壓力之令人喘不出氣來。這種種情形都爲以前歷史之所無，尤非個人經驗可能概括。如果現存邏輯不能包括中國人民針對這種挑戰的各種狂熱反應，則不妨借哲學和神學的力量替代。世界上事物之有「正」、「反」和「合」，也不始於「唯物論辯證法」。印度的婆羅門教，卽認爲保全者可以毗濕奴（Vishnu）作代表，破壞者可以濕婆（Siva）作代表，他們彼此卻都源始於婆羅門（Brahman）。這種說法也就是利用人身性格（human attributes）去闡述一個大宇宙繼續運轉的力量。也就是以美術化的辦法，去解釋在大範圍之中很多相反的因素終能融合。中國的革命既是超世紀的事蹟，也要在人身經驗之外創造新邏輯。

我寫這文的目的，不僅是希望確定蔣中正先生的歷史地位，更是因爲這問題不解決，中國現代史便留下了一個大空洞。而現存「歷史」，一片呻吟嗟怨，滿紙謾罵。不外袁世凱錯，孫中山錯，蔣介石錯，毛澤東錯，鄧小平又錯，而可能蔣經國也錯。這樣的歷史，讀時就抬不起頭來。而一個外國大學的研究生，即可以將一篇博士論文，否定中國萬千人士冒險犧牲的群衆工作。這種情勢，對美國亦爲不利。如果中國現代史確是如是，則美國承認的中國政府豈非一個沒有靈魂的軀殼？並且美國政府宣揚希望中國和平統一，旨非製造兩個中國，又憑什麼作理論的根據？中國經過一百多年的長期革命，若是至今猶在十里煙霧之中，美國之旅遊者豈非到中國去參觀一個迷惑世界？美國的銀行家工商家在中國投資，若不是因爲基本的條件業已具備，可以在經商之中，順便參與固定中國的商業習慣的工作，則豈不是白費功夫，自找麻煩，冒不必要之險？這中間種種問題都是由於我們研究歷史的人顧忌太多，沒有盡到自己的責任，以致在著書論說時，也把我們的立足點，擺在一般政客、外交家、國際貿易主持人，和遊歷觀光者之後。

對我家庭講，先父的種族觀念因為革命成功，業已過時，但是他既命我名為「仁宇」，則以推己及人之心在著書立說時擴大其範圍，針對世界而言，應當也符合他的遺志。即使今日我為美國公民，也要告訴所有美國人，如果中國不能適當的找到它的歷史地位，絕非人類之福。所以我更不能不盡我所看到的、聽到的、閱讀到的和想像到的，據實直言。

我第一次看到陶希聖先生，則已半個世紀。一九三七年我在南開大學做一年級學生，他到天津來演講，我就得瞻風采。又眞料不到前年去年在臺北再看到他，而他仍精神矍鑠如故。今逢九十嘉辰，屈指百年人瑞可期，這篇論文講到中國長期革命業已成功，也可算敷切情景。目前以展開視界為前提，說得唐突的地方希望先生見宥。最後則要引用先生近著裡的小段結束本文：

在文革失敗公社瓦解之今日，鄧小平非改革不足以圖存，要改革就是從毛澤東「以農村包圍城市」的戰略轉向「以城市領導農村」的道路，謀求工業革命，以救死求生。時至今日鄧小平標榜「門戶開放政策」乃是大勢所趨，必然的方向。[23]

這文字的目的也無非闡述歷史上的長期合理性，從這點追溯上去，則不能不確定蔣介石的歷史地位，其目的不是「褒貶」陶先生的居停和文字間的摯友，而是讓人們公認中國現代史裡一段無從忽視、不可或缺的重要環節。

注釋

1 見我寫的〈中國歷史與西洋文化的匯合〉載《知識份子》（紐約）一九八六年秋季號，頁二九－四四。現收入本書。英譯載 *Chinese Studies in History*, vol. 20, No.1 (Armonk, N.Y.), pp.51–122.

2 Howard L. Boorman and Richard Howard, *Biographical Dictionary of Republican China* (NY: Columbia University Press, 1968),II, p.126.

3 C. Martin Wilbur in *Cambridge History of China*, ed. John K. Fairbank, (Cambridge University Press, 1982), vol. XII, p.533.

4 Donald A. Jordan, *The Northern Expedition: China's Revolution of 1923–1928* (The University Press of Hawaii, 1976), p.44.

5 Harry S. Truman, *Years of Trial and Hope* (NY: Doubleday, 1956), p.83.

6 Theodore H. White, ed. *Stilwell Papers* (NY: Sloane Associates), p.214.

7 《毛澤東選集》（一九六六年，北京版）卷一，頁一九七。

8 書為 Loh, *The Early Chiang Kai-shek, A Study of His Personality and Politics, 1887–1924* (Columbia University Press, 1971).

9 資本主義這名詞最初以現代方式使用者，似為法國社會主義者蒲蘭克（Louis Blanc），馬克思即從未使用。見 Fernand Braudel, *Civilization and Capitalism, 15th–18th Century*, III, *Wheels of Commerce*, Sian Reynolds trans. (NY: Harper & Row, 1982), pp.237–238.

又英國歷史家克拉克爵士，則稱資本主義即係現代經濟制度。見 George N. Clark. *The Seventeenth Century*, 2nd ed. (NY: Oxford University Press), p.11.

10 這是一個相當複雜的歷史問題，迄今仍沒有一部完美的著作，將之從頭至尾徹底闡述。我的幾篇論文，也只掛一漏萬的提及，見〈中國歷史與西洋文化的匯合〉，以上注（1）。〈明《太宗實錄》中的年終統計〉，載 *Explorations in the History of Science and Technology*（上海古典，一九八二）pp.115–130，又《明史研究通訊》期一（臺北，一九八六）。以上兩文均收入本書。我即將發表的 *China: A Macro-History* (M. E. Sharpe) 也多次提及這種政治制度的設計。

11 雖說我的意見和若干專家的不盡相同，我自信以學術綜合性（inter–disciplinary）的方法讀史，使我的結論不致與現實發生很大的距離。我最近的兩篇論文為〈明代史和其他因素給我們的新認識〉，《食貨月刊》卷十五，期七、八（一九八六），英譯載 *Chinese Studies in History*, vol. 19, no. 4(1986) 及〈中國近五百年歷史為一元論〉，宣讀於一九八六年臺北第二屆國際漢學會議。以上兩文現收入本書。

12 關於田沼意次財政經理的情形見 John W. Hall, *Tanuma Okitsugu, 1719–1788, Forerunner of Modern Japan* (Cambridge, Mass. Harvard University Press, 1955). 我對於其他幾個國家轉變過程的分析，歸納於〈西方資本主義的興起——一個重點上的綜合〉，載《知識份子》一九八六年夏季號，此文又以〈我對「資本主義」的認識〉為題於《食貨月刊》卷十六，期一、二（一九八六），現收入本書。英譯載 *Chinese Studies in History*. Vol. 20, No.1, pp3–50.

13 White and Annalee Jacoby, *Thunder out of China* (NY: Wm. Sloane Associates, 1946), p.127.

14 Fairbank, *Chinabound: A Fifty–Year Memoir* (NY: Harper & Row, 1982), p.88.

15 《毛澤東選集》卷一，頁一八。

16 Hinton, *Fanshen: A Documentary of Revolution in A Chinese Village* (NY: Random House, 1966).

17 Herbert H. Rowen, *The Low Countries in Early Modern Times* (NY: Walker, 1972), pp.191–197.

18 Winston S. Churchill, *The Second World War, VI, Triumph and Tragedy* (Boston: Houghton Mifflin Co., 1953), p.701.

19 Tse–tsung Chow, *The May Fourth Movement* (Cambridge, Mass.: Harvard University Press, 1964), p.343.

20 黃埔同學會編《黃埔軍校建校六十周年紀念冊》（一九八四），頁一〇七。

21 Jerome Ch'en, *Mao and the Chinese Revolution* (NY: Oxford University Press, 1965), p.146.

22 Arthur N. Young, *China's National-Building Effort 1927-1937: The Financial and Economic Record* (Hoover Institute Press, 1971).

23 陶希聖《中國之分裂與統一》（臺北，食貨，一九八五），頁一五二－一五三。

附錄

各專著提及二十世紀中期以前中國土地占有的情形

「有些私有的土地，被地主占有，分給佃農耕種，成爲中國重要的問題之一。可是其幅度常有被過度估計的情事。〔實際上〕不到四分之三的土地，爲耕種人所領有；超過四分之一的土地，用於佃賃。在產小麥的地區，耕種人自有的情形多，占〔全部土地之〕八分之七，與之相較，產稻穀的地區，自有之土地爲五分之三。」

「將農民分爲不同的門類是另一種衡測佃賃程度的辦法。〔現在調查之結果〕半數以上的農民爲全自耕農。不到三分之一爲半自耕農，其他百分之十七爲佃農。在小麥地區四分之三的農民爲全自耕農，在稻穀地區全自耕農不及五分之二。佃農在稻穀地區占全部農民之四分之一，半自耕農則超過三分之一。」

「至於每地區裡最大多數的農民，則小麥高粱出產區，百分之八十爲全自耕農，稻穀茶葉產區百分之五十三的農民爲半自耕農，四川稻穀區域，則有百分之四十三爲佃農。在有些局部的地區內所有農民都是全自耕農，有些地區爲半自耕農，也有些地區全爲佃農。」

——以上摘自 John Lossing Buck，*Land Utilization in China*（Shanghai, 1937），pp.192-193.（根據一九二九年實地在中國二十二個省一百六十八個地區，一萬六千六百八十六個農場三萬八千二百五十八個農戶的調查。）

「邊區土地狀況：大體說來，土地的百分之六十以上在地主手裡，百分之四十以下在農民手裡。江西方面，遂川的土地最集中，約百分之八十是地主的。永新次之，約百分之七十是地主的。萬安、寧岡、蓮花自耕農較多，但地主的土地仍占比較的多數，約百分之六十，農民只占百分之四十。湖南方面，茶陵、酃縣兩縣均有百分之七十的土地在地主手中。」

——以上摘自毛澤東〈井岡山的鬥爭〉（原作於一九二八年）載《毛澤東選集》第一卷（北京一九六八版），頁六七—九八。

「十年之前曾有兩家或三家，每家擁有八十至九十畝，也有五家或六家，每家擁有五十到六十畝。最近十年所有這些家庭因爲土匪出沒，或因爲子孫生活奢侈，或出賣地產，或分拆爲較小的單位。現在可能沒有一個家庭擁有四十畝以上。」

——以上摘自 Martin C. Yang, *A Chinese Village*（Columbia University Press, 1945），p.16. 所敘為青島附近一個村莊內的情形。

「百分之九十二以上的家庭多少有些耕地，百分之九十六以上的家庭多少耕種著若干土地。平均每家有地四塊，面積〔共〕二十一．九畝。耕作的農家平均每家種地二十一．二畝。全縣土地以人口計，每人三．六畝。最大的地產領有者，一家有六百六十英畝〔以一英畝作六華畝計，此數接近四千華畝〕。但是只有一百三十二家〔即全縣〕百分之〇．二的家庭擁有五十英畝〔約三百華畝〕以上，也只有百分之九的家庭擁有五十華畝以上。」

——以上摘自 Sidney D. Gamble，*Ting Hsien*，*A North China Rural Community*（Stanford University Press，1954），p.11. 所敘為河北定縣一九三〇年間情形。

「在全保（包括八百五十四人）有一千五百三十五石的稻穀耕作地，內中一千一百三十七石，亦即是大約百分之七十五，是全佃農所耕種。只有三百九十八石是全自耕農和半自耕農所耕種。」

——以上摘自 Doak Barnett, *China on the Eve of Communist Takeover*（New York，1963），p.120.

所敘為重慶附近鄉村一九四〇年間情形。

「根據本地的標準，擁有三十畝以上的可算爲地主階級，擁有二十畝至三十畝或耕作於三十畝自有的或佃賃的地土可算富農。」

「這裡有甲乙丙丁戊王家，他們憑本地標準看，可算大地主，可是照西方的標準看來，則是小得可憐。他們在一九四八到一九四九年共有田地三百一十畝，其分配如下表。〔表中所列最大的地主有田一百二十畝，亦卽等於二十英畝。〕這三百一十畝是村莊內耕地的百分之二十五．八，可是這五家只是全村人戶的百分之二．一八。」

——以上摘自 C. K. Yang，*A Chinese Village in Early Communist Transition*（MIT Press，1959），pp.40-41；43-44. 所敘為廣州附近的一個村莊在一九五〇年間初期的情形。

「在土地革命之前夕，地主及富農占村內人口約百分之七，直接領有耕地一百六十四英畝〔近於一千華畝〕，透過宗教及宗祠的組織，他們又掌握著一百一十四英畝〔不及七百華畝〕。所以他們一共執掌著二百七十八英畝〔共約一千七百華畝〕的土地，占村莊內的百分之三十一。」

「經和〔村莊內最大的地主〕的皇國之中心，乃是二十三英畝〔不及一百二十華畝〕的膏腴的田土。」

——以上摘自William Hinton，*Fanshen: A Documentary of Revolution in A Chinese Village*（New York，1966），pp.28-29. 所敘為山西潞城縣一個村莊在一九四〇年間後期的情形。

以上除毛澤東的文字係照錄原文外，其他由本文作者自英文迻譯。方括號內的文句係本文作者加入，爲原本所無。

紀業馬將軍（Brigadier-General Jacques Guillermaz），法國人，曾在中國多年，並且於一九四一年在重慶參加戴高樂的「自由法國」運動，他後來又在泰國及中國做外交官，更在北非建立戰功之後在巴黎大學任教授，一九八〇年間退休。我和他的相識，也算出於意外的機緣，一九四八年我在南京國防部第二廳聯絡組任上尉組員，主要的任務，是向來訪的外國武官報告戰況，當日國軍連續的戰敗，我們還不能了解這些事情的歷史意義，對戰局的一連串失利總抱著愧憾，在外國人的面前，不自覺的抱著自卑感。而且有些來訪的外國武官也眞帶著一種輕蔑我們的態度，有時譏諷出諸言表。可是法國駐華副武官紀業馬中校卻與衆不同。多少年後我才知道他和一般職業軍人不同，曾對中國傳統文學和歷史下過一番眞切的功夫，因之對時事也有了較爲深切的看法，更不會以我們遭遇的偃蹇，當作我們整個集團和整個國家道德不良，所有工作人員全部貪汙無能的應得之後果，有如當日外間新聞界的粗淺看法。

也因爲我和紀將軍退伍之後，彼此都做過一段歷史研究工作，我們的見地，也更容易接近。我們的歷史眼光，可以以極簡短的文字概括之。

當一個國家和一個社會須要全部改造的時候，歷史所賦予個人的任務，可以和各個人的觀感完全不同。我們個人的胸襟抱負，可能與歷史的意義銜接，也可能與之完全相違。很多事情的眞意義，要多年之後靜眼冷觀才看得明白。當時用道德觀念粗率解釋的事物，日後從技術的觀點分析，必呈現著很大的差異，其根本不同的地方，則是歷史上長期的合理性，前後一貫，源遠流長，超過人身經驗。

我和紀將軍在南京分手之後，睽隔已三十九年，雖說最近十多年之內曾一再的通訊，我的《萬曆十五年》也因他的照顧才有法譯本問世。（法國傳統尊重本國文物，一部涉及第三者事物的書籍，用英文寫出後譯成法文，不是常有的事。）這次見面，仍須準備著心理上的橋梁去彌蓋著時間上和空間上的大距離。可是見面幾分鐘之內，所預想的距離已經完全不存在了。從青年到晚年，我們的像貌以及身軀都有極大的變化，所不能改的，則是語音的色調和談話時的情趣。我在臨行之前，曾將自己和內子 Gayle 的照片寄給傑克。和他通電話之後，遵著他的吩咐到里昂車站的會晤點（Point Rencontre）等候他。又直到他來到近前和我對話之後，我才知道此人乃昔日之紀中校，後來的紀將軍和紀教授，今日我的朋友傑克。

傑克聽說 Cayle 不會中國話，他就俏皮的對我說：「我的夫人也不會中國話，這樣一來，我們可以祕密談天，太太們不知道我們在講什麼。」

他住的地方，叫做 Les Aveniéres，去里昂、日內瓦和 Grenoble 三個角點大致等距離。這地區是法國農業精粹之所在。從火車的車窗上看去，所有土地，都經過人工培植，要不是田園，就是綠草如茵的牧地，當中有灌木代替圍籬。從小山到平原，全部整秩，沒有一尺寸的土地是空廢。這附近的小村莊，除了一、二座咖啡店和酒吧間之外，也沒有其他商店。房舍的建築雖陳舊而整飭，當傑克開汽車經過的時候，我們看不出任何牆端廢物，也看不到任何閒人來往。

傑克的夫人，是芬蘭人。她結婚之後，傑克要她專講法語。因爲我們不懂法語，才用英語和我們交談。她說：「我已經十多年沒有用英語，所有英語的字眼都忘記了。」

其實她的英語仍是流利而沒有交談的障礙。紀太太的個性，則是爽快利落。她初見 Gayle，就告訴她自己今年六十五歲，她五十二歲的時候，一天早上醒來突然的失去聽覺，所以現在要戴助聽器，其實助聽器也有一種好處，她和傑克在一起，恩愛彌篤，可是有時候也吵嘴。在這種場合之下，最好的辦法就是將助聽器取下，聽不見傑克的咆哮。傑克知道她聽不見，無可奈何，氣也平了。

我們所觀察的，則是他們有意選擇這鄉間的恬靜生活。雖然是舊式的房舍，卻有各種摩登設備。巴黎當日的報紙，也能送到戶下。如果需要各種物品，則可以開車到十哩內外的La-Tour-du-Pin去採購。傑克替各報紙雜誌寫有關遠東的文章，也供詢問。可是除了一年一度去芬蘭之外，很少旅行。他現在占時間的工作，則是寫他的回憶錄。Gayle悄悄和我說，他的回憶錄一定有趣味。我問她何以能如此預言。她回答：「聽他如此說的，每兩年則有一次大冒險！」

那夜是我們結婚二十多年以來第一次在朋友的住宅裡作宿客，關門之後，不免低聲的議論他們。意想兩間房外，他們也必議論我們。Gayle傳告我：當我們還沒有來，傑克夫人看到我們的照片，知道Gayle並不是中國人，就說：「這樣倒好了，我可以做任何的菜」，如此看來，他以為接待中國人，必做中國菜，也要符合中國的口味和標準，其待客可謂虔誠，同時也表現他們夫婦做事時愛好和徹底。其實她的晚餐以豬肉燉黃瓜，既符合中國標準，也迎合於西方的口味。而且他們房舍裡有千百樣物品，每樣都有一定的地位，一塵不染，雖說有女傭人每星期兩次來幫忙打掃，其主婦的工作必仍繁重，而且傑克太太給我們的晚餐，有條不紊，一杯一碟，都要像餐館裡一樣按程序的侍候到客人面前。晚上我們談天，她又在廚下洗碟子，有時令我們過意不去。

傑克對中國的情緒，憎愛參半。大概他在中國一住二、三十年，情不可免，尤其他在一九五五和一九五七年兩年間住在南京，足不出戶，心理上受有相當的打擊。他也仍尊重國民政府贈他的雲麾勛章，曾戴著這勛章出席中共的招待會，中共人士看著並沒有作何異論。他所蒐集的中國文物，大致都已被沒收。目前房子裡所掛的畫片，都係現代水彩，有好幾幅重慶的夜影，燈光舢板和山上石梯茅廬相映對。他最值得驕傲的則是他的書籍，也無慮幾千百本，而以現代的平裝本為多。他自己所作的《中共黨史》有英、法文本，對中共的成就，並不隱諱，但是他對毛澤東種種做法，表示憂慮和疑懼，並且直截的斷言不可能代表中國的前途。書成於一九七〇間初年，也算得當日最為持平的看法。此外他又和我說：「中國是世界上最民主的國家！」他之所謂民主，並非目前黨爭中所謂民主，也不是所謂「無產階級專政」的民主，而是歷來尊重民為貴的一種傳統精神。

傑克．紀業馬對中國的前途，仍抱著很多憂慮，主要的原因乃是經濟方面，一定會遇到很多前人沒有遭遇過的難題。他能夠具體的盤托出這些難題之所在。

過去我在中國為中國著慮，常有外國的朋友勸我將胸懷放開，可謂天無絕人之路。又真想不到幾十年後，我也能以同樣的樂觀論調向外國朋友勸說：我寫的一本《萬曆十五年》既已為中外歷史家及一般讀者接受，則我們無妨以書中事當作今日局面的歷史基點。（事也湊巧，今逢中華民國七十六年，西曆一九八七年，去萬曆十五年爲整四百年。）也可見得中國在現代所遇到的難題，已有好幾百年的背景。因爲其沿革已經有了一個「不能在數目字上管理」的癥結，也無法局部改造。民國以來的紛紛擾擾也都是下面的低層機構沒有脫胎換骨，上面的宣言與憲法都是官面文章之故。縱有好宗旨，其理想也無法伸透到民間去。直到八年抗戰之後又加以四年內戰，全國成爲一座大熔爐，整個社會才能重新安排。這種歷史上的意義，卽當事人也渺然，否則就不會產生「統一戰線」的反覆游離和「文化大革命」各色各樣的節外生枝。只有今日局勢澄清，我們再參考歐美各先進國家的歷史成規，才猛省到中國一百多年來的奮鬥，無非先要使整個國家和社會內中各部門能互相交換（interchangeable），以達到能「在數目字上管理」的局面，然後使所有權（ownership）和僱傭（employment）構成一個經濟的大羅網，包括公私的利益，也能繼續擴充，才符合現代世界的潮流。

換言之，這也就是以商業組織的原則，通行全國。歷來中國以農業組織的方式將全國構成無數小單元，上面則用官僚作風箝制壟斷，又以自欺欺人的辦法自圓其說，顯然的已無法在現代世界裡生存。

這種潮流既已成爲世界一般趨勢，當然，每一個國家在達到這階段時總要參照自己的歷史背景，斟酌取捨。這也就是在能以數目字管理的大前提內，用最經濟、最公平和最安全的方式去穩定局面。我和傑克學歷史，都站在人道主義（humanist）的立場。以今日世事規模之大，沒有人能夠全部操縱，一般人的企望則是在這龐大的事物中，分割一部分，將各個人的生活摻和過去，使他們的生命有意義，因此一生沒有虛度，也與良心無虧。所以當一個國家和一個社會從不能在數目字上管理，轉變到能在數目字上管理的局勢之下，多數人已能適應此機會，人心望治，局面也容易穩定。如果我們把這些簡單的原則廣爲傳播，使它成爲家喻戶曉的常識，也就用不著害怕「資本主義」和「走資主義」的爭執，和左派與右派的鬥爭、陰謀與復辟了。

再以傑克・紀業馬提出的經濟難題而論，這些難題既已提出，並且又以經濟爲重心，則可以視爲今日中國已能在數目字上管理的明證。這比以前暗中摸索，動輒以道德名義對付技術問題，有絕大的差別，我們學歷史的人，注重中國體制與結構上的改造，因爲這是劃時代的成就，不容忽視。至於以後的社會經濟問題，是下一代日常生活的一部，不是歷史家所能越俎代庖全部解決的。我和紀業馬將軍也同意今日世界所有經濟生活，投入國際貿易的一個大圓圈裡去，其前途無從預測。

我告訴傑克：我已將以上的想法寫成專書，叫做 *China: A Macro History*（也就是《中國大歷史》），校樣在即，預備明年三月成書。如果他有意的話，我希望他閱看校樣，在包裝頁面上題一兩句話介紹。說到這裡，我就趁著機會不再謙虛的提及我的「大歷史」和一般中國通史不同。在注重歷史上長期的合理性之餘，各朝代已不復都像在同等地位可以拿來互相比較的單位。而是前後一貫，其因果關係，伸長盈虧也能觸此動彼，互為關聯。從公元前二二一年秦始皇之統一全國，到今日大陸之所謂「經濟改革」，其技術上的原因不僅可以提出，而且可以前後印證，有時超越世紀。這樣寫歷史的好處，則是所有的論點都有前後確切發生的事實解釋，讀史者對世事的看法不因個人感情成分的愛憎而左右，在目前「大時代」裡能夠發生團結人心的功效。

我也認為這對中國歷史的新解釋，可以拿來解釋其他各國的歷史。中國人口占世界之四分之一，歷史上受亞洲大陸地理因素的影響又深，經過多少艱難困苦，喋血犧牲，最後贏得的還是一個可以在數目字上管理的局面。這樣看來，可想見許多先進國家之先進，大概也是在類似情形之下突破難關，打開新局面。

比如以法國大革命為例：至今還有學者在爭論其目的是否使法國進入資本主義的階段。在我看來：如果說整個法國大革命牽涉到「自由、平等和博愛」的高尚理想，只在推行資本主義，未免把資本主義看得太大，而把法國大革命看得太小了。反過來說，大革命時推翻貴族僧侶的勢力，以全國的山河重新劃分行省，以整個土地作保障發行新幣，頒行新曆及度量衡制，以至以後的推行拿破崙法典，都有促成全國各因素能互相交換以完成在數目字上管理的傾向。只是歷史雖然在一個民族和一個國家的生死關頭，上下左右不得的危機中縱容暴力和革命，它到底有它縱容的限度。一到法國能以數目字管理，則穩定的力量抬頭，過激的自由平等思想，也只能在政治體系外成為一種抽象原則，不復成為實際的領導力量。私人資本（包括商業資本及已商業化的農業資本）既在法國大革命後成為一種龐大的社會力量，這種社會力量又可以轉變而為政治力量，我們也可以承認大革命後法國帶有資本主義的色彩。然則仁者見仁，智者見智。我們又何嘗不可以說社會主義因法國大革命而誕生？十九世紀以來歐洲的社會主義思想，就大部發源於法蘭西。所以說大革命的成果在偏左或袒右，不容易定奪。只有與大革命前之情景相較，法蘭西能在數目字上管理，才成為剴切而不易辯駁的事實。只是我剛一提到法國大革命，傑克就說：「這是一個有爭論性（controversial）的問題。你看，大革命兩百週年在即，這裡有很多的爭辯。有些人認為這事可以完全避免。路易十六實在是一個好國王，法國已經在改革，在組織上已經朝英國的方向走……。」

我忖想：既有巴士底的暴動、馬賽歌、山嶽黨和平原黨，又有外國的干涉，要想整個避免大革命，未免太理想。人類的弱點則是捲入感情衝動流血慘殺的事端，還不明白這些事情在歷史上的眞意義，直到多少年後，有了時代的縱深，才能由後人以客觀的態度看得淸楚。

我就說：「你講的也正是我作書的宗旨。我們已經無法避免法國大革命。對中國講：我就希望避免波旁（Bourbon）復辟，一八四八年的革命，在街上設柵寨（barricades）那一套。」從法國大革命後除了拿破崙的戰爭和以上的事件之外，還有第二帝國和巴黎公社等等。雖然情節複雜，左派右派的爭執，極端的革命性和極端保守性的衝突，當時人只顧理想上的完美而不顧現實，都是發動這些事件的重要因素。

傑克沒有說什麼。我們心裡都明白，我們曾親臨目睹人類的廝殺，既入暮年，更體味到歷史上長期的合理性的眞意義。在現在情形之下，中國近代史可以協助了解歐洲史；歐洲史尤其可以作中國的借鏡。如此我們才能斷言：中國歷史已與西洋文化眞切的匯合。

第二天早餐之後，因爲傑克夫人也要到 La-Tour-du-Pin 購物，由她開車送我們去火車站。傑克夫人開車也表現她的性格：既開得快，轉彎也不變更速度。她一面說：「我的丈夫喜歡走正路，路直，但是距離長。我走的是側面小路。」

早上東南法國還罩著一重濃霧，火車只四十分鐘到里昂。我們依照著傑克的意見，在里昂停留了兩天，如此才有時間巡遊山頂上的教堂和著名的高盧羅馬博物館，以及聖班尼底克亭的美術館，並且徒步走過波拿巴特橋。

這兩天內我和 Gayle 仍經常談及傑克夫婦。一九四八年我每星期接見紀業馬中校的時候，做夢也想不到三十九年之後我和內子會到法國做他的座上客。里昂火車站會晤點的標幟，是由東南西北四方各畫一箭頭，叢聚於中央，中央又是一個大圓點。恐怕設計這標幟的人，也沒有想像到他筆下所可能代表的空間和時間上的大距離吧！

卷尾瑣語

這本集子，包括了八篇我曾經在各種刊物零星發表的文字。發表的時間自一九七四年至一九八七年，前後迄十三年，刊行的地方爲香港、上海、臺北和紐約。其中四篇已有英譯發表，此外〈中國近五百年歷史爲一元論〉的初稿則是用英文寫的，也打算在不久的將來發表。

這八篇文字都主張讀者在今日中國局面逐漸打開的情況下，將中國社會背景重新檢討。中國的革命歷時既逾一百年，則其歷史上的背景也要向後推三五百年才能夠將其癥結看得清楚。只是歷史的縱深既增長，歷史家的視界也會同時擴大。這樣一來，過去很多事蹟，以前看到是不合理的，現在從長時間、遠距離、寬視界的條件下看來則爲合理，而且其因果也會前後聯貫。所以這次將這八篇文字收作專集出版，書名定爲《放寬歷史的視界》。

這種宗旨，也和作者二十多年來在其他地方發表的文字彼此一致。大凡人類歷史中牽動群衆經過很多折磨的一種大變化，不可能完全是一種盲目的衝動，而在歷史上成爲一種無端的浪費與贅疣。中國近代史中有很多事蹟被寫成如是的尷尬，則大概由於敍述者與其中的人物與環境相處過近。其感情的成分不說，其所敍缺乏有關各因素的縱深，也會使目前的景色模糊。譬如本書的讀者，如將書頁擺在鼻子前兩三寸的地方，書上的字跡，不可能非常清晰，即是眼光極灑利的人也不可能讀來辨認無訛。

這書內業已提及，我提倡用長時間、遠距離、寬視界的條件重新檢討歷史，稱爲「大歷史」，半由生活煎逼之所致。我的大學生活過程因中國局勢顚簸而中斷。一九三六年我在南開大學上學時尙是最年輕的學生之一，可是在一九五二年我在密西根大學畢業時已是班內的老學生。只是有了這場命運的安排，才對東西兩方社會有了一段切身可靠的認識。以後每遇到歷史上的大問題，我都會不自覺的引用到自己在抗戰前旅行各通商口岸，以及戰時擔任國軍下級軍官深入內地鄉村的各種經驗，作爲參照對證的根據。如提及西方社會形態，我也在書本知識之外有了在美國勞動工作十多年的實事作陪襯。所以我的歷史觀點和人不同，所恃者不是才華而是視界。

而且由於多年讀書教書旅行講學的結果，我深深感覺到中國傳統社會與西方現代社會距離之大。書內提及一個如前者的社會，要改革如後者，等於一隻走獸之蛻變爲飛禽。引用這樣不可能的隱喻（metaphor），事非得已。其目的則是強調中國的革命，牽涉到億萬軍民的生活與習慣，也影響到一個有機體的結構與功能。我和美國學生提及，如果這樣的一個大革命發生於他們的社會，不僅從他們頭上的髮針下至腳上的鞋帶全要更變，而且當中的家庭和婚姻關係，職務間的權利與義務，法律前遵守的合同和宗教上的信仰也要更變，如果革命不改變他們的語言文字，至少也要改變他們日用的詞彙（vocabulary）。以中國幅員之大，人口之衆，須要改革程度之深，已經在世界上沒有一個與之類似而接近的例子。我們引用歷史成例，也只能將世界上各種大變動的因果關係綜合的拿來與中國的變動對照。比如說日本的明治維新就不能單獨的拉來和中國的革命相比。很顯然的一個證據就是日本在一九三七年，以維新以來七十年的成果加諸中國，希望如此改變兩方的命運。但是今日看來，兩方的命運雖已改變，中國卻始終拒絕以其改造淪爲明治維新之成果之一。而日本積七十年慘澹經營之所得，其能在中國產生一種積極作用，也不外成爲二種槓桿式的機構（leverage），在冗長的革命過程中加速其最後階段的運轉而已。同時過去三十年的發展，也證明中國的革命更不可能是蘇聯十月革命的重現。

十多年前我雖有以上諸般概念，卻不能掌握其全局，列成大綱，整個的歸納，在白紙上寫成黑字。也只好隨著國內外情勢的逐漸澄清，將思想上注入新的知識，使抽象模糊的觀念逐步明朗化、具體化。美國歷史家畢爾德（Charles Austin Beard）曾說，寫歷史有如「信仰上的修道」(exercising faith)，在歷史學的新領域之中，其情形也確是如此。我書中對資本主義的認識一文，更暴露出作者即使在一種特殊題材之前，雖已有中外各家的解釋，要符合今日中國的局勢，仍需經過一番奮鬥。這一方面有如著名經濟史理論家熊彼德 (Joseph Schumpeter) 所說歷史家的任務，務必要把今人現在的地位講得合理化。一方面也證明我自己是一個緩慢的學者 (slow learner)，而不是一個快速的學者。對今日一般讀者講，則書中的理論，仍屬新的領域。在這種情形之下，與其重新布局寫成一篇洋洋大觀的長論文，還不如重印以前見於各地的文字，使讀者體悟到作者獲得今日的結論之過程間的層次。書中主觀的意見與客觀的事實互爲出入，讀者也可以斟酌取捨，自己作個別的「信仰上的修道」(這也是今日中國開放輿論的一種好處)。除了事後發現的錯誤之外，所有文句亦不更動。書內各篇之間也有少數重要的資料，有如提及王安石之變法，不止一次。既有專題論及歐洲資本主義之興起，也在論明史和中西文化的匯合暨評蔣介石成文內扼要重述。過去因爲各文單獨發表，不得不個別的引證穿插。現在則因重複的地方不多，段落也不太長，與其令讀者顛倒頁次翻來覆去的查看，不如保留原狀，一面維持各文的完整，一方面也可以使本書合而代替一本中篇的論文，分則仍爲八篇各自獨立的短評。

凡是要介紹一種新理論，則先要掃除過去的成見。〈從《三言》看晚明商人〉初載《香港中文大學中國文化研究學報》卷七期一，於一九七四年出版，屬於此種性質。聽說此文，曾在臺北被翻印，我還沒有見過其版本。過去有一種理論曾很妨礙中國史學的進展，此即是明末清初資本主義的萌芽。這種學說，一度在大陸被奉為正統思想，不容辯駁。於是有其一，也有其二。一個小孩子不叫做小孩子，先把他吹成一個「預備成人」(pre-adult)，次之就可把他當作成人看待。中國既在明末清初卽有資本主義的萌芽，則四百年後不再等待資本主義的成熟，就直接的提前施行共產主義，也不算過分了。於是以訛傳訛，一部分歐美和日本的學者，也都接受了這樣的一種解釋。

我們雖不受正規思想的約束，可是卻也不容易對它反駁。因為人家說「有」，我們說「無」，那也就不容易在原始資料中找出正面的證據了。這種事物既未發生，其可能性還在時人意料之外，那麼明末人士又如何會在文件之中先留下了「此地無銀三百兩」的紀錄，供我們四百年後作辯駁的憑藉？

用小說資料作歷史上的證據，也不是正途。但是馮夢龍的《三言》，共有短篇小說一百二十篇，對傳統社會已經有了一段很細膩的描畫，其可採的是內中的始終一貫 (internal consistency)。我們不能相信其編者會一而再，再而三始終重複的給後人留下一幅錯誤的印象。我所注重的是商業的組織，交通通信工具之使用，和信用制度之展開。在這些條件上講，中國之瞠乎其後，顯而易見。馮夢龍的筆下卽亦表現當日商業資本沒有繼續不斷增積的可能，遑論及其發展而為領導社會的一種制度。文中既用了小說中所提出的文字五十處，也用了《三言》以外各種不同的資料四十六處，而尤以有關金融貨幣稅收法制各項情形，說明傳統社會中的商業與歐洲所謂資本主義的展開相去至遠。

〈明《太宗實錄》中的年終統計〉為上海學人籌備慶祝李約瑟博士八十壽辰文集時應邀而作。起先接到通知為一九七九年，正值中國大陸開始對外開放之際，我覺得機不可失。文內中的統計數字及其分析是以前作《十六世紀中國明代之財政與稅收》時遺留的稿件（因為統計屬於十五世紀），恰巧這些資料很可以在它們實用的地方解釋李博士常用的「官僚主義」一名詞。同時也可以趁著這機會對國內歷史家動輒濫用「封建」一名詞作糾正。過去我們用「官僚主義」這一名詞，含義氾濫，通常帶有譴責的意思，卻沒有說明其譴責之所以然。在《太宗實錄》中我們則可以看出這種體制，有它的特徵，而且這些特徵尚有官方的支持。卽有如我們自己至今尚在引用的一種習慣，在行政長官的名字前提行，或留一空格，既是經常如此，其所表示的尊敬也只是官樣文章，形式主義。同時在這種強迫表示尊敬之餘，就無形之中維持了一個眞理總是由上至下的信念。這兩點已是我提及官僚主義五種作風中之二。李約瑟一生追求眞理，也對中國保持著超過政治關係的友誼，我想在他的壽辰集中發表這篇文章，可算合適。只是稿寄出之後，又值一九八一年大陸政治風向短時間的改變，一時此文與壽辰集的消息又是杳然。

一九八三年年初的一天傍晚回家，突然發現門前留下了一個大郵包。原來李約瑟博士八十壽辰文集的國際版已在一九八二年由上海古籍出版社出版，書名爲《中國科技史探索》(*Exploration in the History of Science and Technology in China*)，爲《中華文史論叢》增刊之一，〈明《太宗實錄》中的年終統計〉載在頁一一五至頁一三〇。當日政治局勢尚未妥定，開放也有限度，我的文中涉及妨礙中國發展的爲官僚主義而非封建，也仍與大陸上的正統歷史觀衝突，《中國科技史探索》的編輯要有相當的識見與勇氣，才能將此文付梓。

現在《中國科技史探索》的中文版也由古籍在一九八六年出版，〈年終統計〉則載頁一二三至頁一三八。這篇文章也承臺北明史座談會的《明史研究通訊》期一（一九八六年）轉載。英譯則載 *Ming Studies* 期六（一九八三年），排版當時遺漏了四段，於期十七頁八至頁十補正。

有了以上掃除成見的建議，我自己要寫正面較有積極性的文字，就比較容易著手了。〈明代史和其他因素給我們的新認識〉在這種情形之下寫成。一九八五年八月，臺北食貨出版社出版了《萬曆十五年》的正體字本，一時好幾位在臺灣的年輕朋友和現在在中央研究院供職的黃寬重、沈松僑和張彬村要我回國一行，又由中國時報、新光文化基金會等單位的資助，由食貨月刊社主辦一次「明代史研討會」。陶希聖先生親自出席主持。我的專題演講就根據〈新認識〉作基礎，事後文在《食貨月刊》卷十五期七、八合訂本（一九八六年）發表，英譯則載 M. E. Sharpe 公司所出之 *Chinese Studies in History* 一九八六年夏季號。內中提到明太祖朱元璋對北宋王安石行新法的失敗，有很深的印象，不能與他自己所訂的緊縮政策無關，可是在世界歷史的時間和程序上講，這緊縮政策就不能在比他還更壞的時間提出了。這也就是說當西歐正走向文藝復興，快要向宗教改革和資本主義的開展的路上前進之際，中國卻採取了一種最落後的財政稅收政策。這也難怪中國在二十世紀所遇阻遏困難之多。因此我也就在臺北所聚多數學人前正式提出我所謂「大歷史」(macro-history)的一個觀念。

〈我對「資本主義」的認識〉之由來，已在上文約略提及，而文中更有詳細的報導。說來也令人不能相信，「資本主義」這名詞雖家傳戶曉，卻至今還沒有一個確切的定義。將歐洲資本主義的形成，按地域與國境作基礎，描畫著它從地中海的區域如威尼斯進展到荷蘭而後發展到英國，照道理講，應該是一種很簡捷的門徑。可是據我知道，迄今還沒有人如此作書論著。我這篇文章，是應紐約《知識份子》前任執行編輯杜念中之邀寫的，文載《知識份子》一九八六年夏季號，也載《食貨月刊》卷十六期一、二合訂本（一九八六年），並經張彬村博士摘要在《中國時報》一九八六年八月二十五日發表。現在全文亦經允晨收入《儒家倫理與經濟發展》。英譯則載 *Chinese Studies in History* 一九八六年秋季號。聽說也經上海人民出版社翻印。

這篇文章寫出後的良好反應使我企劃將它的範圍擴大，寫成專書。現在據我看來，一個尚待開發的國家，稱爲直接的進入共產社會固不合理，而稱它的改革，旨在提倡資本主義也不合實際，不如說是「進入在數目字上管理」的方式。在中國講，一個因爲過去私人財產權沒有保障，下層機構中的數目字就加不起來。但是今日雖固定私人財產的權利，卻用不著抄襲西歐十八世紀以來讓資本家向外開拓殖民地、向內苛毒勞工的辦法（因爲有些人也仍以爲這是資本主義的定義），其實這些辦法在今日顯然的不合實際。將來在財政稅收金融諸政策之間，中國必會採取一種折衷的方案。這種方案憑什麼作根據，不是我想研究的要點。我個人作的貢獻，還是在歷史方面。要是我能把資本主義在西歐形成的詳情寫下來，包括它的成就與弱點，不隱瞞也不誇張，就算是對今日中國的狀況，作了一種實際的貢獻。

中國既已到達了這樣一個歷史上和命運上重要的關頭，我們沒有理由不承認中國長期的革命業已成功。這不是說所有的問題都已解決。而不過是說用暴力解決問題的階段業已結束，今後解決問題既有數目字作根據，可以用和平磋商之方式行之。從這一點我們也可以看出：自鴉片戰爭以來，中國長期擾攘於一個動亂的局面之下，其歷史上的用意，無非是要將過去以農業組織爲前提的方式，改爲商業式的組織。農業社會中人與人的關係大概都是單元的。亦卽你我之交往，通常與他人無涉。所以傳統中國社會，以「尊卑男女長幼」的簡單原則，作爲社會秩序的根本。商業社會中人與人之關係，通過金錢爲媒介，很少能與其他人無關。因爲所有權（ownership）和僱傭（employment）已經結成一個大羅網，而且愈做愈大，那麼內中各種因素通常都有牽一髮而動全身之感，也等於自來水管中的液體，此處壓力之弛張，卽影響彼間之伸縮。三年之前，臺北發生所謂「十信」案件，可見私人道德，已與公衆利益有關。前些日子華爾街的股票大跌，我沒有一元美金的股票，但是跌到厲害的時候可能影響到社會景氣，也不免爲之擔心。嚴格講來，這種商業社會的習慣，不一定在各方面都是理想的生活方式，但是在組織上講，它卻是高於農業社會的一種組織，自十八世紀之後已成爲世界一般趨勢。我所說〈中國歷史與西洋文化的匯合〉也是針對今日中國業已走向這趨勢的一種看法，因之斷言中國革命業已成功。

這篇文章刊在《知識份子》一九八六年秋季號，英譯也載 *Chinese Studies in History* 一九八六年秋季號。我文中提出我個人的經驗、書本上的知識、中外學者的見解，匯集於今日中國只能趨向於一個在數目字上管理的局面。這期《知識份子》刊印後不久，其編輯梁恆曾回中國大陸一次，後來他電話告訴我一般讀者反應良好，作者當然引爲快慰。

〈與西洋文化的匯合〉也提到中國過去兩千多年以來的各朝代。過去寫朝代歷史的人，動輒將一個朝代寫成一個絕對的因素，其他各因素，都要向它低頭。因之歷史被寫成各事應當如此如此展開的論文。我們不再受這樣的拘束，只能從技術上分析其因果關係，指明很多事蹟，如何的會如此如此的發生。這樣較符合實際，也與今人的處境有較密切的關係。再有過去通史和斷代史都把每一個朝代看作一個新生的有機體，歷史家可以將它的疆域官制與其他單位脫離時間的前後比較。我寫的歷史則前後連貫，每一朝代與次一朝代的因果關係，尚相牽連，而且很多中層與下層的因素，雖然因時不同，並不一定因更換朝代而截然改觀。我刻下在《中國時報》連續刊出的〈赫遜河畔談中國歷史〉卽用此種方式寫出。

既然在一個劃時代的年頭重新檢討歷史，則無法避免「人是我非」和「人非我是」的批評。然則縱是在「信仰上的修道」，縱是不怕批評，作者卻也不能全憑主見，沒有一種客觀的因素支撐。而且任何歷史家，也要將他的敍述，說得前後一致，再一提到二十世紀，這種過去的紀錄也要與我們眼前目下發生的事蹟解釋得相銜接，如此歷史學才能成爲一種學術上的紀律（discipline）。在這種前提之下，各人所能採用的方法當然很多。我個人則以財政稅收爲基礎。因爲財政稅收既涉及於高層機構，也涉及於低層機構，而且也與中層的法制官職和與人民生活攸關的貨幣金融一體牽連，有各種已經確定的事實作陪襯，不容易完全泛漫於紀律之外。我在作《十六世紀中國明代之財政與稅收》時從蒐集材料到出版，歷時七年，已經有了一個對傳統中國財政設施的形態仔細查明的機會。〈中國近五百年歷史爲一元論〉英文題爲 Structural Approach to Modern Chinese History，將財政與國家社會一般的關係格外強調，文內說明「洪武型」的財政制度，不僅在世界史中特出，即在中國也是別開一面，因之它對以後幾百年的法律觀念、科舉制度、軍事行動、鄉村組織等等，都有決定性的影響。而民國成立以來無法在財政與稅收上找到出路，也仍是由於洪武型所創造的社會體制根深柢固。這文字於一九八六年年底在臺北舉行的第二屆國際漢學會議提出，也於一九八七年九月在哈爾濱黑龍江大學及北京中國社會科學院召開的第二屆國際明史會議提出，現有的版本，是《知識份子》一九八七年秋季號所載，文無注釋及附錄，初稿也有很多筆誤。現在經校訂，並隨注釋附錄出版如件。

我所學的爲歷史，原來希望純在學術上工作，不在任何方面牽涉到當今的政治。可是在另一方面說，在二十世紀末葉重新檢討中國歷史，要完全與政治絕緣，也是事實上之不可能。〈蔣介石的歷史地位〉爲慶祝陶希聖先生九十壽辰所作，收在壽辰文集第二輯。內中已說明本文何以要如此著筆鋪張的原因，此間不再重贅。我這裡要提及的，則是中國之亟需要一種新的歷史理論已經爲各界看到。在大陸方面，如《人民日報》海外版一九八七年二月十六日的專論卽以〈史學危機和借鑒國外研究方法的芻議〉爲題，爲什麼歷史學會產生危機，這危機卻又爲衆所周知？其原因乃是過去所標榜的名號還沒有排除，官僚主義也不能一掃而空，以致意識形態，與目前所做的事相違，歷史家也不能自圓其說。我這篇文章，志不在「褒貶」，總站在大歷史的立場，承認各種群衆運動的積極性格爲原則。可是有正則有反。因之提及毛澤東卻不能不指出他的破壞性格。這篇文草寫完後，我看到北京出版的《中共黨史大事年表》，內中對過去的解釋，已有局部的修正。例如提到毛澤東，就直接的說明文化大革命是由他一手造成，他還出賣戰友，人家寫報告事前向他請示，他不發表意見，事後卻用這文件去攻擊中傷執筆的人。他的陵墓和紀念堂現在天安門和前門之間也不應建。可見得歷史逐漸展開，必不能永遠的將一種政治上的宣傳工具作爲一種長久的紀錄。並且再說回來，我以此文爲陶希聖先生祝壽，一方面因爲他老對文內所述各事都有親身切眼的經驗，一方面也是出於我自身的一種期望，有了這篇文字，我的大歷史觀才有初步的著落。從先秦到一九八七年，才能說得前後一貫，在沒有成文的紀錄爲根據的地方，也有衆所周知的事實替代。再說得不好一點，卽是此書無一是處，我也仍希望書中的大歷史的一個觀念，能夠繼續存在，繼續發揮。從前美國國務卿季辛吉（Henry Kissinger）及前聯合國助理祕書長史忽成科（Arkady

N. Shevchenko）的回憶錄上看來，世界第三次大戰已可能在一九七〇年爆發，而中國首先成爲原爆的戰場。處於這樣一個危險的世界，我們需要一個世界眼光的歷史觀更不可少，也更迫不及待。

同時我還有一個希望，我之所謂從一個不能在數目字上管理的局面，進而能在數目字上管理，既可以用之解釋中國百多年來長時間大規模的革命，也可以解釋其他國家歷史上的大事，有如法國大革命，同時如果這個觀念被接受，我們對成長中的國家目下的各種奮鬥，也應當有一種新的認識。我用英文寫的一篇中國簡史稱爲 *China: A Macro History*（也由 M. E. Sharpe 公司出版）是從這種希望著眼，此書已經排版完畢，付印在即，去年秋天和內子到歐洲，順便向各國專家請教。〈里昂車站的會晤點〉，於十二月十二日刊載於《中國時報》，本來屬於小品文字，因爲與我的歷史觀有關，也與上述大範圍的使用有關，所以一併收入集內。

最後我向十多年來幫助我作研究寫作出版的朋友致謝，因爲直接間接人數太多，說來也怕掛一漏萬，我當向各位親自表示。在這裡我只聲明，沒有你們的幫助與鼓勵，更加以我一向做事時眼高手低的壞習慣，此卷可能永遠無法成書。

黃仁宇

一九八八年二月八日

蘇州河北岸去外白渡橋不遠的百老匯大廈是中國最高的建築，它在天空線上那樣的特出，凡輪船駛向大海的時候，三個或四個小時後它的影像還是纏綿不去，直到東海之水，由黃色變爲碧青，它方形影模糊。

那時候淮海路還叫做霞飛路，飛機旅行還是極少數人的特權。凡出國入國，很少人能避免上海，卽使在國內旅行，也可能以上海作轉口埠。當日粵漢鐵路方才由衡陽向郴州伸展。我父親從長沙家裡前往廣州或福州，也不經陸路，而是乘船至上海，由此漂海南行。

那樣的長途旅行，也通常是生活中一個重要的轉捩點，所以提及上海，免不了回顧年輕時的種種。

我已將近半個世紀不見上海（一九八七年回國的時候，飛機只在虹橋機場停留一小時，始終未離候機室），當越洋電話來時，說是來自上海，也觸引我想及三〇年代的經歷。

那是張愛玲的上海，也是茅盾、巴金、張天翼和穆時英等人的上海。孫中山在此置有私宅，蔣介石在此初次邂逅宋美齡（當日稱為「三妹」），毛澤東曾在虹口碼頭向赴法工讀的朋友告別……這些都已是往事了。三〇年代，五卅慘案已被淡忘。自從日本占領東三省成立滿洲國以來，親英聯美成為國策與民情。租界內的公園門口的「華人免入」的牌匾已經撤去，但是上海仍離不開殖民地風味。英租界的巡捕，全是印度的錫克族人，個個身材魁梧，長髮濃鬚，看來都是一模一樣。法租界的則是臉頰凹入黑牙齒的安南人。兆豐花園附近有一座英國兵營，不時有英軍整隊遊行過市，既敲鼓也用袋風笛作前導。那種樂調哀怨淒涼，今日回味使人想及蘇格蘭之荒山，遍地羊齒蕨隨風起伏，不知英人如何以此等音樂淬礪士氣，足以征服印度中東，進軍於波斯及阿富汗。

對我們來講，上海則是中國的文化城。人家也說北平（當日不能說北京）是中國的文化城，但是那座古都除了三十多家大學與學院之外，很少與一般民眾保持接觸。上海則有各種報紙雜誌期刊。我們所用中小學的教科書，出版社總是商務、中華，以後的生活新知也在上海露像。郭沫若（還沒有人稱之為郭老）在這裡發行創造社的各種刊物，自己則避禍於福岡，魯迅在國民黨清黨期間寫下了「忍堪朋輩作新鬼，怒向刀叢覓小詩」的抗議，以後仍寄居閘北，經常與北四川路內山書店老闆內山完造過從。他們的閒談也見於魯迅之筆墨。他在本地

《申報》闢有專欄。黎錦煦提倡漢文拉丁化，首先在福州路張開布幔，大書「大礮響了」，林語堂在北京還是循規蹈矩不離主流，及至上海才主張國難與否，人生總要追求生活之情趣，從此成爲「幽默大師」。

上海也是一座國際城市。不時有歐洲水手，大多是法國人和義大利人在去外灘不遠，大概是九江路或漢口路的酒吧間群毆，有一次事後撿拾，除了損壞的桌椅杯碟之外，還留有撕下的耳朵一隻。

美國作家項美麗（Emily Hahn）在這裡與出版者兼作家邵洵美同居。當時邵已是有婦之夫。但是無傷大雅。項仍然將她的經歷寫入《我的中國丈夫》。以寫《大地》而聞名中外的賽珍珠生前將緋聞檢索，但是她去世後，爲她寫傳的作者發現她也有一位中國情人，此人乃詩人徐志摩。他們的邂逅，也在上海。

而且上海出產所有的國產電影，對內地年輕人的影響無可衡量。金焰、王人美、胡蝶、徐來，成爲了衆人傾慕的對象。〈漁光曲〉與〈大路歌〉都是影片中的主題歌，一經播出卽引起全國風誦。還有〈義勇軍進行曲〉原爲《風雲兒女》影片中之插曲，預期有歌詞二首，但剛寫完第一首，作詞者田漢卽爲國民政府的法警捕去，寄押於蘇州監獄。作曲者聶耳只得將所作詞重複一遍。也料不到這部電影中之插曲在抗戰期間同爲國共兩軍之軍歌。以後更升級爲人民共和國的國歌。

提及電影，使人不能忘記阮玲玉的悲劇。她與張達民還沒有辦妥離婚手續，卽與茶商唐季珊同居，被張在法院裡控告通姦罪。她被逼自殺，還留下一封絕命書，「你雖不殺伯仁，伯仁卻爲你而死」。結尾重複的寫出：「只不過人言可畏，人言可畏罷了。」噩耗傳來，不免使我們一代年輕人惋惜。據說她裝殮時仍是風采妍然。與項美麗相較，她眞可謂重譽輕生了。

這樣的文物與習慣，沒有體系與合適的邏輯。靜安寺路外人稱爲 Bubbling Well Street，直譯則爲「出水泡之井的街」，而在十里洋場之中也眞有一所寺院，不時有信男信女前往膜拜進香。上海雖爲世界第一流的城市，在牆壁上以丈尺大字寫出的商業標幟不是雪佛蘭轎車或奇異GE電氣用品，而是當鋪之「當」與醬園之「醬」。法租界與中國南市交界之馬路稱爲「民國路」，也從法文譯來，原文是「兩個民主國家之道路」。因爲分界線在街心，所以彼此各發通行公用汽車之執照。乘客必須注意：由東向西行必乘中國汽車，回程由西而東則須換乘法國公司之公共汽車。

衆人都說凡世界上所有新出品，本地尙不能買到，立卽見於上海。滬西的住宅區也確具有歐洲城市情調，但是各處弄堂仍然門前生火爐，臨衢潑穢水。霞飛路之法國梧桐點綴著酒吧間和咖啡店，不失爲拉丁區。北四川路則爲日本人的世界。一至午後放學鐘頭，電車上全是日本學齡小孩，他們頑皮嬉笑。全新的白色帆布球鞋，也用毛筆大書物主姓氏，如「北原」、「岡村」。只有南市始終不失爲中國城，仍在等候二十世紀的來臨。雖然搪瓷工業已經高度展開，此地仍生產木質器皿，而且店鋪與工廠不分，許多商品臨街打造。中外商品之不同，也可以從所用的溶劑分別，惠羅公司所陳設的歐洲貨品，多具芳馥之氣，因爲所用松脂油和棕欖油大都經過處理。中國土產則多具原始的桐油與靛青的氣味。

縱然上海有一些不倫不類的事物使我們丟甩不開自卑感，但是與內地相較，「海派」仍然是摩登與進步的表現。這時候中國的女學生已學會塗口紅。年輕男子所服用knickerboker，稱爲「燈籠褲」，我在長沙中學時也和同學服用土布製模仿品，其來源也由自上海，滬上則抄襲西方，有《字林西報》的廣告爲證。

因爲操滬語的人總是得風氣之先，要較我們遇事內行，我們對這種方言也頗爲傾慕。尤其海話（讀如偕窩）中之特殊字彙，好像隱蓄著不能形容之奥妙與魅力。凡事物犀利漂亮則爲「靈光」，否則卽是「蹩腳」。瀟灑不務正業者爲「白相人」，窮措大之尊稱爲「癟三」。笨蛋號「阿木靈」。事物之程度，以「邪氣」或「交關」表示。錢鈔槪爲「銅鈿」，小二則稱「爛汙泥」，出租計程車爲「野雞汽車」。之乎者也矣焉哉之「哉」字原只見於《四書》，在此地則出現於任何人之口語，有如文墨之有驚嘆號。能說得一口流利滬語是如何的「帥」！爲著追求這種說不出的風味與情趣，我曾想加功練講。不幸天生「大舌頭」不能及時輾轉，愈想苦學愈不靈光。眼見他處來的孩童只三數日卽全部吳儂軟語，令人不勝豔羨。

說來也難能相信，一九三〇年代中國的國防前線已不在河北山東，而在上海，由一九三二年的一二八戰役明確的表現。

戰事由閘北的民間衝突而起。第十九路軍與日本海軍陸戰隊開火之日，中國可謂正處於無政府狀態。年前蔣介石與立法院長胡漢民討論開國民大會之程序，一言不合蔣卽發怒將胡拘禁於湯山，引起全體粵籍中委聯名彈劾，蔣不得已辭去本兼各職，但是因蔣一去南京政權發現本身無錢無兵。正在無可如何之際，蔡廷鍇也不計較有無後援立卽將全軍投入。以後日本繼續增援，並由海軍陸戰隊而繼續抽調陸軍各師團，又三易主帥，由鹽澤幸一而野村吉三郎而植田謙吉而白川義則，至最後兵力逾五萬人。但是國軍仍與之喋血月餘，自九一八瀋陽事變中國揭櫫「不抵抗主義」以來，至此才大規模的與對方交兵。

我還記著這時候我還在湖南上初中，長沙的報紙以特號重體字載出：**閘北已無日軍蹤跡！**以後凡奮戰之處如江灣、蘊藻濱、廟行等均在內地家傳戶曉。但是只有少數人知道，這時候蔣介石迅速的以軍事委員會委員（以後才爲委員長）的身分出面調度。「嫡系」之八十七與八十八兩師，立卽編爲第五軍，由張治中任軍長，負責擔任江灣以北的戰線，也承擔著相當嚴重的犧牲。張之回憶錄裡提及：當時他的任命如是倉促，他還找不到上前線的交通工具。幸而眼見一個傳令兵騎自行車迎面而來，張當場徵用，自行車暫由軍長騎作指揮部隊之用。

這場戰事國軍未獲全勝，也未整個慘敗。雖說五月間簽訂停戰協定時已被迫退守嘉定南翔，但這月餘已給士氣人心一段鼓舞。看來只要衆志成城，對方亦不過如是而已。從蔣介石文件看來，一九三二年的戰役已給他五年之後在滬郊全面迎戰的腹案奠定基礎。

一九三七年戰事之展開雖肇始於蘆溝橋，但是要待到八月十三日在虹橋機場的衝突，才算眞格的戰鬥之肇始。國軍初取攻勢。蔣介石當日相當的自信，他對李宗仁說：「要把敵人趕上黃浦江去！」

看來頗爲奇特：此時中國海岸線已爲對方海軍封鎖，上海本身也無特殊之戰略價值。但是蔣以爲滬郊之河川汊灣，對裝備劣勢的中國軍有利，同時在國際城市的周邊作戰，可能引起其他國家的干預和介入。這樣的奢望還要在掙持四年半後在珍珠港事變時實現，那時日本早已深入中國腹地，占領內河及鐵道線上所有重要之港口城市矣。

第二次滬戰也是由於前兩個月的不惜犧牲，引起了全國如火如荼的反應，只是在兩段軍事衝突之間，對方也有了相當的準備，閘北的日海軍陸戰隊兵營已構成一部堅壁。國軍無攻城巨砲。戰後看來，這營房雖屢被飛機炸彈與迫擊砲命中，但始終無致命傷。（日軍修理時故意留下彈痕。）而中國空軍襲擊停泊於黃浦江的出雲艦，兩次彈落租界，各死傷市民數十人。尤以彈落南京路最稠密之處時受害者折臂剖胸至爲淒慘。

當日國軍在羅店寶山大場之間投入兵力近百萬，是全戰役最大一次的戰鬥，可是整個戰線暴露在敵海軍砲射程內。日本之航空母艦，卽碇泊於吳淞口外。九月之後中國空軍因損失慘重，已只能於夜間出現。日軍升氣球鳥瞰戰場，容巨砲從容發射。戰後何應欽所作報告稱，十週之內中國「消耗」了八十五個師。有時一日增援兩師，只抵得當日傷亡數。這十週之內，死傷者逾三十三萬人。而且中樞無長遠打算，只照德國顧問之建議：「長期抗戰宜永久依託上海。」看來日本輕視中國，中國亦低估對方，蔣介石在戰前稱他們「常備兵總額十七個師團全部調來尚且不敷」。也不料日本立卽動員及於預備役。十一月間柳川兵團在杭州灣登陸時，其師團番號列入一百零的數目，爲常備軍編制所無。

至此國軍陣容瓦解。退卻命令下達過遲，各部爭擁退路，又被日機轟炸，重兵器喪失殆盡。蘇州嘉興間所築鋼骨水泥工事也不用而放棄。所謂「找不到鑰匙，不得其門而入」，只是說者搪塞之辭。本來大部隊在強敵壓迫的跟前退卻，爲軍事技術中一種高度的考驗。斷無不派遣接應部隊，不區劃使用道路橋梁的序次，不籌謀後勤業務，及於彈藥醫藥之分配，不釐定通信程序，不重訂軍隊區分及於各部隊下一段之任務而可能僥倖功成者。

一九三七年十一月國軍精銳之損失，以後大部永遠不能彌補。一個月後南京相繼失陷。因爲全戰役重要決心出自蔣介石，以後迭爲與他爭權之李宗仁和史迪威指摘。上海之失策爲蔣不知兵之明證。

他們沒有提及的，則是大中國因抗戰方始產生一種統一之軍令與軍政。並非有了健全之組織，才向強敵應戰。八一三後蔣邀李宗仁來南京，猶且有四川之劉湘與雲南之龍雲企圖勸阻。以後蔣向各省強人請求「捐兵」，尚要稱兄道弟的懇求。我們所謂國軍，當日並非一個實體。調來的部隊五花八門，不僅素質不同，卽編制裝備戰法也各樹一幟，有些年前和幾個月前尚處敵對狀態。有些部隊各操方言，糾集此種之部隊初次作戰，在人事及經理上均產生無數問題。除了放置於一個狹小而交通方便之地區，用以前的戰鬥經驗作藍本外，亦別無他法。卽是今日想來亦仍如此。

一九三七年我原在天津上南開大學，只因暑假回長沙。滬戰爆發後以當日之稚氣與熱忱，又受西洋文學的誘導，乃不顧家人勸阻，輕裝隻身走上海，希望卽不參戰，也能觀戰。沿途只見由東向西的車船擠滿乘客，由後方往華東前線的至爲寥落。火車至蘇州適逢空襲警報，乘客逃往車站附近的街衢間暫避。有一個憲兵班長，認爲我形跡可疑。我和他解說我希望見到國軍作戰的實況，他總不相信。可是又不將我作敵探拘扣，糾纏約半小時方讓我脫離他的掌握，幸虧仍能趕上火車。

火車已不能去閘北，停在徐家匯附近，租界之入口處有英國兵荷槍倚著沙袋把守，但是對進入的行人並無留難。

及至問及上海友人如何可以往前線才大失所望。不僅沒有人能告我如何能與官方接洽，有些朋友還認爲我的整個想法，只是荒誕不經。還有一位指斥我害了神經病。

他們的態度，抗戰雖出於全民的要求，作戰打仗乃是職業軍人分內之事。看來已是一般人的想法，只有我執迷不悟。

爲什麼保衛馬德里有全民參加呢？

天老爺，這是中國！

我在上海住了一星期，雖然成日聽到砲聲不絕，晚上火光燭天，市區仍是business as usual。我們仍去新亞吃粵式早點，霞飛路的西餐館喝羅宋湯。我最接近前線的經驗仍不過在外灘附近北京路一座高樓屋頂上偷窺中國空軍可能夜襲黃浦江中日艦情景。可是連續幾夜，只聽得天際飛機引擎響和軍艦上高射砲聲。我說偷窺乃因顧慮高射砲彈破片下墜仍帶殺傷力，因之匍匐彎身，連交談口語都是低聲。爲什麼談話也要顧忌？這也是不加思索之表現。

後來我繞過嘉興至蘇州而西返。南開已併入長沙臨大（西南聯大之前身）上課。有一位教授用英文在校刊上寫出：我們應當勸阻學生從軍！中國再多一兩百個軍人仍於事勢無補。要替國家培養一兩百個工程師和教育家才有實際的用場。

這是中國！

還有朋友勸我既要抗日就應當早日束裝上延安。我亦無意去延安。除了在《抗戰日報》蹉跎了一陣子外，也一直待了一年才考入成都中央軍校的十六期一總隊，受訓期間即是兩年。步行去成都和以後分發部隊途中又各好幾個月。等到在十四師當少尉排長時，已是抗戰後期，士氣與民情都不復有當初之興奮矣。

這樣我已與上海春申江一步一步的遠離。在我從軍期間我父親去世，在上海的女朋友也與他人結婚。在軍校時我們鋼盔上塗油，閱兵帶白手套；及至下作戰部隊，一團士兵半像乞丐半像土匪。我們不僅不用教育感化他們，反而隨著他們吃狗肉、講粗話，對部下和老百姓心狠，如是才有面子，具備傳統中國裡下層社會裡崇拜的英雄好漢性格。

雖然對這段經歷我曾發了不少牢騷，我的黃金少年時代竟如此浪費了。可是平心而論，我在國軍十年仍然占了不少便宜，戰時我去過印度、緬甸，以後還居留於日本及美國。而且對我教學歷史的前程上講，這十年是人世間有錢難買到的實用教育，此是後話。

緊接著本文標題，也是好運高照。一九四五年八月，我隨著駐印軍的長官編入第三方面軍。緊接著 V-J Day，第三方面軍奉命接收日人占領的京滬區。九月四日夜我登上了美軍 G-54 運輸機，由柳州起飛，目的地爲睽隔八年的上海，降落於江灣機場。

以後兩個月，中國軍人逢著數個朝代以來未有之奇遇。

一年之前，國軍方棄守桂林、柳州，眼見貴陽不保，重慶岌岌可危，自由中國將整個淪亡。此刻我們卻爲戰勝者！我們下機時一列日本軍官敬禮歡迎，全部程序有條不紊。他們迎接的轎車，掛有紅黃藍色小旗，標現乘車者之階級職位，此時奉命撤去，改懸我們由柳州帶來青天白日滿地紅國旗。日本司機立卽遵辦，他們的官兵，每個馴順有禮，並且毫無猶豫不愉快之神色。我們的長官給予任何吩咐，透過翻譯官，立時獲得對方「瓦加里馬希達」之回稟，萬無一失。

我們立卽驅車赴南京路盡頭之 Hotel Cathay。此是遠東第一家酒店，家具陳設全爲楠木，窗簾以極厚之天鵝絨製，浴室關門有全長之門鏡。凡我們司令部之先遣支隊每人派有專用房間。飲食有樓下之餐廳及咖啡店聽憑選擇，以簽字代替付帳。我至今不明此筆帳由何人支付，如何結算。日人見一切安排妥當敬禮而去。此時我們亦不知他們是否爲我們的俘虜暫時假釋以便繼續當差，抑或我們是他們之嘉賓接受款待。

及至午後我巡行市區，更是驚喜出於度外。我們的法幣不僅通行，而且爲錢莊與黃金美鈔一併收買。其價格之有利令人不能相信。我在柳州臨行前曾理髮，若是能延至上海，此理髮費足夠在新式理髮店一年之所需。我在昆明麵店所付小帳，可以在此地點叫牛排。我賣出之兩件襯衫足夠縫製西裝一套。而且上海商店所陳列凡百咸具。自三星白蘭地及三炮台香菸多年不見之高級消費品盡在眼前，也在我們購買力之內。

我在駐印軍所得之盧比津貼，在緬甸戰場無法使用已全部存集。又曾在重慶《大公報》發表戰地報告多篇收酬亦爲盧比。在我回國之前曾用以購買剃刀、毛巾、牙膏等物，原足供本身一年所需，又有皮夾克、皮靴、太陽眼鏡、撲克牌等物，都由軍用卡車帶回，及聞及抗戰勝利全部在昆明出賣，亦無人置喙此是否合法，所得法幣及第三方面軍給我的兩個月薪餉，至此已使我帆布乾糧袋充塞無空隙。

在這批存款用完之前，我穿著新製嗶嘰制服插入上海之上層社會娛樂場所。凡逸園、仙樂、百樂門、麗都各處舞場都有我年少軍官「蓬擻扯」的學摩登之蹤跡。這時全未考慮好景如何持續。

上海市裡也是一境如狂。每日有美國飛機低飛至外灘上空，黃浦江上各種船艦齊鳴汽笛示敬。市內爆竹之聲不絕。三輪車則懸掛特殊旗幟，以中美英蘇的國旗各四分之一拼成。不時有美國水兵出錢雇用三輪車，卻顛倒身分，令車夫乘坐，並且以業餘身分，邀請其他車夫作馳車比賽。

我們的司令部由華懋飯店遷到法租界之 Cathay Mansions，本地人稱為十三層樓，又再遷至閘北原日本海軍陸戰隊營房。凡每一遷徙，我們的伙食亦隨之降低，西菜早已換作中式，榨菜炒肉絲亦降格為蘿蔔清湯，而且餐廳已汙穢不堪。在年前我們整個脫離上海遷往無錫前，室內已板凳汗漬，蒼蠅滿處飛，簡言之，由內地來之人員增多，各種條件已逐漸扯平。我們挑扁擔打赤腳的軍隊也逐漸恢復本來面目，法幣已無當初二百換一之購買力矣。

我滿以為抗戰勝利一切問題都已解決，而事勢不然。我離開上海前曾在冬日的陽光裡在虹口公園思索，我已二十七歲，仍是下級軍官，回學校上學已成問題，婚姻事業均在茫茫大海之中，中國之內戰看來又無法避免，愈想愈是心慌。

可是命運之安排無法避免，有時也出於意外。一九四五年底司令部雖遷無錫，只一週後，我又仍回上海。我的長官奉命監督日軍第六十一師團修復滬杭公路，我也因此經常往來於戶浦、澉浦之間，仍以上海為基地。此任務完畢後又隨他調往東北。當國軍自開原向四平街公主嶺一帶推進時，我曾踏至內戰之邊緣，如往戰場傳達命令輸送彈藥。不過時間至為短暫。

入長春後一週，我又南返，又重履滬土。此次參加全軍留美考試，錄取後派往堪薩斯州之陸軍參謀大學，也仍自虹口上船，眼見東海之水由黃濁變爲碧青，至百老匯路之影像模糊爲止。

至此我仍未與上海隔離。在美訓練後，根據中美協定所有回國留學生一概派往主持組織訓練之機關學校，不得重返野戰軍。我被派往國防部，自此才與老長官脫鉤，沒有隨著他日後在長春被俘。南京與滬上近在咫尺，我也再來上海多次，曾眼見一九四八年的金圓券失敗，整個經濟崩潰，市民搶購的情節。我們留到一九四九年共軍渡江之前夕才遷廣州，所乘LST也在虹口碼頭解碇，從此才與百老匯大廈作最後的一次告別。

這段回憶如何束筆？要是我寫一本關於上海近百年史或五十年史的專書，如何下結論？我之治史，注重歸納而不注重分析。以上的資料如在細處憑己意分析，只能局部的臧否人物，或爲筆者自身開脫。讀者亦可看出，此中諸事畢集，斷非一人一時一事之功過。但因爲如此，即綜合亦不容易著手。

我的經驗：中國近百年的再造，在國內歷史無成例可沿。只有參對先進各國在同一世界潮流中作類似全面目重建的經歷時可以體會，上海近百年之事蹟，表現著一個農村社會受官僚體制擺布，以刑法作主，蛻變而爲新型工商業社會施行民法的過程中必然之遭遇。以中國幅員之大，需要改造程度之深，這種運動曠日持久，也免不得輾轉反覆。

一九三〇年距鴉片戰事已近百年，只因新舊體制不能調協，上海仍受治外法權約束。當鋪之「當」與醬園之「醬」，亦同與雪佛蘭轎車與棕欖皂共列。阮玲玉一方面引入電影明星不羈之生活，一方面又恐懼傳統道德之「人言可畏」。是以上海像一個大瓷盆內置酵素使之長期醞釀，也像一個試管內新舊因素摻和，相互發生作用。所以租界內輸入印度與安南的巡捕不算，又還引用黑社會掌管偵探局。他們的領導人物也成爲聲名顯赫的紳商。駛行市街之電車由私人公司主持。車上有「章程」，刊載於玻璃框內，文稱乘客不得引入髒廢腥臭物品，結尾則稱「違者嚴懲不貸」，至此則又仿傚中國官僚體制之作風與口語。總之則不能前後連貫，上下一體。

對於中國的長期革命上海常有「述而不作」的形態。各種新思潮往往來自上海，但是這城市卻沒有在行動之中，趕上武昌、廣州或延安。此因上海雖爲全國人口最多，也是最尖端的城市，卻在當日情形不能指揮內地。但是中共在此開始組織發軔。五卅慘案的反響，震動了中國人之心弦，爲北伐賦予澎湃的動力。一九二七年蔣介石的清黨也注定了中國長期革命兩黨分道揚鑣的姿態，從此中共被迫放棄城市活動之重點，實際逼成了一個農民黨，數十年以最基本的土地改革爲己任，完全擺脫了舊社會之支配。國民黨則遷就現實，只能引用到手的力量，補苴罅漏的替中國創造一個獨立自主的局面。我已在其他的場所寫出：此兩種群衆運動都不可少。還有我們不能遺忘的：滬郊的軍事衝突，實爲抗戰眞面目的開始。

上海在新中國重建的過程中，曾具有獨特的貢獻，也擔任了一部無名英雄之犧牲。此城市雖然出了一個劣跡彰著之「四人幫」，但是也產生了經濟改革的重要領導人物。

前些日子，有人自上海來，說及原市區各處所有建築，幾十年失修，一片汙黑。十五年前名記者陸鏗訪問前市長汪道涵。汪問及他對上海的觀感如何。陸憑著在外灘一帶所見據實答覆：「變動甚少。」經過汪市長的啓示，陸才知道當時上海舊址之失修，主要因爲全市以收入百分之二十四貢獻於國庫。而且當時的「變動甚少」，也只限於原有市區。汪當場指出：新住宅區已將閘北與眞茹之間打成一片，一次卽可容七十萬人遷入，還具有內部之菜場醫院學校。卽再有像寶鋼（寶山鋼鐵廠）那樣的大規模工業也是無中生有，在最短期間完成。最近五年則開發浦東，整個的改變天空線，使人不復記得當年的百老匯大廈、十三層樓和二十一層樓。

在此種情形下，新建之圖書館、博物館、音樂院富麗輝煌，更強調上海爲文化城。提及數十年前的上海，我們只有朝積極方面看去，以淡化當日慘痛，昭雪自卑感。縱然有些建築物失修，我們也可以以「今逢四海爲家日，故壘蕭蕭蘆荻秋」的心情去領略了。

黃仁宇文集07

放寬歷史的視界

2025年7月初版　　定價：新臺幣520元

著者	黃仁宇
叢書主編	王盈婷
副總編輯	蕭遠芬
校對	馬文穎
內文排版	林婕瀅
封面設計	兒日

出版者	聯經出版事業股份有限公司
地址	新北市汐止區大同路一段369號1樓
叢書主編電話	(02)86925588轉5316
台北聯經書房	台北市新生南路三段94號
電話	(02)23620308
郵政劃撥	帳戶第0100559-3號
郵撥電話	(02)23620308
印刷者	文聯彩色製版印刷有限公司
總經銷	聯合發行股份有限公司
發行所	新北市新店區寶橋路235巷6弄6號2樓
電話	(02)29178022

編務總監	陳逸華
副總經理	王聰威
總經理	陳芝宇
社長	羅國俊
發行人	林載爵

行政院新聞局出版事業登記證局版臺業字第0130號

本書如有缺頁，破損，倒裝請寄回台北聯經書房更換。　ISBN 978-957-08-7684-0 (平裝)
聯經網址：www.linkingbooks.com.tw
電子信箱：linking@udngroup.com

國家圖書館出版品預行編目資料

放寬歷史的視界/黃仁宇著．初版．新北市．聯經．
2025年7月．448面．14.8×21公分（黃仁宇文集07）
ISBN 978-957-08-7684-0（平裝）

1.CST：中國史 2.CST：文集

617 114005194